W0347765

Murat Yagan
Der Mann aus dem Kaukasus

Murat Yagan

Der Mann aus dem Kaukasus

Die Autobiographie eines Sufis

Nov. '93 (Yoga-Kongr.)
Geschenk von Horst W.

Ansata-Verlag
Rosenstraße 24
CH-3800 Interlaken
Schweiz
1990

Aus dem Englischen von Hildegard Höhr und Theo Kierdorf
Lektorat: Wolfram Hämmerling und Urte Knefeli

Titel der Originalausgabe:
I Come From Behind Kaf Mountain
The Spiritual Autobiography of Murat Yagan
Erschienen bei Threshold Books, Putney, Vermont
Copyright © 1984 by Murat Yagan

Deutsche Ausgabe:
Copyright © 1990 by Ansata-Verlag, Interlaken
Alle Rechte vorbehalten
Umschlagbild: Robert Wicki
Satz: Jung Satz Centrum, Lahnau
Druck: Kösel GmbH & Co., Kempten/Allgäu
ISBN 3-7157-0141-2

Inhalt

«Ich kenne meinen König wohl, doch allein kann ich mich nicht auf die Suche begeben. Legt eure Furchtsamkeit, euren Eigendünkel und euren Unglauben ab, denn wer seinem Leben keine große Bedeutung beimißt, der wird von sich selbst befreit; auf dem Wege seines Geliebten erlangt er Befreiung von Gut und Böse. Geht großzügig mit eurem Leben um. Setzt eure Füße auf den Weg und strebt freudig raschen Schrittes dem Hof des Königs entgegen. Wir haben einen wahren König, der hinter dem Gebirge namens Qaf (Kaukasus) lebt.»

Aus Farid ud-din Attar «Vogelgespräche»

Einleitung

Dieses Buch ist eine Autobiographie und die Beschreibung einer spirituellen Reise. Dabei halte ich es nicht für ein besonderes Privileg, als Abchase geboren und aus einem Stammessystem mit einer besonderen Art von Aristokratie hervorgegangen zu sein. Ich erwähne diesen Aspekt meines Lebens im vorliegenden Buch, weil ich aufgrund meiner Abstammung auf diesen Pfad gelangt bin.

Ich habe versucht, bestimmte Ereignisse meines Lebens zu beschreiben, um die verschiedenen Stufen meines Erwachens und meiner Erleuchtung zu illustrieren und um mir die Empfindungen, die ich zum Zeitpunkt der beschriebenen Ereignisse hatte, so klar wie möglich in Erinnerung zu rufen. Meine Reise war mit viel Schmerz und Leiden verbunden, und ich habe jeden Tag meines Lebens Hunderte von Fehlern gemacht, doch mein Bericht könnte für andere, die sich auf dem gleichen Weg befinden, von Interesse sein. Erst vor zehn Jahren habe ich erkannt, daß die Ältesten der Tradition des Kaf-Gebirges, in der ich geboren wurde, die Botschaft des Lebens jedem übermittelt haben, der sie verdiente und der sie in die fernsten Länder der Erde bringen konnte. Es war ihnen gleichgültig, unter welchem Namen die Botschaft übermittelt wurde, solange es Menschen gab, die «Ohren hatten, um zu hören».

Bis mir dies klar wurde, habe ich unsäglich gelitten, weil ich mich wegen der Reaktionen, die die Orthodoxen verschiedener Religionen mir entgegenbrachten, nirgendwo zu Hause und in Frieden zu fühlen vermochte. Heute begreife ich, daß meine Rastlosigkeit, meine Unfähigkeit, mich für den Rest meines Lebens an einem Ort niederzulassen, damit zusammenhing, daß ich noch nicht erkannt hatte, daß ich ohnehin ständig am gleichen Ort verweilte. Es war keineswegs so, daß ich von einem Ort zum anderen zog, mich aus Strukturen befreite und Pläne aufgab: in Wahrheit las ich nur die verschiedenen Kapitel in einem bunten Buch – dem Buch meines Lebens. In meinem ganzen Leben bin ich so eigentlich nicht ein einziges Mal «konvertiert», sondern es fanden nur Übergänge von einem Kapitel zum nächsten statt.

Ich bin kein besonders gebildeter Mensch. Ich verfüge über keinerlei Wissen. Wenn ich über einige elementare Dinge spreche, beispielsweise über Definitionen, die die Lehren des Sufismus und ähnliches betreffen, so kann ich das nur, weil ich diese Dinge auswendig gelernt habe. Wenn man mir jedoch zu bestimmten wichtigen Themen Fragen stellt, so bringt mich die spezielle Schwingung, die Empfänglichkeit der Fragenden zum Sprechen, und manchmal höre ich das, was ich antworte, selbst zum erstenmal. Ich bin nichts als ein Kanal, und dieser Kanal öffnet sich durch die Menschen in meiner Umgebung und entsprechend ihren Bedürfnissen. Wenn sie nicht fragen, kann ich auch nichts sagen.

Wie jeder Mensch bin auch ich ohne meine Mitmenschen nichts, doch dank der Gnade Gottes ermöglicht es mir meine Nichtigkeit, ein offener Kanal für meine Brüder und Schwestern zu sein. Dazu ist nicht jeder Mensch in der Lage, doch jeder hätte das Potential dazu, wenn auch nicht die Bereitschaft, es zu verwirklichen. Ich weiß nicht, warum ich diese Fähigkeit habe, doch etwas, das weiß, spricht manchmal durch mich hindurch. Ich selbst kann keine Musik erzeugen.

Ich sage den Freunden, die mich aufsuchen, daß jeder von ihnen seiner Herkunft nach ein Prinz oder eine Prinzessin ist und daß sie sich selbst unter Wert verkaufen, wenn ihnen diese Einstellung fehlt. Doch mit dem Privileg zu erkennen, wer sie sind, kommt auch die Verantwortung. Sie schulden den Fahrzeugen, in denen sie reisen, sie zu entwickeln, damit es bessere Vehikel werden. Das ist eine große Verantwortung. Unser Körper ist nicht mit uns identisch. Er ist unser Fahrzeug, und er ist der Tempel Gottes. Indem wir unser Fahrzeug zu einem besseren Fahrzeug entwickeln, wird es auch zu einem besseren Tempel Gottes. Wir dienen Gott, indem wir unser Fahrzeug entwikkeln und vermögen so unseren Mitmenschen besser zu dienen. In unserer Definition ist Gott die gesamte Existenz. Außerdem ist Gott die

Essenz; die Zeugen sind Gott und die Umgebung ist es, in der sie existieren. Wem immer wir dienen, woran auch immer wir arbeiten, um uns unter diesen Zeugen weiterzuentwickeln, dienen wir Gott.

Hunderte von Menschen haben mich aufgefordert, ein Buch zu schreiben. Doch Joan McIntyre war die einzige, die gesagt hat: «*Wir* sollten ein Buch schreiben.» Das war der entscheidende Unterschied, der mich dazu brachte, es zu tun.

Das Buch, das wir gemeinsam geschrieben haben, ist weder ein Sufi-Buch noch ein religiöses Buch. Das war auch nicht unsere Absicht. Ich bin kein Gelehrter, mir sind nur ein paar interessante Dinge passiert. Mein Leben war eine spirituelle Reise. Es gibt Antworten auf die Rätsel, die im normalen dreidimensionalen menschlichen Leben auftauchen – Antworten auf das Leben auf Erden, das von Körper, Geist und Seele bestimmt ist. Wir müssen aber noch eine vierte Dimension hinzufügen, die Dimension des reinen Geistes, und jeder kann sie verwirklichen, wenn er daran interessiert ist. Diese vierte Dimension eröffnete sich mir – entweder durch einen glücklichen Zufall oder aufgrund einer bestimmten Absicht. Ich möchte einfach erzählen, was geschehen ist.

Murat Yagan
Quadra Island, Britisch Kolumbien
Januar 1980

1

Die Abchasen

Meine Familie verließ den Kaukasus, weil sie ebenso dumm war wie alle übrigen Abchasen. Sie folgte dem Beispiel und dem Rat anderer Kaukasier, die im Jahre 1864 in großer Zahl auszuwandern begannen, unmittelbar nachdem Imam Shamyl, der letzte Imam des nördlichen Kaukasus, sich den Russen ergeben hatte. Im Dezember 1918 brachte mein Großvater fünfzehntausend Angehörige seines Stammes in die Türkei.

Er hatte die Erlaubnis erhalten auszuwandern, und alle, die mit ihm zogen, durften ihren Besitz mitnehmen – Pferde, Kühe, Wagen, Schmuck, verzierte Sättel, Silber, Gold und alle Waffen, die sie am eigenen Leibe und an ihren Sätteln mitführen konnten. Es gab keinerlei Beschränkungen. Fünfzehntausend Menschen kamen aus den kaukasischen Bergen, und fünfzehntausend Menschen erreichten ohne jeden Verlust die Türkei. Sie zogen sofort in den Südosten der Zentral-Türkei, in die Provinz Marasch. Ihre Reise führte sie in die Nähe der Karawanenstraße, die von Bagdad nach Istanbul verlief, und sie überfielen eine reiche Karawane, die von bewaffneten Soldaten beschützt wurde, welche dem Sultan persönlich unterstellt waren. Nach der kaukasischen Tradition ist eine solche Begegnung zwischen bewaffneten Männern und einem bewaffneten Konvoi ein fairer Kampf. Mein Großvater griff mit hundert Männern an. Er jagte mit ihnen von einem Hügel in die Ebene, überwältigte die Karawane in kürzester Zeit, tötete alle, die Widerstand leisteten, und machte diejenigen zu Gefangenen, die sich ergaben. Die Handelsgüter, Pferde und Kamele wurden auf den Basaren der großen Städte der Region verkauft – Aleppo, Damaskus, Marasch, Urfa und Mardin. Auch die Gefangenen wurden verkauft – auf den Sklavenmärkten, die zu jener Zeit in einigen arabischen Städten, im heutigen Syrien, noch existierten.

Als die Nachricht von diesem Vorfall den Sultan erreichte, verurteilte er meinen Großvater zum Tode. Es war eine sorgenvolle Zeit für den Stamm, und mein Großvater verlegte das Lager ein wenig weiter von Istanbul weg in das Gebiet des Anti-Taurus-Gebirges. Als er erfuhr, daß der Sultan das Todesurteil über ihn verhängt hatte, lachte er und sagte: «Ich verurteile den Adler zum Tode, der über der Bergspitze kreist. Man möge ihn fangen und hinrichten!»

Mein Großvater, Sat, hatte drei jüngere Brüder, Gut, Tat und Asher. Tat, der mittlere Bruder, wurde angesichts der Situation sehr ängstlich. Er war ein friedlicher Mensch, der den größten Teil seines Lebens in Europa verbracht hatte und der gerne las, trank und das gute Leben liebte. Er sagte zu meinem Großvater: «Die Situation gefällt mir nicht. Wir sind gerade erst in dieses Land gekommen und haben schon Schwierigkeiten mit der Ottomanendynastie. Ich bin keine Kämpfernatur, und ich möchte auch nicht diese Art von Leben führen. Ich bitte dich um Erlaubnis, in ein anderes Land ziehen zu dürfen.»

Mein Großvater gab Tat einige hundert Leute mit auf den Weg sowie einen Anteil des Familienvermögens, der so groß war, daß Tat für den Rest seines Lebens ausgesorgt hatte. Möglicherweise überließ er ihm auch einen Teil der erbeuteten Karawanenlast. Tat zog nach Ägypten und ließ sich in Kairo nieder, wo er unter dem Namen Mithat Pascha bekannt wurde. Einige Abchasen hatten sich schon vor langer Zeit in Ägypten niedergelassen; Tscherkessen waren seit der Zeit der letzten Mameluken-Dynastie im 14. und 15. Jahrhundert in Ägypten gerne gesehen, und Mithat Pascha wurde am ägyptischen Hof bereitwillig aufgenommen. Er hatte einen wundervollen Sohn mit Namen Adley Pascha Yagan, der eine ausgezeichnete Erziehung erhielt und im Jahre 1920 sowie noch einmal im Jahre 1926 ägyptischer Premierminister wurde. Dieser Adley Pascha war ein sehr ehrenvoller Mann und eine sehr angesehene Führerpersönlichkeit. Im Jahre 1952, als König Faruk gezwungen wurde abzudanken, ließ man einzig die Statue von Adley Pascha im Museumshof stehen, während alle übrigen Büsten und Statuen von Persönlichkeiten der gestürzten Dynastie zerstört wurden. Heute noch gibt es in Kairo eine *Shar-i Adley* (Adley-Straße), obgleich sämtliche anderen Straßen, die Namen von Angehörigen der alten Aristokratie trugen, umbenannt worden sind.

Als der Sultan meinen Großvater zum Tode verurteilte, schrieb der Gouverneur von Marasch nach Istanbul: «Dieser Mann herrscht über 15 000 Menschen, die allesamt Krieger sind, sogar die Kinder und die alten Frauen. Um ihn zu fangen, braucht man eine ganze Armee.» Außerdem fügte er hinzu: «Er wäre ein guter Diener für den *Devlet-i Aliyye* (den erhabenen Staat des Sultans), wenn er ihm zu Dienst verpflichtet würde. Er ist in der Tat ein sehr vertrauenswürdiger und wertvoller Mensch. Nach seiner eigenen Art zu denken hat er nichts Falsches getan. Er ist Kaukasier. Wenn Ihr dennoch darauf besteht, ihn zu fangen, dann schickt eine Armee.»

Der Sultan, der zu jener Zeit schon anfing, senil zu werden, antwortete: «Ich möchte diesen Mann sehen. Sag ihm, er soll kommen. Er reist unter meinem Schutz. Ich glaube, er wird mir gefallen.»

Als mein Großvater von dem Angebot erfuhr, vertraute er, daß dies keine Falle sei, denn derartige Angebote waren für ihn nicht ungewöhnlich. Er nahm ungefähr hundert Krieger zu Pferde mit sowie Geschenke für den Sultan, die aus der Beute aus dem Karawanenüberfall stammten. Dann machte er sich auf den dreimonatigen Ritt von der Provinz Marasch nach Istanbul. Als er mit seinen Gefolgsleuten ankam, die alle in Stammestracht gekleidet waren und die auf den schönsten Pferden der Welt und auf wundervoll verzierten Sätteln ritten – in vollendeter Ordnung und Disziplin, mit meinem Großvater, einem außerordentlich schönen Mann, an der Spitze –, war der Sultan sehr beeindruckt. Er bot meinem Großvater den Rang des *Ze-amet Bey* am Ottomanenhof an; außerdem sollte er Herrscher über drei *Liva* – Unterprovinzen in Rumeli (im europäischen Teil der Türkei) – werden. Diese Unterprovinzen waren Tekirdag, Edirne und Chatalja, die insgesamt den Namen *Pashaeli* oder «Land des Paschas» trugen. *Pashaeli* umfaßt den gesamten europäischen Teil der Türkei mit Ausnahme von Istanbul. Heute wird die europäische Türkei *Trakya* genannt. Der Sultan knüpfte allerdings eine Bedingung an das Angebot, das er meinem Großvater machte: Nur zwei – bis dreihundert Angehörige seines Volkes dürften bei ihm leben, der Rest des Stammes müsse sich in einem anderen Gebiet ansiedeln, das mein Großvater nach Belieben wählen könne. Er dürfe aber keinerlei Kontakt zu diesen Siedlern unterhalten.

Mein Großvater sprach mit seinen Leuten, und diese sagten: «Was willst du tun? Es ist eine große Ehre, die er dir gewährt. Du solltest das Angebot annehmen.» So trat mein Großvater in den Dienst des Ottomanenreiches und ließ sich in Istanbul nieder. Er kaufte ein großes Haus in Beschektasch im Nordosten der Altstadt mit 8000 m^2 Land, von dem aus man einen Ausblick auf den Bosporus hatte. Alle hochgestellten Diener des Ottomanenreiches hatten dort ihre Häuser. Wie alle Häuser dieser Art hatte auch das Haus meines Großvaters mindestens 120 Zimmer; es umfaßte besondere Gästetrakte, separate Appartements und die üblichen türkischen Bäder. Außerdem besaß mein Großvater ein riesiges Stück Land in der Nähe von Chorlu, einer kleinen Stadt in Tekirdag, in der ihm noch ein Haus gehörte. Er lebte dort und in Istanbul sechs Jahre lang, bis er 1921 an Ruhr starb. Ich kann mich nicht an ihn persönlich erinnern, doch ich weiß, daß irgendwann einmal über die Ursache seines Todes diskutiert wurde. Es hieß, sein Körper habe entweder das Klima oder die niedrige Höhenlage seines neuen Wohnorts oder aber die ungewohnte Nahrung nicht vertragen. Ich lebte in seinem Haus in Istanbul, bis ich zehn Jahre alt war.

Der Stamm meines Großvaters wurde in acht Dörfern in Uzunyayla angesiedelt, dem riesigen Plateau in Zentral-Anatolien. Diese Hochebene ist 150 km lang und 80 km breit und liegt zwischen Sivas und Kayseri. Die Stammesangehörigen ernährten sich von Viehzucht und durften Istanbul besuchen. Umgekehrt durften wir, die Familie meines Großvaters, sie nicht besuchen. Der Stamm hatte sich das Siedlungsgebiet selbst ausgesucht.

Das Land, aus dem meine Familie stammt, Aschkara oder das abchasische Hochland, ist sehr rauh und zerklüftet. Es gibt eine Geschichte, die dies gut veranschaulicht. Obwohl sie natürlich übertreibt, sagt sie doch etwas Wichtiges über jenes Land aus.

Ein Mann aus einem niedriger gelegenen Gebiet besuchte Aschkara. Er war Moslem und wollte sein Mittagsgebet *(Namaz)* verrichten. Er nahm seinen großen Filzumhang mit breiten Schultern *(Awpah)*, der so lang war, daß er, wenn er auf dem Pferd saß, Pferd und Reiter umhüllte, und suchte nach einem ebenen Platz, auf dem er diesen Umhang ausbreiten konnte. Als er endlich einen geeigneten Platz gefunden hatte, war es schon Zeit für das Nachmittagsgebet.

Die Menschen, die in jenem Gebiet wohnten, lebten dort nicht, weil es für sie ein Zufluchtsort war, sondern wegen des idealen Klimas und wegen der besonderen Schönheit der Landschaft.* Zwischen den kaukasischen Bergen liegen milde und fruchtbare Täler, in denen Tabak, Zitrusfrüchte, Tee und sogar Baumwolle wachsen. Hoch oben auf den Hängen gibt es nur wenig Erde, und man erzählte, daß wenn die Mädchen aus den Dörfern Reiter mit Sätteln und Satteltaschen gesehen hätten, die einen großen Umhang auf dem Rücken und ihr Gewehr in einer Filzhülle trugen – ein eindeutiges Zeichen dafür, daß sie zu einer langen Reise aufbrachen –, sie zu den Reitern hingelaufen seien und sie gebeten hätten, auf dem Rückweg in ihren Satteltaschen Erde mitzubringen, damit sie Blumen anpflanzen könnten. Doch auf den Berghöhen konnte man ausgezeichnet Tiere mit kostbaren Fellen jagen, und die Bewohner Aschkaras überfielen regelmäßig die reichen Dörfer unten in der Ebene, kehrten anschließend in die Berge zurück und konnten dort ungestört schlafen.

Der Kaukasus ist das Museum der Welt. Wenn man irgendeinen gebildeten Amerikaner fragt, was es bedeutet, ein Kaukasier zu sein, so würde er sagen, Kaukasier zu sein bedeute, ein Angehöriger der weißen Rasse zu sein. (Angehörige der weißen Rasse werden im englischsprachigen Raum als *«caucasian»* bezeichnet. Anm. d. Übers.) Wenn man den Betreffenden fragen würde, warum die weiße Rasse als kaukasisch bezeichnet wird, so wüßte er wahrscheinlich keine Antwort auf diese Frage. Doch das Wort kaukasisch ist von großer Bedeutung. Kein Gebiet der Welt hat eine ältere Tradition. Als die Russen zum erstenmal zu dieser Region Kontakt aufnahmen, verliebten sie sich auf

---

* George Dumesil, der viele ausgezeichnete Bücher über die kaukasischen Sprachen und die Kaukasier geschrieben hat – besonders über die Abchasen und Ubychen –, gab einem seiner Werke den Titel *Das Land der letzten Ritter der Welt.* Dieses Buch beschreibt, wie das Leben der Kaukasier tatsächlich war. Ich kenne Dumesil persönlich. Als er in die Türkei kam, war er drei Monate lang mein Gast, und ich habe miterlebt, wie er sich an das harte Landleben gewöhnte, als er mit mir von einem Tscherkessendorf zum anderen reiste. Er ist ein äußerst liebenswerter Mensch, und da er Professor an der Sorbonne war, nahm er viele junge Tscherkessen mit zurück nach Paris, um ihnen dort zu einer Ausbildung zu verhelfen. Sie arbeiteten an der Fertigstellung seiner Bücher mit, denn er kannte zwar die Sprachen der Kaukasier, sprach sie jedoch nicht selbst. Er glaubte daran, daß der Kaukasus mit seinen Kulturen, Sprachen, Sitten und Völkern der Schlüssel zur menschlichen Geschichte sei. Er war verliebt in alles, was kaukasischen Ursprungs war.

der Stelle in den Kaukasus. Sie wollten den Kaukasus nicht nur aus ökonomischen, militärischen und strategischen Gründen besitzen, sondern auch, weil sie ihn einfach liebten. Sie wollten sich alles, was kaukasisch war, als ihr Eigenes einverleiben. Der Rest der Welt sollte sehen, daß der Kaukasus ein Teil Rußlands war. Jede russische Frau, die ihren Vater, Ehemann, Onkel oder Bruder im Kaukasus besucht hatte, weil er dort seinen Militärdienst ableistete, konnte nach ihrer Rückkehr nach Moskau oder St. Petersburg mit ihren Geschichten über den Kaukasus monatelang ihre Umgebung unterhalten. Ein winziger, unbedeutender Stein oder eine getrocknete Blume aus den Bergen des Kaukasus wurde jahre- oder jahrzehntelang auf dem Kaminsims im Wohn- oder Empfangszimmer aufbewahrt, selbst in den Palästen der Aristokratie. Fragen Sie irgendeinen alten gebildeten oder aristokratischen Russen, wie viele Geschichten, Legenden und Lieder kaukasischen Ursprungs er in seiner Jugend gehört habe. Wenn Sie keinen solchen Menschen finden können, dann lesen Sie Tolstoi, Puschkin oder Dostojewski. Für die Russen war der Kaukasus ein Land der Romantik, der Schönheit, des Heldentums und der Liebe, ein Land, dessen Bewohner ein beneidenswertes Leben führten. Die Russen brüsteten sich mit ihren kaukasischen Freunden. Sie übernahmen kaukasische Volkstänze, und die Aristokratie war der Ansicht, man könne beim Werben, Flirten oder Tanzen nichts Eindrucksvolleres tragen als kaukasische Tracht. Sogar der Zar trug bei bestimmten Zeremonien kaukasische Festkleidung.

Die Kaukasier führen sich aber auch auf, als wären sie das einzige Volk auf Erden. Das läßt sich leider nicht leugnen. Eine englische Lady, die Frau eines britischen Offiziers, der in Rußland diente, schrieb in ihren Memoiren über den Kaukasus, daß wenn sie durch die Straßen von Tiflis, einer kosmopolitischen Stadt, gegangen sei, sie Kaukasier stets an ihrem Gang erkannt habe, auch wenn sie sich mit westlicher Kleidung «verkleidet» hätten. Kaukasier pflegten auf einem von hastenden Passanten überfüllten Gehsteig ihrem Weg zu folgen, als seien sie die einzigen, die dort gingen. Ob sie sich auf dem Weg zu einem bestimmten Ziel befanden oder ob sie nur spazierengingen, war für sie offenbar völlig gleichgültig. Sie pflegten ihre Augen auf das Unendliche zu richten, über die Köpfe aller übrigen Passanten hinweg, und sie schauten niemals um sich. Da viele von ihnen ziemlich groß waren, überragten sie die Menschen in ihrer Umgebung gewöhnlich.

Die Dame sagte, wenn Kaukasier in Eile gewesen seien, so habe man ihnen ausweichen müssen, weil sie einen andernfalls überrannt hätten. Sie hatte auch beobachtet, daß Abchasen in Abchasisch miteinander zu reden pflegten, wenn sie ein öffentliches Verkehrsmittel benutzten, als seien sie unter sich. Alle übrigen Mitreisenden mußten schweigen.

Kaukasier sind ebenso dumm, egoistisch und prahlsüchtig wie jedes andere Volk, doch ihre wichtigste Eigenschaft ist ihre Liebe zu Angehörigen ihres eigenen Volkes. Als ich im östlichen Teil der Türkei lebte, gab es im Umkreis von ca. 100 km von meinem Gut sieben Dörfer kaukasischer Immigranten, und die Bewohner dieser Dörfer pflegten mich regelmäßig zu besuchen. Unter ihnen gab es Awaren, Ledgier, Tschetschenen und Osseten, und obgleich keine Abchasen dort lebten, stammten wir doch alle aus dem Kaukasus und hatten die gleichen Traditionen. Wir kannten einander. Wir kannten die Familien, die Familiennamen und die Familiengeschichten der anderen Stämme, wußten, wer welche Position innehatte usw. Einmal hatte ich fünfzehn oder sechzehn Besucher, und wir hatten ein paar Lämmer geschlachtet, um die Gäste zu bewirten. Wir saßen beisammen, tranken *Raki,* schauten über den Balkon und sahen einen gewissen Ibrahim Chowusch (Sergeant Ibrahim) kommen. Er hatte als Sergeant in der Armee gedient, und alle nannten ihn nach wie vor Sergeant. Er war 65 oder 66 Jahre alt und ein strenggläubiger Moslem, aber auch ein typischer Kaukasier. Er weigerte sich konsequent, auch nur einen Tropfen Alkohol anzurühren. Selbst wenn man ihm gedroht hätte, ihn zu töten, hätte er keinen Tropfen Alkohol getrunken. Bevor er das Haus betrat, sagte ich zu einem Diener: «Bring ein *Raki*-Glas und fülle es mit ein wenig Milch.» Ich verdünnte die Milch dann mit Wasser, so daß der Inhalt des Glases genau wie *Raki* aussah. Als der Neuankömmling sich zu uns gesetzt hatte, brachte der Diener ihm etwas zu essen und dieses Spezialgetränk. «Nein, nein, nein. Ich trinke so etwas nicht», sagte er. Daraufhin entgegnete ich: «Wir trinken doch alle. Liebst du mich denn nicht? Ich biete dir etwas zu trinken an, und du weigerst dich, es anzunehmen. Ich bin doch nicht dein Feind.» Er antwortete: «*Bey* (das bedeutet ‹mein Herr›), vergib mir. Ich werde alles für dich tun, aber das hier ist eine Sache zwischen mir und Gott. Bitte, laß mir in meiner Beziehung zu Gott die Freiheit. Vergib mir.» Ich sagte: «Du hast Angst. Tu, was du willst.» Doch ein anderer Anwesender sagte: «Schau, Freund, wir alle trinken hier, und weil wir trinken, werden wir nach der Lehre des Koran in die Hölle kommen. Du wirst der einzige unter uns sein, der ins Paradies kommt. Glaubst du, du wirst im Paradies glücklich sein, wenn wir anderen alle in der Hölle sind?»

Das überzeugte ihn. Ibrahim Chowusch nahm den *«Raki»*, und auch alle anderen erhoben ihre Gläser und tranken. Er trank! Beim Trinken merkte er, daß man ihm gar keinen *Raki* gegeben hatte, und er war außer sich vor Freude. Er küßte mich und auch alle anderen Anwesenden. Was für ein Opfer hatte er bringen wollen! Das ist das kaukasische Leben – es ist geprägt von der Liebe zur Gemeinschaft und von der Liebe zu den Brüdern.

Ibrahim Chowusch war ein Aware aus dem Stamme des Imam Shamyl. Die Awaren waren sehr gläubige Moslems. Im Kaukasus war der Islam nicht mit dem Schwert verbreitet worden. Als der arabische Kommandeur *Halid-el-Ensari* sich im 8. Jahrhundert entschloß, eine Armee über das Kaspische Meer in den Kaukasus zu führen, empfahlen ihm seine türkischen Berater in seinem Hauptquartier in der Nähe des Aral-Sees – in einem Gebiet, das als «Land zwischen den beiden Gewässern» bezeichnet wird –, dies besser nicht zu versuchen, weil er das Gebiet selbst unter Aufbietung aller verfügbaren Kräfte unmöglich durchdringen könne. Sie empfahlen ihm, statt dessen als friedlicher Besucher mit Geschenken zu kommen und mit den dort lebenden Stämmen über die Botschaft, die er überbringen wollte, zu reden und zu diskutieren. Und auf diese Weise kam der Islam in den Kaukasus. Er verbreitete sich über die Küstenstädte Timurkhan Shura und Makhachkala (Shamylkhala) in Dagestan, und die ersten kaukasischen Stämme, die sich zum Islam bekehrten, waren die Awaren und die Lesgier, die Kazikumükhen und die Aniyer. Von dort breitete er sich nach Tschetschenistan zum Volk der Tschetschenen aus.

Mein eigenes Volk war bis in die Generation meines Großvaters aus der Sicht der Anhänger des Islam «heidnisch» gewesen. Die Bewohner von Aschkara glauben, daß sie ihr Hochland gemeinsam mit unsichtbaren Wesen bewohnen, die sie als «Wächter der Geheimnisse» oder «Narten» bezeichnen. Diese Wesen sollen über alle Weisheit der Erde verfügen, und sie sind die «Quelle».

Die Narten waren die Urbevölkerung des Kaukasus, die vor 30 000 Jahren dort lebte. Sie waren die Giganten der alten Zeit – die Übermenschen der Legende –, Menschen, die ihre latenten übermenschlichen Kräfte nie verloren haben. Ihre Fähigkeiten verkümmerten nie, und ihr Potential war vollständig verwirklicht. Die Narten traten mit Hilfe der Bewohner von Aschkara mit den irdischen Menschen in Kontakt; die Bewohner Aschkaras waren ihre Werkzeuge. Dieser Kontakt wurde durch die Stammesfürsten aufrechterhalten, Mitglieder bestimmter Familien, Menschen, die einen höheren Entwicklungsgrad erreicht hatten. Diese Stammesführer erlangten von den Narten Wissen *(amusta kebze)*, das es ihnen ermöglichte, ihre Pflichten als Oberhäupter der Stämme besser zu erfüllen.

Den Kontakt zur Quelle oder zu den Narten hielten die Aristokraten des Stammes aufrecht, die sich zu diesem Zwecke einem genau vorgeschriebenen Training unterziehen mußten. Diejenigen, die von der Quelle initiiert worden waren, stammten aus bestimmten Herrscherfamilien, und sie wurden aufgrund ihrer Verdienste und ihrer Abstammung ausgewählt.

In den Monarchien der westlichen Welt ist automatisch der älteste Sohn der Thronerbe. Aber in der Verbindung Aschkaras zu den Narten wurden die Stammesführer durch die Stammesältesten ausgewählt. Bei dieser Auswahl gab es zwei Voraussetzungen für die Initiation: Man mußte von seiner Abstammung her zum Stammesfürsten prädestiniert sein und außerdem entsprechende Verdienste erworben haben. Man könnte diese Regelung als demokratische Aristokratie bezeichnen, und genau das war das Charakteristische des Systems, das den Kontakt zur Quelle gewährleistete. Jeder, der aus einer anerkannten Familie stammte, erhielt, sobald er 24 Jahre alt war, die Chance, initiiert zu werden. Wenn der Betreffende dieser Herausforderung standhielt, blieb seine Verbindung zur Quelle fortan bestehen. Wenn nicht, ließ man ihn fallen.

Wenn diese Voraussetzungen nicht erfüllt waren, jemand aber von seiner Herkunft her besonders begünstigt war, konnte er auch vor Abschluß des 24. Lebensjahres initiiert werden – beispielsweise dann, wenn er sehr angesehene Eltern hatte und sein Vater starb, so daß jemand anders an dessen Stelle treten mußte. In seltenen Fällen gelang es solchen Anwärtern, Kontakt zu den Narten herzustellen – in den weitaus meisten Fällen jedoch versagten sie. Jedenfalls gab man ihnen eine Chance.

Die Welt meines Vaters umfaßte die traditionellen Lehren seines eigenen Volkes, die moderne Kultur des Westens und die Kultur des Islam. Mein Vater hatte nichts gegen den Islam, und er lehnte ihn auch in keiner Hinsicht ab. Er glich jenen vielen Menschen der westlichen Welt, die auf die Frage, welcher Religion sie angehören, antworten, sie wüßten es nicht. Er lebte in einem islamischen Land: der Türkei. In dieser Hinsicht war er ein Moslem, doch er war nicht gläubig. Ich habe allerdings auch nie gehört, daß er jemals den Islam oder irgendeine andere Religion kritisiert hätte. Und er hat auch nie sein eigenes Heidentum besonders gepriesen.

Meine Mutter stammte aus der Ottomanenfamilie, die sich seit etwa 1200 Jahren zum Islam bekannte. Auch ich selbst erhielt eine grundlegende islamische Erziehung. Ich konnte den Koran lesen, und ich lernte Türkisch zu lesen und zu schreiben (in arabischen Buchstaben). Als kleiner Junge erhielt ich in einer religiösen Schule eine klassische Ausbildung in Arabisch. Erst als ich zehn Jahre alt und mein Vater gestorben war, fingen die Ältesten meines Stammes an, mich auszubilden und mir ihre Weisheit zu vermitteln.

Als ich ungefähr sieben war, schrieb ich vorwiegend mit der linken Hand, was ich mittlerweile wieder verlernt habe. Zu jener Zeit lebte ein entfernter Verwandter bei uns. Er war der Sohn eines Onkels mütterlicherseits von meinem Vater. Dieser Zweig der Familie war bereits 35 Jahre vor meinem Großvater in die Türkei eingewandert. Dieser Verwandte war türkischer Kavallerie-Offizier, ein sehr grimmiger und strenger Mann. Er trug ständig seine Peitsche bei sich, und seine Stiefel waren stets blitzblank geputzt. Er führte sich auf wie ein dummer Aristokrat, und jedesmal, wenn er mich mit der linken Hand schreiben sah, schlug er mich mit der Peitsche und bestand darauf, ich müsse mit der rechten Hand schreiben. Wenn ich jedoch mit dem, was ich mit der rechten Hand geschrieben hatte, zur Schule ging, ließ mich der *Hodscha* (Lehrer) das Geschriebene wegen schlechter Schrift 25mal neu schreiben. Der *Hodscha* glaubte, ich würde zu Hause zuviel spielen und nähme mir deshalb nicht genug Zeit für die Hausaufgaben. Schließlich gewöhnte ich mir an, die Schularbeiten zu Hause mit der rechten Hand zu schreiben und morgens eine halbe Stunde früher zur Schule zu gehen. Den Schulweg pflegte ich abzukürzen, indem ich das Gelände der Moschee durchquerte. Dort setzte ich mich in einen geschützten Winkel, in dem bei Begräbnissen der Sarg aufgestellt wurde, und schrieb meine Hausaufgaben geschwind noch einmal mit der linken Hand ab. Wenn ich diese Version dem *Hodscha* zeigte, brauchte ich das Geschriebene nicht mehr 25mal abzuschreiben.

Ungerecht zu sein ist nach der Lehre der Abchasen eine Schande für einen Menschen, ein wirkliches Schandmal, und wenn jemandem klar wurde, daß er ungerecht gewesen war, so empfand er ungeheure Reue darüber. Ich war so erzogen, daß ich jedesmal, wenn dieser Onkel mich zu Unrecht schlug, schwieg. Ich wollte ihm nicht weh tun. Ich blieb bis zum Alter von zehn Jahren in der religiösen Schule, und als mein Vater starb, besuchte ich für die restliche Schulzeit eine öffentliche Grundschule.

Der abchasische Name meines Vaters war Met, doch auf Türkisch wurde er Mehmet genannt. Ich erinnere mich an ihn als an einen extrem sanft sprechenden Mann. Das Feuer, das in seinem Inneren glühte, war von außen nicht zu erkennen. Er war sehr einflußreich, und alle, die ihm begegneten, mochten ihn auf Anhieb. Doch mein Verhältnis zu ihm war, wie es in aristokratischen Kreisen oft der Fall ist, alles andere als herzlich. Er hatte in unserem Anwesen seinen eigenen Trakt, in dem er sich aufzuhalten pflegte – das Haus, in dem zuvor mein Großvater gewohnt hatte. Dieses Haus war nicht nach türkischer Tradition in einen *Harem* und in einen *Salamlik* aufgeteilt, sondern es gab nach Tscherkessenart einen Teil des Hauses, der ausschließlich für Männer reserviert war *(Hajesh)*, und einen anderen Teil, der den Namen der Familie trug. Zusammenkünfte, Empfänge und Bälle fanden im *Hajesh* statt. Dort wurden die Gäste unterhalten, und wenn sie über Nacht blieben, bekamen sie dort Schlafräume zugewiesen. 45 Personen lebten in diesem Haus, einschließlich der Diener und Stallburschen (allesamt Abchasen), deren Familien mit unserer Familie seit vielen Jahrhunderten verbunden waren.

Die erwachsenen männlichen Familienmitglieder verbrachten dort ihre Zeit, und sie schliefen auch in jenem Teil des Hauses. Auf der anderen Seite des Gebäudes befand sich das eigentliche Haus, wo die Frauen und Kinder wohnten und wo der Ehemann als Besucher in das Schlafzimmer seiner Frau kommen konnte. Die Beziehung zwischen meiner Mutter und meinem Vater war sehr intim, doch niemand bekam etwas davon mit.

Rückblickend kann ich sagen, daß es in meinem Elternhaus Liebe zwar gegeben hat, doch gab es sie nie im Überfluß. Soweit ich mich zurückerinnern kann, bin ich immer wie ein Erwachsener behandelt worden. Wenn ich mir in den Finger geschnitten hatte, gab es niemanden, der mich bedauert hätte oder der Mitleid mit mir gehabt hätte. Die Menschen, deren Pflicht es war, sich um uns zu kümmern, stammten aus Familien, die seit Generationen mit unserer Familie verbunden waren, und sie betrachteten mich als jemanden, den man mit einer gewissen Ehrerbietung und mit Respekt behandeln mußte. Nur hin und wieder tauchte meine Mutter auf, aber es gab drei Frauen, die mir das Essen servierten und ähnliche Aufgaben verrichteten. Schon als ich noch ziemlich klein war, waren sie es, die mich ankleideten, badeten und mir vor dem Zubettgehen Geschichten erzählten. Manchmal denke ich mit einer gewissen Nostalgie an jene Frauen.

Nur einmal kann ich mich für die Zeit meiner Kindheit an Wärme erinnern – obwohl ich eigentlich ständig von Wärme umgeben war, die lediglich nicht übermäßig gezeigt wurde –: die Wärme eines älteren Ehepaars, bei dem ich ungefähr eineinhalb Jahre lang in den Bergen wohnte. Ich war damals erst vier Jahre alt und aus Sicherheitsgründen dorthin geschickt worden, weil die politische Betätigung meines Vaters für die Familie gefährlich geworden war und weil man befürchtete, ich könnte um ein Lösegeld entführt werden. Dies war die einzige Zeit in meinem Leben, in der man mir gestattete, mit anderen Kindern zusammen herumzutollen und das zu tun, was sie taten: am Flußufer sitzen, im Gebüsch seine Bedürfnisse verrichten und anschließend ins Wasser springen. Außerdem saß ich sehr gerne mit der alten Frau vor dem Kamin. Sie und ihr Mann waren keine Aschkarawaner, aber Abchasen, und der Mann spielte verschiedene abchasische Musikinstrumente. Es kamen regelmäßig Gäste, um ihn alte Lieder aus vergangenen Zeiten singen zu hören. Er war ein ansehnlicher, drahtiger alter Mann mit einer weichen, tiefen Stimme, und selbst wenn er nichts sagte, strahlten seine Augen ohne Unterlaß Liebe aus.

Ich erinnere mich, daß an manchen Abenden ein Bandit zu Besuch kam und alle vors Haus gingen, um ihn willkommen zu heißen. Sein Name war Delishukri. Er trug stets einen Dolch und ein Gewehr bei sich, und die Leute sagten, er sei ganz bestimmt verrückt. (Später, als ich vierzehn Jahre alt war, stahl ich sein Pferd, einfach nur so, um damit anzugeben. Wenn er mich erwischt hätte, hätte er mich mit vollem Recht erschießen können. Mir war dieses Risiko klar.) Er saß im Halbdunkel einer Kerosinlampe und kam dann in die Ecke, in der wir vier oder fünf Kinder saßen und miteinander flüsterten. Er streichelte uns und fragte uns, wie wir hießen. Eines Abends fragte er mich, wer ich sei. Die Frau sagte, ich sei Yagans Kind, und er nahm dies mit großem Respekt auf. Das schmerzte mich, weil es mich von den übrigen Kindern trennte.

Mein Vater hatte eine westliche Erziehung genossen, meine Mutter ebenfalls, doch gehörte sie außerdem der Ottomanenfamilie an. Da mein Großvater durch die Ernennung des Sultans eine gehobene Stellung erlangt hatte, schockierte es meine Familie, daß mein Vater sich entschloß, die nationalistische Bewegung von Mustafa Kemalpasha gegen die Alliierten Kräfte, gegen die griechischen Invasoren und gegen die Ottomanendynastie zu unterstützen. Obgleich mein Vater selbst kein Amt im Ottomanenreich bekleidete, gehörte er in zeremonieller und gesellschaftlicher Hinsicht der Dynastie an. Er trug den Titel *Rofatlu Effendim,* der Personen gegeben wurde, die das Recht hatten, in Gegenwart des Sultans zu weilen. Wenn der Sultan freitags zum Mittagsgebet in die Moschee ging, saß mein Vater in der ersten Reihe hinter ihm und den höchsten Regierungsbeamten.

Mein Vater hatte zwei Verbindungen zur Ottomanendynastie: eine indirekte durch meinen Großvater und eine direkte durch meine Mutter. Doch mein Vater stand schon zu einer Zeit mit Mustafa Kemalpasha in Verbindung, als es für dessen Anhänger noch gefährlich war, sich zu treffen. Mein Vater stellte den Anhängern der Nationalbewegung einen sicheren Versammlungsort zur Verfügung. Im Mai des Jahres 1920, als der Militärgerichtshof des Sultans Mustafa Kemalpasha und andere Führer der nationalistischen Bewegung in Abwesenheit zum Tode verurteilte, beschloß mein Vater, sich der Sache der Nationalisten zu verpflichten und sich ihnen als Guerillaführer anzuschließen.

Nachdem der Unabhängigkeitskrieg beendet worden war und im Jahre 1923 die Türkische Republik ausgerufen wurde, wurde mein Vater eines der vier Parlamentsmitglieder, die Rumeli repräsentierten. Als Mustafa Kemalpasha später mit der kulturellen und ethnischen Türkisierung begann, trat mein Vater von seinem Amt zurück. Als die neue Verfassung in Kraft trat, waren einige Mitglieder der verfassungsgebenden Versammlung der Ansicht, das neue Land sollte Anatolische Republik, Republik Anatolien oder Republik Kleinasien genannt werden. Mit einem dieser Namen hätte man jeden Anschein rassischer Exklusivität vermieden. Doch Kemalpasha wollte das Land Türkei nennen, und er war lediglich zu dem Zugeständnis bereit, in die Verfassung eine Klausel aufzunehmen, nach der jemand Türke sei, wenn er als Bürger innerhalb der Grenzen der Türkei lebte. Doch dies stellte meinen Vater nicht zufrieden, und deshalb verließ er das Parlament Ende 1926.

Noch drei andere prominente Parlamentsmitglieder legten ihre Ämter zur gleichen Zeit nieder. Es waren Kazim Karabekir, Refet Pasha und Rauf Bey. Sie und mein Vater zogen sich aus der Politik zurück. Da man ihnen mißtraute, traf man Sicherheitsvorkehrungen, um sie von eventuellen politischen Aktivitäten abzuhalten. Von dieser Zeit an widmete mein Vater sich seinen sehr umfangreichen privaten Geschäften. Er besaß Ländereien mit 18 000 Schafen, 800 Pferden und großen Rinderherden. Außerdem besaß er eine große Käserei sowie ein paar Schiffe mit insgesamt 6000 Tonnen Ladekapazität. Er bewarb sich jedes Jahr um den Vertrag für die Fleischlieferung an die türkische Armee in Rumeli. So war er auch nach seinem Ausscheiden aus der Politik sehr beschäftigt.

Viele Menschen hatten das Bedürfnis, ihm ihre Sympathien für seine politische Einstellung mitzuteilen, doch er sprach nicht mehr darüber. «Es ist vorbei. Die Organisation und Verwaltung des Landes liegt in guten Händen, und die Regierung wird nach bestem Wissen und Gewissen handeln. Ich wollte einfach nicht mehr dazugehören. Das ist alles», pflegte er zu sagen. Trotzdem durfte unsere Familie auch weiterhin nicht nach Zentral-Anatolien reisen, wo unser Stamm sich angesiedelt hatte. Der Bann war vom Sultan verhängt worden, er wurde auch von der Regierung der Republik nicht aufgehoben. Er ist erst 1934 aufgehoben worden.

Obgleich mein Vater nichts mit Anatolien zu tun hatte, geschah etwas, das Mustafa Kemalpasha dazu veranlaßte, ihn zu einer besonderen Mission in diesen Teil des Landes zu schicken. Der neue Herrscher wünschte seine Ideen und Empfehlungen in dieser Angelegenheit. Vielleicht war diese Mission eine Falle, vielleicht führte sie auch nur zum Wiederaufleben alter Feindseligkeiten zwischen meinem Vater und Leuten, mit denen er schon Differenzen gehabt hatte – ich weiß es nicht. Jedenfalls entwickelte sich eine Auseinandersetzung, die schließlich zu einem Pistolenkampf führte, bei dem mein Vater von vier oder fünf Männern angegriffen wurde. Drei wurden im Verlauf des Kampfes getötet. Diese Männer waren prominente Parlamentsmitglieder, die dafür eingetreten waren, dem ehemaligen Ottomanenreich den Namen Türkei zu geben, so wie es Mustafa Kemalpasha schließlich tat. Es wurde allgemein angenommen, daß niemand an der Seite meines Vaters gekämpft habe und daß dieser die drei allein getötet haben müsse. Niemand schien genau zu wissen, was vorgefallen war. Der wahre Hergang des Ereignisses wurde verschleiert. Wenn mein Vater von so vielen Männern angegriffen worden war, wie war es ihm dann gelungen, nicht selbst getötet zu werden?

Mein Vater war jedoch bei dem Kampf verwundet worden, und er starb acht Monate später am 29. August 1927 an seinen Verletzungen. Er hatte nur noch einen Lungenflügel, und er hatte mit großem persönlichem Einsatz versucht, sein Geschäft wieder in Schwung zu bringen. Er war kein Mann, der alles seinen Angestellten überließ. Wenn Schafe oder Pferde, die sein Brandzeichen trugen, draußen weideten, dann lebte er oft in der Nähe seiner Herden, schlief im Freien und führte das harte Leben der Hirten. Die Folge war, daß er an einer Lungenentzündung erkrankte, die schließlich zu einer Brustfellentzündung führte. Da er nur noch einen funktionstüchtigen Lungenflügel hatte, konnte sein Körper sich gegen diese Erkrankung nicht zur Wehr setzen. Deshalb begab er sich in ein Sanatorium, das sich auf einer der vier Inseln befand, welche als Inseln des Prinzen von Istanbul (Prinzeninseln) bezeichnet werden. Ich war zu jener Zeit zehn Jahre alt.

Eine Woche nach seinem Tod wurde ich ins Internat geschickt. Das war deshalb nicht besonders hart für mich, weil ich keine besonders intensive Beziehung zu meiner Mutter hatte. Zu unserem Haushalt gehörten insgesamt 45 Personen, und meine Mutter war unter ihnen wie eine Bienenkönigin. Der Wechsel ins Internat war also keine traumatische Veränderung, sieht man davon ab, daß ich dort mit Menschen zusammenlebte, deren Sprache ich nicht besonders gut sprach. Dies war die erste offizielle Schule, die ich besuchte, und der Unterricht fand in französischer Sprache statt. Alle Schüler sprachen Türkisch, doch war dies nicht die Sprache meiner Kindheit, und die wenigen Worte, die ich zu sagen versuchte, brachten alle zum Lachen. Deshalb mußte ich in dieser Schule von Anfang an um meine Position kämpfen.

Nach dem Tode meines Vaters änderte sich die Haltung der Regierung meiner Familie gegenüber. Meine Mutter war das einzige Mitglied der Ottomanenfamilie, das noch in der Türkei lebte. Die übrigen waren aufgefordert worden, das Land friedlich zu verlassen, und man hatte ihnen erlaubt, soviel von ihrem Besitz mitzunehmen, wie sie mitnehmen konnten. Die meisten siedelten nach Paris oder nach Italien über, einige auch nach Mittelamerika. Meiner Mutter hatte man gestattet, im Lande zu bleiben, weil mein Vater in der Anfangszeit eine wichtige Rolle in der Regierung gespielt hatte. Selbst nachdem mein Vater sich aus dem Parlament zurückgezogen hatte, war er immer noch ein sehr angesehener Mann gewesen. Nach seinem Tode jedoch beschloß die Regierung, unseren gesamten Familienbesitz zu beschlagnahmen. Man ließ uns nur ein kleines Stückchen Land, auf das meine Mutter sich zurückzog, während ich das Internat besuchte. Das Haus meines Großvaters mit den 120 Räumen in Istanbul, *Beschektasch Serenje Bey Yokushu,* wurde beschlagnahmt und in ein Museum umgewandelt. Alles, was sich in jenem Haus befand, wurde zum Bestandteil des türkischen Nationalbesitzes erklärt, obgleich es im ganzen Haus nichts gab, was türkischen Ursprungs war. Alles stammte aus dem Kaukasus – die Teppiche, die Rüstungen und die Waffen, die an den Wänden hingen, waren Erbstücke von Angehörigen der Yagan-Familie und mit den Emblemen unserer Familie verziert. Die Regierung war jedoch entschlossen, unsere Verbindungen zum abchasischen Volk zu unterbrechen, uns unseren ganzen Besitz zu nehmen und uns auf diese Weise zu zwingen, Türken zu werden.

Unsere Familie zog daraufhin in das Haus meiner Mutter, das kleiner war als das meines Großvaters, doch mit seinen 64 Räumen immer noch groß genug für uns alle. Wir konnten dieses Haus nicht einmal ganz heizen. Meine plötzlich mittellos gewordene Mutter besaß zwar Juwelen und Tafelgeschirr aus Gold und Silber, doch da sie mit den Familienemblemen verziert waren, wäre es ihr niemals in den Sinn gekommen, diese Schätze zu verkaufen. Wir befanden uns damals finanziell in einer sehr schwierigen Lage.

Das Schulgeld für die Schule, die ich besuchte, betrug 500 Goldstücke pro Jahr, nach heutigem Wert 16 000 Kanadische Dollars. Die Schule war eine Schule für Kinder der Dynastie gewesen; die Lehrer kamen allesamt aus Frankreich und lebten in eigenen Häusern oder Wohnungen. Wir wurden dazu erzogen, uns wie Gentlemen, wie gebildete Menschen zu benehmen. Neben der normalen Schulbildung lernten wir zu fechten, zu tanzen und Tennis zu spielen. Die Schule war eine Kopie des *Lycée de St. Louis* in Paris. Einige Zeit nach der Beschlagnahmung unseres Familienbesitzes bezahlte mir die türkische Regierung das Schulgeld. Sie unterstützte mich!

Im Jahre 1932, als ich im achten Schuljahr war, erschien Mustafa Kemalpasha – er nannte sich damals schon Atatürk – persönlich zu den Abschlußexamina. Er saß mit seinen Sicherheitsbeamten in Zivil und seinen übrigen Gefolgsleuten da.

In dem Geschichtsbuch, das er für den Schulunterricht genehmigt hatte, stand vieles, was einfach nicht den Tatsachen entsprach; er hatte es hineinschreiben lassen, um den Nationalstolz zu stärken. Beispielsweise stand darin, die Türken hätten das Papier erfunden, ebenso die Druckkunst und die Astrologie. Sie hatten einfach alles erfunden. Tamerlan war nach Auskunft dieses Buches ein Türke. Alexander der Große war ein Türke. Amerika war einmal von türkischen Invasoren besetzt worden, wofür es angeblich zahlreiche Beweise gab. Man brachte uns bei, der Name des Amazonas leite sich von dem türkischen Ausdruck *Ama'uson* her, was etwa bedeutet: «Was für ein langes Ding». Ich war einer der rebellischen Schüler, und ich dachte gar nicht daran, im Examen diese falschen Antworten zu geben. Ich wußte, daß sie falsch waren, weil wir im Jahr zuvor französische Schulbücher benutzt hatten, in denen etwas anderes gestanden hatte.

Als Atatürk zur Geschichtsprüfung erschien, stellte der Lehrer mir eine Frage. Ich sagte alles, was ich zu der Frage wußte, aber ich sagte nicht, daß Alexander der Große ein Türke gewesen sei.

Dann fragte mich dieser schlaue Fuchs: «Wer war Alexander der Große?»

Ich antwortete: «Er war ein Makedonier.»

«Und wer waren die Makedonier?»

«Die Makedonier waren ein griechischer Volksstamm», antwortete ich.

«Aber du weißt ja wohl, daß Alexander der Große von besonderer Abstammung war», beharrte er.

Darauf antwortete ich, mir sei über eine besondere Abstammung nichts bekannt.

Nun fragte mich Atatürk: «Welcher Nationalität war er?»

Ich wiederholte: «Er war Makedonier.»

Atatürk hatte verstanden. Er war ein sehr kluger Mann. Er beugte sich zu jemandem, der neben ihm saß, und fragte ihn, wer ich sei. Man sagte es ihm. Ich werde nie den warmen Ausdruck vergessen, den sein Gesicht daraufhin annahm. Er sagte etwas wie «eigenwillig, aber ehrbar». Ob er dies auf meinen Vater bezog oder auf mich, weiß ich nicht. Jedenfalls bestand ich das Examen.

Ich bin Atatürk in meinem Leben dreimal begegnet. Einmal wurde ich als Repräsentant unserer Schulklasse zu ihm geschickt. Das war nicht einfach. Ich sagte dem Empfangsbeamten: «Ich bin entschlossen, ihn zu treffen. Sagen Sie ihm meinen Namen. Wenn er sich weigert, mich zu sich vorzulassen, werde ich weggehen und es nicht noch einmal versuchen. Aber wenn Sie ihm meinen Namen nicht nennen, werde ich einen Weg finden, zu ihm vorgelassen zu werden. Ich werde jede Möglichkeit nutzen, zu ihm vorzudringen, und ich werde ihm sagen, daß Sie mich nicht zu ihm vorgelassen haben. Ich werde einen großen Aufruhr veranstalten.» Der Mann sagte: «Also gut. Bleib eine Minute hier sitzen. Ich werde drinnen bei jemand anderem nachfragen. Warte hier auf mich.» Dann ging er hinein, kehrte nach einer Weile zurück, brachte mich in einen anderen Raum, bestellte mir etwas zu trinken und sagte dann: «Ich werde Atatürk selbst aufsuchen.» Er ging zu Atatürk, und dann durfte ich ihn besuchen. Ich war damals ungefähr achtzehn Jahre alt.

Ein Jahr vor Atatürks Tod im Jahre 1937 fanden große Militärmanöver statt, und man organisierte eine Parade, die sich von einer Stadt zur anderen erstrecken sollte. Bei diesem Anlaß kam Atatürk nach Chorlu und fragte, ob jemand in Yagans Haus sei. Man sagte ihm, daß mein Onkel mit seinem Sohn und mir dort lebe. Daraufhin fragte er, ob er zum Kaffee kommen könnte. Mein Onkel mochte ihn nicht; er haßte ihn sogar. Er glaubte, daß Atatürk den Tod meines Vaters verschuldet und die Familie ruiniert hätte. Doch da er ein typischer Abchase war und wie ein solcher handelte, ließ er Atatürk ausrichten, es sei ihm eine große Ehre, wenn Atatürk eine Tasse Kaffee von ihm annehmen würde, es sei jedoch eine noch größere Ehre für ihn, wenn er zu einem festlichen Abendessen käme. Also kam Atatürk zum Essen.

Viele Leute glaubten ebenso wie mein Onkel, Atatürk sei mit meinem Vater verfeindet gewesen. Ich persönlich glaube das nicht. Er war zwar enttäuscht darüber, daß mein Vater sich nicht seinen Ansichten anschließen konnte, aber er nahm es ihm nicht übel. Ich bin auch nicht der Meinung, daß alles, was Atatürk für die türkische Nation tat, gut für sie war, aber der größte Fehler, den er machte, war, daß er zu früh starb. Er war intelligent genug, um zu wissen, daß er seinen vorzeitigen Tod selbst herbeiführte, indem er zuviel trank und indem er jeden ärztlichen Rat in den Wind schlug. Dies war unverantwortlich, weil klar war, daß niemand außer ihm das Reformwerk, das er in der Türkei begonnen hatte, würde zu Ende führen können.

Mein Vater unterhielt Kontakte zu Menschen völlig unterschiedlicher Abstammung. Alle seine Geschäftspartner waren Juden. Der Leiter seiner Käserei war ein Jude, dessen Sohn manchmal mit mir spielte. Mein Vater sprach fließend Griechisch, und er kannte viele Griechen. Er sprach auch ein wenig Spanisch, weil die türkischen Juden Spanisch sprachen. Außerdem sprach er Französisch, und in der schwierigen Zeit der Revolution genossen alle diese Gruppen auf die eine oder andere Weise seinen Schutz. Mein Vater war bekannt dafür, daß er ein «anderer» Mensch war, und auch sein Begräbnis war anders als die üblichen. Es war eines der meistbesuchten Begräbnisse, die ich je erlebt habe. Es fand nach islamischem Zeremoniell statt, und das Erstaunliche daran war, daß während der Zeremonie Juden und Armenier zusammen mit den Moslems in der Moschee standen, *«Allah-u Akbar»* rezitierten und sich auf den Boden warfen. Einige Anwesende wollten in einer kleinen Ansprache etwas über meinen Vater sagen, so wie es in der westlichen Welt Brauch ist. Da solche Grabreden im Islam nicht üblich sind, lehnte der Imam es ab. Dann fragte ein Mann, ob im Koran etwas stünde, das ausdrücklich dagegen spräche.

Der Imam antwortete: «Es steht nichts darin, was dafür spricht, und es steht nichts darin, was dazu auffordert, aber es steht auch nichts darin, was ausdrücklich dagegen spricht.»

Daraufhin sagte der Mann: «In diesem Fall glauben wir, daß wir das Recht haben, so zu handeln, wie unsere Herzen es uns befehlen.» Der Imam willigte ein. Er war der Mufti von Istanbul, und alle Imams und alle Moscheen unterstanden seiner Rechtssprechung – ein gebildeter, feinsinniger, redegewandter, gutgekleideter und gesitteter Mann. Nachdem er seine Einwilligung gegeben hatte, sagte jeder Anwesende etwas. Ich erinnere mich noch an einen ungefähr 28jährigen Mann, den Sohn eines Landbesitzers, der erzählte, wie mein Vater ihm das Schießen beigebracht habe. «Ich möchte damit sagen», erklärte dieser Mann, «daß er für jeden Zeit hatte.» Ähnliches sagten alle Anwesenden über meinen Vater. Ich durfte bei diesem Begräbnis keinerlei Gefühle zeigen. Das tat man einfach nicht. Die Leute behandelten mich wie einen Erwachsenen, und man erwartete von mir, daß ich mich dementsprechend verhielt. Ich stand unter ihrem Einfluß. Ob das meiner Natur entsprach oder nicht, weiß ich nicht, doch die Umstände ließen einfach nichts anderes zu.

2

«Ausstieg», Pferde und Frauen

Ungefähr sechs Monate, nachdem die Regierung das Haus meines Großvaters beschlagnahmt hatte, überfielen unsere abchasischen Stammesbrüder, die über 1000 km entfernt in Dörfern in der Provinz Marasch lebten, die Stadt. Sie zündeten das Haus mit allem, was darin war, an. Die Flammen griffen auf den gesamten Stadtteil über. Dieses Feuer wurde später das Beschektasch-Feuer genannt. Es war einer der berühmtesten Brände in Istanbul seit der Zeit des Byzantinischen Reiches. Die Grundmauern des Hauses waren zwar aus Stein, doch die alten Holzornamente und Gemälde im Haus waren leicht entzündlich. Das riesige Haus samt den Pinien im Garten brannte wie Zunder, und es bestand nicht die geringste Chance, es mit den damals zur Verfügung stehenden Mitteln zu retten. Dieses Ereignis war für unsere Familie eine große Katastrophe, weil angenommen wurde, wir hätten unseren Stamm zu dieser Tat angestiftet.

Was zwischen meinem Vater und unseren Stammesangehörigen vor seinem Tode vorgefallen ist, weiß ich bis heute nicht. Sie forderten mich jedenfalls auf, seine Position als Stammesführer zu übernehmen, obwohl ich erst zehn Jahre alt war und mehrere Onkel im Erwachsenenalter hatte. Ich war der Repräsentant unserer Familie, und unsere Familie stellte die Stammesführer. In den Augen unserer kaukasischen Brüder konnte es keiner meiner Onkel mit meinem Vater aufnehmen. Ob ich ihn würde ersetzen können, wußte niemand zu sagen. Doch da ich noch ein Kind war, bestand zumindest eine gewisse Hoffnung. Deshalb wendete sich die allgemeine Aufmerksamkeit des Stammes mir zu. Ich weiß nichts über die Vorgänge im Hintergrund; jedenfalls fingen die Stammesältesten an, mich zu unterrichten. Ich mußte eine Art «Sonntagsschule» besuchen. Sie wollten mich auf die Funktion des Stammesoberhaupts vorbereiten, und sie wollten nicht, daß ich ausschließlich dem Einfluß der westlichen Kultur ausgesetzt wäre. Dies stand eindeutig im Gegensatz zu den «modernen» türkischen Bestrebungen, für deren Anhänger es abchasische, tscherkessische oder armenische Nationalitäten nicht gab.

Nach der abchasischen Tradition sind die Stammesfürsten und die Aristokratie des Stammes von Gott dazu bestimmt, über das Volk zu herrschen, es zu regieren und ihm zu dienen. Ein Abchase bringt seinem Fürsten Respekt, Ehrerbietung und Gehorsam entgegen, doch dieser ist sich wie alle Angehörigen des Stammes bewußt, daß er nur ein Diener seines Volkes ist. Er erfüllt lediglich andere Aufgaben als die übrigen Stammesangehörigen. Ein Fürst muß wissen, wer er als Mensch ist. Er muß lernen, Verantwortung als menschliches Wesen zu übernehmen, und er muß auch lernen, seinen Körper so zu aktivieren, daß dieser ein besseres Vehikel für seine Seele wird. Ich habe dies erst viel später begriffen.

Ich war immer von den anderen Kindern ferngehalten worden – ich habe nie im Schmutz spielen oder mit anderen Kindern um die Wette an die Wand pinkeln dürfen. Ich habe auch niemals wie andere Kinder barfuß auf den Straßen herumlungern und Streiche spielen dürfen, wie beispielsweise auf dem Lande Hühner oder Eier stehlen. Das war mir alles andere als recht. Nun sollte ich noch mehr aufgeben, und das gefiel mir ganz und gar nicht. Andererseits sagte mir die Aussicht, daß ich zu einem guten Reiter, Schützen und Schwertkämpfer ausgebildet werden sollte und mich die Altersgenossen deswegen beneiden würden, durchaus zu. Doch der Preis, den ich dafür zahlen sollte, war einfach zu hoch. Deshalb sagte ich weder eindeutig ja noch eindeutig nein. Ich hatte aber gar keine Wahl.

Vor meiner Internatszeit und vor Beginn des Trainings durch die Stammesältesten hatte ich eine Zeitlang eine religiöse Schule besucht. Ich konnte den Koran lesen. Ich war darin unterrichtet worden, Türkisch in arabischer Schrift zu schreiben, und meine Lehrer hielten mich für sehr begabt, für wißbegierig und interessiert. Die anderen Kinder in dieser Schule waren verwöhnte Söhne und Töchter reicher und einflußreicher Eltern, die die Schule nur deshalb besuchten, weil man sie hingeschickt hatte. Sie hatten keinerlei Interesse am Lehrstoff, und die Lehrer waren gegen ihre Disziplinlosigkeit ziemlich machtlos. Sie waren kaum zu bändigen. Da ich selbst aus einer Familie stammte, die wesentlich einflußreicher war als die Familien aller übrigen Schüler in der Klasse, waren die Lehrer von meiner positiven Einstellung zum Unterricht sehr angetan. Sie schienen froh zu sein, mich in der Klasse zu haben. Ich erhielt von ihnen eine solide Ausbildung in der islamischen Lehre.

In meiner Ausbildung durch die Stammesältesten lernte ich nichts, was zu den islamischen Lehren im Widerspruch gestanden hätte. Was ich von ihnen lernte, hatte nichts mit Religion zu tun. Es stand über jeder Religion. Im Gegensatz zur orthodoxen islamischen Lehre, die auf Strafe und Belohnung basiert sowie darauf, daß wir unserem Schöpfer unendlich viel schulden, beruhte die traditionelle Lehre meines Stammes auf Liebe. Die Ursache allen Seins, so hieß es in der abchasischen Lehre, ist eine Liebesgeschichte, die sich im Kosmos ereignet hat. Wir sind Teil dieser Liebesgeschichte. Wir sind mit unserem Verstehen Gefährten jener kreativen Kraft. Man lehrte mich dies, doch ich war nicht daran interessiert.

Mein Training bei den Stammesältesten begann, als ich zehn Jahre alt war, und weil ich gleichzeitig Schüler in Galatasaray war, mußten mit der Schule Vereinbarungen getroffen werden, die mir gewisse Privilegien einräumten. In dieser Schule war so etwas auf Ersuchen eines Vormunds möglich. Doch all dies erschien mir völlig unsinnig. Ich hatte gar nicht vor, der Nachfolger meines Vaters zu werden. Ich wollte wie die anderen Jungen in der Schule sein und eine ganz normale Schulausbildung absolvieren. Ich begriff nicht, warum ich diese spezielle Ausbildung erhalten sollte, die die anderen nicht bekamen. Mir war nicht klar, was die Ältesten mit mir vorhatten.

Der Tod meines Vaters war für unser Volk ein großer Verlust gewesen. Er war in politischen Angelegenheiten sowie in den Angelegenheiten, die die Tscherkessen betrafen, ein sehr erfahrener Ratgeber gewesen. Deshalb versammelten sich nach meiner Wahl zu seinem Nachfolger nicht nur die Führer unseres Stammes, sondern auch die verschiedener anderer Stämme, um über meine Ausbildung zu beraten. Ich absolvierte 26 Monate lang ein strenges Training bei verschiedenen der Ältesten, doch ein bestimmter Ältester begleitete mich die ganze Zeit über. Er war einmal Leibeigener gewesen, und abgesehen davon, daß er mein Diener war, unterrichtete er mich auch. Er hieß Alhas und war ein sehr alter Mann, wahrscheinlich über hundert Jahre alt. Er sah aus wie ein alter Affe, war sehr klein, drahtig und durchtrainiert. Zwei Jahre lang war er fast ständig bei mir. Er war mit meinem Großvater Sat in die Türkei gekommen und war bei ihm geblieben, als der restliche Stamm von meinem Großvater getrennt und in der Provinz Marasch angesiedelt worden war.

Als Diener der Familie tauchte er immer wieder völlig unerwartet auf dem Schulhof auf; er war stets tadellos gekleidet, trug einen sehr gepflegten Bart und warf auf eine merkwürdig charakteristische Art Blicke um sich. Obwohl die meisten meiner Mitschüler der Ottomanenfamilie angehörten, überraschte sie das Auftauchen dieses Mannes in der Schule nicht. Im Ottomanenpalast waren die Sitten und Verhaltensweisen der Kaukasier bekannt. Der alte Diener saß die ganze Zeit neben dem Tor, als sei er ständig bereit, aufzuspringen und einen Auftrag zu erledigen. Er schien sich nie auszuruhen.

Manchmal tauchte eine Gruppe älterer Tscherkessen auf und nahm mich, in Tscherkessentracht gekleidet wie sie selbst, mit in die Berge, wo wir dann sieben Tage und Nächte wanderten. Während dieser Wanderungen lachten und scherzten diese Männer viel miteinander, und sie lehrten mich, sie zu bedienen, ihnen die Füße zu waschen und andere Dieneraufgaben zu erfüllen. Sie stellten mir Aufgaben, die ich lösen mußte; beispielsweise mußte ich an schwierigen, unwegsamen Stellen hinauf- oder hinabklettern, um bestimmte Dinge zu holen, oder ich mußte ihnen Wasser holen, ohne dazu einen Behälter zu benutzen.

Ich wurde auch als Krieger ausgebildet. Um die Kraft meiner Hände zu entwickeln, trugen mir meine Lehrer eine Übung mit Lehm auf. Ein Lehmklumpen von der Größe eines gefüllten Getreidesacks wurde auf eine Werkbank, auf einen Baumstumpf oder auf einen Tisch aus dickem Holz gelegt. Der Lehm war sehr weich. Ich mußte meine Ärmel bis über die Ellbogen hochrollen und dann meine Hände mit aneinandergedrückten Fingern gerade in den Lehm stoßen, bis meine Unterarme vollständig darin verschwunden waren. Das mußte ich zuerst mit der einen Hand und anschließend mit der anderen tun, immer wieder und insgesamt zehn Minuten lang. Nach einer halbstündigen Unterbrechung mußte ich diese Übung weitere zehn Minuten lang wiederholen, dann folgte wieder eine halbstündige Pause, und so ging es immer weiter. Über Nacht wurde ein feuchtes Tuch über den Lehmklumpen gelegt, damit er feucht und weich blieb. Ich mußte die Übung am gleichen Lehmklumpen mehrere Tage lang wiederholen, bis er undurchdringbar geworden war. Später wuchs die Übungsdauer auf zwei Stunden an, und meine Finger glichen schließlich Speerspitzen. Nachdem meine Hände auf diese Weise trainiert worden waren, hätte ich mit ihnen problemlos eine Mauer, einen Tisch oder alle vier Schichten der Bauchmuskulatur eines Menschen durchdringen können, um seine Gedärme herauszureißen.

Wenn man auf diese Weise tagtäglich mit Lehm arbeitet, brechen mit der Zeit die Fingernägel Stück für Stück ab, bis schließlich nichts mehr davon übrig ist. Später wachsen neue Nägel nach, die dicker und fester, aber auch häßlicher sind. Nach drei oder vier Monaten nehmen sie dann allmählich eine andere Form an: sie werden dick, sehr glatt und wieder ansehnlich; sie sehen dann aus, als wären sie aus Marmor. Irgendwann kommt der Zeitpunkt, zu dem man einen Menschen, der dieses Lehmtraining durchgemacht hat, an der Schönheit seiner Finger erkennen kann. Leider sehen die Finger um so schöner aus, je gefährlicher sie sind – genauso, wie es bei Schlangen ist. Mit so trainierten Händen kann man den Schädel oder den Brustkorb eines Menschen durchschlagen.

Während der Intervalle zwischen den Lehmübungen mußte ich andere Übungen ausführen. Ich mußte laufen oder so lange wie möglich an Balken hängen – mit beiden Armen, mit jeweils nur einem Arm, mit den Kniekehlen und mit den Füßen. Nach diesen Übungen mußte ich ein Dampfbad nehmen und meinen Körper anschließend in eisiges Wasser tauchen.

Man lehrte mich auch den Umgang mit dem Schwert, wobei ich zunächst mit einem knapp zwei Meter langen Stock übte. Ich mußte diesen Stock mit beiden Armen schwingen und dann nur mit einer Hand, sowohl mit der linken als auch mit der rechten. Ich lernte auch, einen Schlag abzuwehren. Ich war seit meinem sechsten Lebensjahr geritten, und ich fühlte mich auf jedem Pferderücken wie zu Hause. Während dieser Trainingszeit lernte ich, auf einem galoppierenden Pferd zu reiten und einen von einem Baum herabhängenden Apfel im Vorüberreiten mit dem Schwert in zwei genau gleiche Teile zu zerteilen. Dies ist übrigens ein beliebter abchasischer Volkssport, der bei fast jeder traditionellen Hochzeitsfeier gepflegt wurde. Sieger ist derjenige, dem es gelingt, den Apfel am exaktesten in zwei gleichgroße Hälften zu zerteilen.

Ich wurde auch in anderen akrobatischen Übungen und Spielen unterrichtet. Eines davon wurde *«Jirit»* genannt. Die Mitspieler hatten ungefähr 1,50 m lange Speere, die sie vom Rücken galoppierender Pferde aus auf ihre Gegenspieler warfen. Die Speere waren aus einem bestimmten Schilfrohr gefertigt, das besonders gerade flog. Das Ende des Speers war mit einem farbstoffgetränkten Baumwollappen umwickelt. Die Farbe wurde aus der Frucht eines bestimmten Kriechgewächses gewonnen. Traf der Speer, so wurde der Gegenspieler durch den Farbstoff gezeichnet. Jeder Spieler, der drei «Wunden» auf den Gliedmaßen oder eine auf der Brust oder am Kopf abbekommen hatte, schied aus dem Spiel aus.

Auch die akrobatischen Kunststücke auf dem Pferderücken, die ich lernte, dienten dem Zweck, meine Tapferkeit als Krieger zu stärken. Bei unserer abchasischen Art, auf dem Pferderücken zu kämpfen, mußte der Reiter in der Lage sein, sich blitzschnell aus dem Sattel zu erheben, das Gewehr unter dem Hals des Pferdes abzuschießen und sich anschließend vor dem Gegner zu verstecken, indem er sich zur einen oder anderen Seite des Pferdes herabhängen ließ – und all das innerhalb von wenigen Sekunden. Durch dieses Training wurde das Pferd zu einer Verlängerung meines eigenen Körpers, über die ich die völlige Kontrolle hatte, und das Pferd wurde mir gegenüber ebenso sensibel wie ich ihm gegenüber.

Durch dieses gesamte Training waren die Stammesältesten ständig in meinem Leben präsent. Sie gaben mir Anweisungen und trieben mich bei allem, was ich tat, bis zur Erschöpfung an. Wenn ich das Gefühl hatte, nicht mehr weitermachen zu können, trieben sie mich erbarmungslos weiter. Doch gelegentlich passierte es dann, daß mich, nachdem ich einen Punkt überschritten hatte, an dem ich glaubte, vor Erschöpfung umzufallen, und kaum noch atmen konnte, völlig andere Gefühle überwältigten und sich mir eine neue Energiequelle erschloß. Wenn die Krise vorüber war, hatte ich das Gefühl, ewig weitermachen zu können. All die Schwäche und Erschöpfung, die ich noch wenige Augenblicke zuvor empfunden hatte, lösten sich auf, und mir war, als würde ich im Grunde gar nicht das tun, was ich tat, und als würde ich mich an einem anderen Ort befinden. Manchmal glaubte ich in solchen Augenblicken, aus meinem Körper emporgehoben zu werden;

ich geriet in Ekstase- oder Trancezustände. Doch immer, wenn die Ältesten derartige Zustände bei mir bemerkten, befahlen sie mir, sofort mit der Übung aufzuhören.

Während der gesamten Zeit dieses Trainings nannten mich die Ältesten, die so unbarmherzig mit mir umgingen, «Edler Herr Murat», und sie setzten sich in meiner Gegenwart niemals hin, wenn ich sie nicht ausdrücklich dazu aufforderte. Sie setzten sich bescheiden in die Nähe der Tür und achteten ständig sehr aufmerksam darauf, ob sie etwas für mich tun könnten; doch sobald das Training begann, gaben sie mir Befehle. Aufgrund meiner Erziehung war es für mich völlig selbstverständlich, daß ich ihnen gehorchen mußte. Dennoch hatte ich das Gefühl, daß dieses gesamte Training unsinnig sei und daß ich die Dinge, die ich dabei lernte, niemals benötigen würde. Als sie mir sagten, Menschen würden nie sterben, konnte ich keinen Sinn in dieser Aussage erkennen. Als sie mir sagten, ein Mensch habe viele Körper und bei einem Begräbnis werde nur einer dieser Körper beerdigt, während die übrigen keineswegs stürben, mußte ich innerlich lachen. Sie sagten mir, das Begräbnis sei nur eine Art, den physischen Körper respektvoll zu behandeln, nachdem er seine Aufgabe erfüllt habe; es sei eine Weise, dem physischen Körper Wertschätzung zu zeigen und dies den übrigen Körpern mitzuteilen. Ich hielt die Stammesältesten damals für kindisch und primitiv und glaubte, das, was ich in der Internatsschule in Galatasaray lernte, sei viel wichtiger. Ich hielt mich für intelligenter als die Ältesten und behandelte sie manchmal mit einer Art Verachtung, wie sie für Kinder typisch ist. Sie reagierten mit Geduld und Verständnis, und erst später, als ich ein *Bektashi*-Derwisch wurde, erklärte mir mein Shaikh Bedeutung und Wert des Trainings, das ich von diesen Leuten erhalten hatte.

Es war nicht schwierig, dieses Training zu organisieren, weil die kaukasischen Aristokraten, die in Istanbul und Umgebung wohnten, praktisch noch genauso wie vor ihrer Immigration lebten. Sie hatten sich Häuser im Stil kaukasischer Schlösser gebaut, die auf riesigen Anwesen lagen. Die Vorderfronten einiger dieser prächtigen Häuser standen direkt am Ufer des Bosporus. Meine Schulung fand hauptsächlich an Wochenenden, während der dreiwöchigen Weihnachtsferien und während der viermonatigen Sommerferien statt. Ich besuchte sechs oder sieben kaukasische Häuser, von denen einige mehr als 85 km, andere etwa 19 km von Istanbul entfernt lagen. Die meisten meiner Lehrer gehörten dem Stamm der Ubychen an. Die Mutter meines Vaters hatte zu diesem Stamm gehört, und Ubychen und Abchasen waren ihrer Abstammung nach sehr nah miteinander verwandt, obgleich sie verschiedene Sprachen hatten. Die Ubychen verloren fast 90 Prozent ihrer Stammesangehörigen, als sie den Kaukasus verließen und in die Türkei einwanderten. Die meisten von ihnen versuchten, mit Booten das Schwarze Meer zu überqueren. Da sie ein Bergvolk waren, verkannten sie die Gefahren des Wassers und fielen in großer Zahl einem Sturm zum Opfer. Von Annapah bis Sochi lagen damals am ganzen Strand die Leichen der Ubychen. Nur wenige überlebten dieses Unglück. In der Türkei bewohnen die Überlebenden der Ubychen heute fünf oder sechs Dörfer, von denen die meisten zwischen Ankara und Istanbul und einige in der Nähe von Bandirma liegen.

Für zweieinhalb Monate wurde ich in ein kabardinisches Dorf im Kaukasus geschickt. Das Volk der Kabardiner pflegt besonders die alten Sitten und Reitkünste der Feudalzeit. Gegen Ende des 17. Jahrhunderts waren die Kabardiner die Lehrer der Kosaken, die Zar Peter der Große in das Don-Dnjepr-Gebiet geholt hatte. Die Kabardiner bildeten die Kosaken, die später unter dem Namen Don-Kosaken bekannt wurden, im Schwertkampf und in der Reitkunst aus. Die Don-Kosaken wurden vom russischen Zaren zu einem Garderegiment gemacht, und sie konvertierten zum Christentum. In dem kabardinischen Dorf, in das man mich schickte, wurde ich ebenfalls im Schwertkampf und in der Reitkunst ausgebildet. Das kaukasische Schwert ist sehr merkwürdig geformt; es ist sehr elastisch und dünn wie eine Peitsche, und man kann es nur zum Angriff benutzen. Es hält dem Luftwiderstand nicht stand und ist deshalb zum Fechten unbrauchbar. Doch fachmännisch eingesetzt, kann sogar ein kleiner Junge damit eine Kuh in zwei Hälften zerteilen. Es richtig zu benutzen, erfordert äußerste Präzision. Mein Vater, der Linkshänder war, konnte mit diesem Schwert die oberen Enden einer Reihe von nebeneinander liegenden Äpfeln in gleicher Höhe abschneiden und sogar Musik damit machen, indem er es durch die Luft schwang.

Ich verbrachte einen ganzen Sommer bei den Kabardinern; anschließend wurde ich nach Kanlija gebracht, einem Ort, der auf der anderen Seite des Bosporus in der Nähe von Uskudar liegt. In diesem Gebiet gibt es hauptsächlich Pinienwälder sowie riesige Anwesen, die von hohen Steinmauern umgeben sind, in welche man durch eiserne Tore gelangt. Hier in Kanlija absolvierte ich das Lehmtraining; ich mußte jeden Tag mit dem Lehm arbeiten. Auch zu Hause in Istanbul hatte ich zum Üben Lehm und sogar in der Schule.

Außerdem lernte ich durch spezielle Übungen, mit meinen inneren Körperzentren umzugehen, sie zu kontrollieren und zu aktivieren – sie wurden als kosmische «Nester» bezeichnet. Eine sehr wichtige Rolle spielte dabei die Atmung: Durch Willenskraft konnte man den Sauerstoff aus der Luft in die verschiedenen Bereiche des Körpers lenken. Die Übungen, die mir aufgetragen wurden, basierten hauptsächlich auf diesem einen Prinzip. Meine Lehrer erklärten mir, daß nichts «Spirituelles» an den Übungen sei, nichts «Göttliches», vielmehr seien sie hundertprozentig funktional. Spirituelle Entwicklung ist unsere Bestimmung. Unsere Handlungen haben nichts damit zu tun. Durch Übungen werden die latenten menschlichen Kräfte geweckt und entwickelt, damit der irdische Körper zu einem besseren Fahrzeug wird, mit dem wir unsere Bestimmung erreichen können. Dies wird in der abchasischen Überlieferung sehr offen und klar erklärt.

Ich wurde insgesamt zwei Jahre lang körperlich und intellektuell ausgebildet und bekam Wissen vermittelt, und schließlich sagte man mir, daß die Ältesten, mit denen ich gearbeitet hatte, Diener einer Kraft seien, die irgendwo auf der Erde beheimatet sei. Sie sagten, sie würden mich mit dieser Kraft in Verbindung bringen, doch auch nachdem dieser Kontakt hergestellt worden sei, müsse ich weiterhin mit ihnen arbeiten. All das überstieg mein Verständnisvermögen. Viele Jahre später, als ich dieses Training längst aufgegeben hatte, bekam ich den Kontakt, ohne zu wissen, wie es geschah. Der Kontakt zu der Kraft, über die sie gesprochen hatten, war einem Traum ähnlich. Wer würde mir Glauben schenken, wenn ich sagen würde, ich hätte im Traum einen Topf mit roter Farbe berührt, und nach dem Aufwachen wäre rote Farbe an meinen Händen gewesen? Es genügt zu sagen, daß der Kontakt einem Traum ähnelte, denn anfangs wirkte er auf mich wie ein Traum. In diesen Zustand einzutreten erfordert völlige Hingabe, völliges Vertrauen und völlige Überantwortung. Als es dazu kam, war ich ein sehr geschmeidiger, vielversprechender und fähiger Schüler. Warum dies so war, wußte ich damals nicht. Heute jedoch weiß ich, daß ich das Produkt mehrerer Leben bin und daß mir ein gewisses spirituelles Erbe übertragen worden ist. Meine Begegnung mit der Kraft – der Quelle – war keine einzelne Begegnung und keine spektakuläre Begebenheit. Mir wurde ein Körper gegeben, und ich war in der Lage, mit diesem Körper eine solche Begegnung zu erfahren.

Immer, wenn jemand mich bittet, diese Erfahrung ausführlicher zu beschreiben, sage ich, ich könne sie nur genauer erklären, wenn der Zuhörer bereit sei, mit mir zu leiden und auszuharren, und ich mache es solchen Menschen absichtlich schwer, dies zu tun. Wenn sie dies aushalten, werden sie herausfinden, was es mit jener Erfahrung auf sich hat. Das Schwierige liegt gewöhnlich gerade in der Einfachheit des Weges und darin, daß man alles aufgeben muß, um ihn zu beschreiten, alles, was einem wertvoll erscheint, materiellen Besitz ebenso wie alle Ideen und Überzeugungen, die einem besonders lieb und teuer sind. Völlige Hingabe und Unterwerfung ist erforderlich – so einfach ist das. Doch dieser Preis erscheint den meisten Menschen zu hoch, weil er einem Opfer gleichkommt.

Als ich erstmals Gelegenheit hatte, diese Dinge zu lernen, war ich nicht daran interessiert. Ich brach meine Schulung ab. Ich sagte, ich wollte dieses Ziel nicht erreichen. Ich wollte nicht als Stammesfürst fungieren, und ich wollte nicht dazu ausgebildet werden. Ich wollte von all diesem Unsinn einfach nichts wissen. Ich war Schüler auf einer westlichen Internatsschule und lernte dort die neuesten wissenschaftlichen Entwicklungen kennen, Dinge von praktischem Wert. Ich hielt die Stammesältesten, die mich unterrichteten, für rückständige Hinterwäldler. Ich glaubte, sie versuchten einen Sinn in Dingen zu sehen, die meiner Ansicht nach längst tot waren. Ihre Anschauungen erschienen mir äußerst merkwürdig. Sie näherten sich mir mit großem Respekt und erklärten, was sie jeweils vorhatten. Sie baten mich, doch bitte dies oder jenes zu tun, und ich antwortete ihnen dann, sie sollten verschwinden. Ich war damals erst zwölf Jahre alt.

Um diese Zeit fing ich an, mich für das Turnierreiten zu interessieren. Mein Vater war einer der Begründer des Reitclubs von Istanbul gewesen, und ich war dort gerne gesehen. Ich brauchte keinen Mitgliedsbeitrag zu bezahlen, weil mein Vater mit seiner wichtigen Rolle bei der Gründung des Clubs lebenslange Mitgliedschaft für alle Mitglieder seiner Familie erworben hatte. Ich besuchte also regelmäßig den Reitclub, trank dort nachmittags Kaffee oder Tee und sprach mit Monsieur Taton, dem damaligen Trainer des Reitclubs, der gleichzeitig bezahlter Reiter des türkischen Nationalteams war, das zu jener Zeit gerade aufgebaut wurde. Er war ein pensionierter französischer Major der französischen Reitschule, doch interessierte er sich auch für den kaukasischen Reitstil. Er besuchte oft Hochzeitsfeierlichkeiten in kaukasischen Dörfern in der Umgebung von Istanbul, um die kaukasischen Reitkünste zu bewundern. Als ich ihm sagte, ich wolle gerne Turnierreiten erlernen, fragte er mich, ob mir klar sei, was mich das kosten würde. Ich antwortete: «Was meinen Sie damit?» Er erklärte mir, ich müsse dazu meinen kaukasischen Reitstil aufgeben. «Du mußt dir viele Dinge abgewöhnen. Du darfst die Peitsche nicht mehr zum Training benutzen, weil die Peitsche bei der europäischen Art zu reiten nur zur Bestrafung benutzt wird. Auch die Faust wird anders eingesetzt. Du mußt lernen, mit anderen Hilfsmitteln umzugehen, um das Pferd zu lenken: deine Faust, dein Gewicht und deine Beine. Und du mußt auch einen anderen Sattel benutzen; du darfst nie mehr auf den wundervoll mit Gold und Silber verzierten kaukasischen Sätteln reiten.»

Ich war fest entschlossen, das Turnierreiten zu erlernen, und sagte ihm dies. Zur gleichen Zeit beendete ich mein Training bei den Stammesältesten. Das hatte nichts mit dem beginnenden Reittraining zu tun, und das Reittraining war auch kein Ersatz für das Training durch die Stammesältesten. Es war einfach so, daß zwei völlig verschiedene Dinge zufällig zusammentrafen. Ich sagte zu den Ältesten: «Ich möchte diesen Kontakt völlig beenden.» Und ihre Antwort war «Ja» oder «Wie du wünschst». Gewöhnliche Mitglieder des Stammes nannten mich ein «schwarzes Schaf», die Ältesten jedoch nicht.

Von diesem Zeitpunkt an widmete ich mich dem Turnierreiten. Ich liebte Pferde seit meiner Kindheit, und dadurch war mir vieles fremd geblieben, was Jungen meines Alters zu tun pflegten. Sie fingen an zu rauchen und entwickelten Interesse an den Mädchen der Nachbarschaft, und ein paar Jahre später fingen sie an, sich mit ihnen in stillen Seitengäßchen zu treffen, um sich mit ihnen zu unterhalten und ein paar unschuldige Küsse mit ihnen auszutauschen. Ich hatte für solche Dinge nicht die geringste Zeit. Ich war völlig mit meinen Pferden und mit meinem harten und anstrengenden körperlichen Training beschäftigt.

Ich schrieb damals auch Gedichte, doch sie handelten allesamt von Pferden. In der Zeit zwischen meinem 14. und 17. Lebensjahr hatte ich keinerlei andere Interessen. Ich entwickelte ein so intensives Verständnis für Pferde, daß ich mit ihnen sprechen konnte. Ein Pferd sagte zu mir: «Vergeude deine Zeit nicht mit mir. Ich kann diese Arbeit nicht tun. Entschuldige, aber nimm lieber jemand anderen dafür.» Ich entwickelte mich zu einem guten Reiter, und zwei Jahre später wurde ich als Turnierreiter bekannt.

Unterdessen setzte ich meine Schulausbildung am Lyzeum der Stadt Galatasaray fort und blieb in Kontakt mit meinem Volk. Ich fühlte mich diesen Leuten näher als den Türken und besuchte bei jeder sich bietenden Gelegenheit die Dörfer, in denen die kaukasischen Immigranten wohnten. In der übrigen Zeit war ich sehr intensiv mit Reiten, mit anderen Sportarten oder mit meinen Schularbeiten beschäftigt. Inzwischen war ich zu einem gläubigen Moslem geworden. Ich praktizierte fünfmal täglich die rituellen Gebete und fastete einmal im Jahr einen Monat lang.

Im Obergeschoß unserer Schule wohnte ein alter türkischer Nachtwächter aus Kara Orman, einer Bergregion im Balkan, die heute zu Jugoslawien, der Tschechoslowakei und Bulgarien gehört. Dieser Mann hatte aus zwei Gebetsteppichen eine Unterlage für seine rituellen Gebete gemacht. Er hatte über den Schlafräumen des Internats einen sehr kleinen Raum, in dem er schlief, sowie ein Wohnzimmer, in dem ein Sofa, ein kleiner Tisch und seine Gerätschaften zur Zubereitung von Kaffee standen. Manchmal betete ich in seiner Wohnung auf dieser Unterlage, oder ich nahm sie mit nach draußen, legte sie in eine Ecke und betete dort. Jedenfalls betete ich regelmäßig. Ich tat dies aus eigenem Antrieb und ohne Aufforderung seitens der Schule, denn die Atmosphäre in der Schule war nicht religiös. Unter der Herrschaft von Atatürk war die Stimmung in der gesamten Türkei für religiöse Menschen nicht besonders günstig. Im Jahre 1928 wurden alle Sufi-*Tekkes* geschlossen, und eine Zeitlang waren sogar die Moscheen zu. Diejenigen, die beten wollten, mußten dies privat in ihrem eigenen Haus tun. Trotz dieser Umstände erfüllte ich weiterhin meine Gebetspflichten. Dieser alte Nachtwächter machte mir die Situation so bequem wie möglich, und er kochte mir Kaffee, wann immer er Gelegenheit dazu hatte.

Als ich siebzehn Jahre alt war, überkam plötzlich eine außergewöhnliche Schärfe meinen Geist. Ich durchlebte eine Metamorphose. Mein Leben veränderte sich. Meine Fähigkeiten veränderten sich. Ich wurde zu einem starken, wirklich drahtigen jungen Mann. Mein Geist war unglaublich aufnahmebereit. Mir wurde plötzlich klar, daß meine gesamte religiöse Praxis ohne jeden Sinn war, weil es so etwas wie einen Gott nicht gab. Meine Vorstellung von Gott war gewesen, daß er ein sehr mächtiges, allgegenwärtiges und allwissendes Wesen in Menschengestalt sei und daß er sich irgendwo im Himmel aufhalte. Es war ein Gott, der sagte: «Ich habe dir dies und das gegeben, und als Gegenleistung dafür möchte ich dies und jenes. Wenn du das tust, kommst du ins Paradies, wenn nicht, kommst du in die Hölle.» Ich hatte geglaubt, daß ich für jedes Gebet, das ich ausließ, am Tag des Gerichts ein *Namaz* auf einem weißglühenden Eisenblech nachholen müsse. Meine Vorstellung von Gott war durch meinen Kontakt mit den Lehren des Islam geprägt worden, und ich hatte fast alles vergessen, was mir die Ältesten des abchasischen Volkes gesagt hatten. Jetzt, im Alter von siebzehn Jahren, tauchten rebellische Gedanken in mir auf. Ich fragte mich: «Warum sollte ich Gott etwas schuldig sein? Habe ich ihn denn darum gebeten, mich zu erschaffen? Habe ich ihn darum gebeten, mir dies und das zu geben? Es war sein Vergnügen und seine eigene Schuld, daß er dies getan hat.»

Wenn ich in der Türkei irgend jemanden unerwartet besuchte, fragte man mich gewöhnlich, ob man mir Tee servieren dürfe. Die Gastgeber wollten mich in irgendeiner Form bewirten. War es Mittagszeit, fragte man mich, ob ich zum Essen bliebe. Auch wenn die Hausbewohner nur Brot und Karotten aßen oder Brot und Käse, so gaben sie mir etwas davon ab und forderten mich nie auf, dafür zu bezahlen. Verglichen damit erschien mir Gott wie ein Bankangestellter, der mir Kredit gewährte und mir sagte, ich schulde ihm soundsoviel, und wenn ich nicht bezahlen würde, so würde dies oder jenes passieren. Diese Vorstellung erschien mir in bezug auf das Beten inakzeptabel. Deshalb hörte ich damit auf. Dies war mein zweiter Ausstieg. Das erstemal hatte ich mich der Unterweisung in der abchasischen Tradition entzogen, und nun gab ich auch die islamische Lehre auf.

Zu jener Zeit kam meine Mutter jeweils für drei Monate im Jahr nach Istanbul. Erst vor kurzem hatte die türkische Regierung unserer Familie einen Teil ihrer Ländereien und Besitztümer zurückgegeben. Plötzlich waren wir wieder eine wohlhabende Familie, zwar längst nicht mehr so wohlhabend wie zu Lebzeiten meines Vaters, aber doch besser gestellt als der Durchschnitt. Meine Mutter hatte wieder ein

Haus in Istanbul, im Sultanselim-Distrikt, von dem aus man auf das Goldene Horn sah. Den größten Teil des Jahres wohnte meine Mutter in der Stadt Chorlu in Rumeli, 110 km von Istanbul entfernt, wo sich die Ländereien unserer Familie befanden. Doch den Monat *Ramadan,* den mohammedanischen Fastenmonat, verbrachte sie in Istanbul, und sie kam jeweils einen Monat früher, um alles zu organisieren und reinigen zu lassen, um die notwendigen Dinge zu kaufen und um die Vorräte aufzufüllen. Ebenso wie zu der Zeit, als mein Vater noch gelebt hatte, gab sie während des *Ramadan* jeden Abend ein Essen, zu dem jeder kommen konnte, um das Fasten zu brechen. Nach dem *Ramadan* blieb sie jeweils noch einen Monat, den Monat *Shavval,* bevor sie nach Chorlu zurückkehrte.

Mir war klar, daß meine Mutter bei ihrem nächsten Besuch in Istanbul merken würde, daß ich nicht mehr nach der islamischen Lehre lebte, und da sie eine strenggläubige Anhängerin des Islam war, würde ihr dies sicher nicht gefallen. Meine Mutter war eine sehr temperamentvolle Frau – sie war sehr schön, kultiviert und wohlerzogen, doch eben auch sehr temperamentvoll. Wenn ich sage, daß sie mich regelmäßig dreimal täglich schlug, wenn wir zusammen waren, so übertreibe ich kaum. Sie hatte großen Respekt vor mir, nicht nur mütterliche Liebe, sondern auch Achtung. Und ich hatte auch Achtung vor ihr. Doch jedesmal, wenn sie mich schlug, war es ungerechtfertigt; das letzte Mal tat sie dies, als ich sechzehn Jahre alt war.

Bei jener Gelegenheit war ich während der Ferien in unserem Haus in Istanbul. Es war im Frühling, und ich saß auf dem Balkon und las in einem Buch. Wenn ich nicht so in das Buch vertieft gewesen wäre, hätte ich in den Garten mit seinen Obstbäumen und Blumen hinabschauen können, der früher einmal sehr gepflegt gewesen, jedoch jetzt, in seinem vernachlässigten Zustand, noch viel schöner anzusehen war. Hinter dem Garten konnte ich das Goldene Horn sehen. Zwei meiner Kusinen, die vier und sechs Jahre älter als ich waren, waren aus Chorlu gekommen, wie sie es oft taten, um uns in Istanbul zu besuchen. Sie befanden sich in dem großen Raum, dessen geöffnete, vom Boden bis zur Decke reichenden Fenster auf den Balkon hinausgingen. Meine Kusinen waren mit Handarbeiten beschäftigt und plauderten mit ihren Freundinnen, insgesamt zehn oder zwölf Mädchen.

Eine der Kusinen, ein sehr forsches Mädchen, warmherzig, aber auch mutwillig, kam zu mir nach draußen und sagte, es sei sehr unhöflich von mir, daß ich ihren Freundinnen nicht die geringste Beachtung schenke. Ich entschuldigte mich und ging in den Raum, wo die Mädchen beisammensaßen. Ich fragte: «Darf ich euch etwas zu trinken bringen?» Dann servierte ich ihnen Fruchtsaft und erkundigte mich, wie es ihnen gehe, und diejenigen, die Brüder hatten, fragte ich, wie es ihren Brüdern gehe. Als sie nach einer Viertelstunde anfingen, miteinander über Dinge zu reden, die mich nicht interessierten, ging ich hinaus und fing wieder an, in meinem Buch zu lesen.

Meine Kusine forderte mich jedoch auf, zurückzukommen und sie zu unterhalten, und als ich mich weigerte und sagte, ich wollte mein Buch lesen, fing sie an, an mir zu zerren und mich zu kitzeln. Ich glaubte, meine gesellschaftlichen Pflichten erfüllt zu haben, und sagte zu ihr, sie solle mich in Ruhe lassen. Doch hatte sie ebenso wie ihre Freundinnen offenbar Spaß an dem, was sich da entwickelte. Nachdem sie ein paarmal auf mein Buch geschlagen hatte, sagte ich zu ihr: «Wenn du das noch einmal tust, kann ich nicht dafür garantieren, daß ich die Kontrolle über meine Hand behalten werde. Falls du dann zufällig im Wege stehst, wirst du dir weh tun.» Diese Warnung ignorierte sie einfach, und so sauste also plötzlich mein Arm durch die Luft, und die Rückseite meiner Hand traf ihren Magen. Sie krümmte sich und bekam keine Luft mehr, und nachdem ihre Freundinnen ihr zu Hilfe gekommen waren, fing sie an zu weinen. Meine Mutter kam hinzu und fragte: «Was ist mit Bedia passiert?» Daraufhin schnatterten alle Mädchen los wie in einem Ententeich: «Murat hat sie geschlagen.» Aufgebracht fragte meine Mutter mich, ob das wahr sei. Als ich antwortete: «Nun, ich hatte einen Grund», sagte meine Mutter, ich sei ein Teufel, weil ich ein Mädchen geschlagen hätte. Dann nahm sie ihren Schuh vom Fuß und fing an, mich damit auf den Kopf und auf die Schultern zu schlagen. Ich tat so, als würden mir diese Schläge nicht das geringste ausmachen und als wären sie mir völlig gleichgültig. Schließlich war ich schon einige dutzendmal vom Pferd gefallen. Was konnte mir diese Bestrafung von der Hand einer Frau da schon anhaben?

Schließlich hielt sie mich für ausreichend bestraft und fragte mich noch einmal, was denn eigentlich passiert sei. Nachdem ich die Schläge bekommen hatte, ergriffen die Mädchen plötzlich für mich

Partei. «Murat hatte recht. So ist es gewesen...» Doch die Erklärung besänftigte meine Mutter nicht. «Nein, sogar in diesem Fall hatte er Unrecht. Bedia war im Recht.» Das war ihre Meinung, aber nicht meine. Sie hatte mich geschlagen, und das war in meinen Augen nicht gerechtfertigt.

Jedesmal wenn sie mich schlug, tat es ihr später leid, und ich tröstete und liebkoste sie dann und sagte: «Es macht nichts, es macht nichts, es tut mir nicht weh, ich fasse es nicht als Kränkung auf. Ich weiß ja, daß du sehr impulsiv bist. Ich wünschte mir, daß du geduldiger wärest, aber du bist es nun einmal nicht. Mach dir keine Sorgen, und sei nicht traurig darüber.»

Ich wußte, daß die Nachricht, daß ich nicht mehr betete, für sie schwer zu verkraften war, doch ich beschloß, ihr die Wahrheit zu sagen. Es war der Frühling meines achtzehnten Jahres auf Erden. Meine Mutter war nach Istanbul gekommen, deshalb wohnte ich zu Hause. Am ersten Morgen am Frühstückstisch sagte sie, sie habe beobachtet, daß ich meine religiösen Pflichten nicht erfülle, und sie fragte mich, ob ich sie völlig aufgegeben hätte. Ich sagte: «Ja, Mutter.» Ich hätte keine Chance gehabt, ihr zu entgehen, falls sie mich hätte schlagen wollen. Wir saßen an einem altmodischen Frühstückstisch, der ungefähr fünf Meter lang war. Sie ließ mich gerne auf dem früheren Platz meines Vaters sitzen, so daß wir, obwohl niemand außer uns am Tisch war, an den entgegengesetzten Tischenden saßen, wobei ihr Platz sich näher an der Tür befand.

Ich dachte mir: «Macht nichts.» Ich wußte nicht, daß meine Mutter ein Derwisch war. Ich wußte gar nichts über den kontemplativen Pfad und über den esoterischen Aspekt des Islam, über den Sufismus und über die Sufi-Orden. Mit acht Jahren war ich ein paarmal in eine *Mevlevi-Tekke* mitgenommen worden, zu einer *Mukabele,* einer Musikzeremonie der Mevlevis. Doch später waren die *Tekkes* verboten worden, und ich hatte nichts mehr darüber gehört. Ich hatte erwartet, daß meine Mutter wie eine orthodoxe Moslem-Gläubige reagieren würde.

Ich sagte: «Ja, ich habe das Beten aufgegeben.»

Sie sagte: «Darf ich fragen, warum?»

Ich antwortete: «Weil ich nicht an Gott glaube. Warum sollte ich an ihn glauben?»

«Oh, das kann ich gut verstehen», entgegnete sie zu meiner Überraschung.

Ich bat sie, noch einmal zu wiederholen, was sie da gerade gesagt hatte. «Was ist denn daran gut? Wie kannst du das als Gläubige gut finden?»

«Das finde ich auch nicht», antwortete sie, «aber wenn man den Glauben an Gott verliert, so ist das ein Erwachen. Dein Geist ist in Bewegung gekommen.»

Ich verstand nicht, was sie meinte.

«Schau», fuhr sie fort, «du bist ein guter Schüler. Ich habe deine Zeugnisse gesehen. Du besuchst eine der besten Schulen der Welt, und du lernst aus zwei Quellen, in zwei zeitgenössischen Sprachen, Französisch und Türkisch. Du entwickelst dich zu einem intelligenten jungen Mann. Wenn du dir ohne jeden Zweifel sicher bist, daß Gott nicht existiert, so ist das ein ungeheurer Fortschritt. Allerdings mußt du dir wirklich ganz sicher sein.»

Ich schwieg eine Weile.

Schließlich fragte sie: «Was ist der Grund dafür, daß du nicht mehr an Gott glaubst?»

Ich erklärte ihr, daß ich nicht verstünde, wie Gott sich so kindisch verhalten könne, so unvernünftig, so ohne jeden Sinn und Verstand. Wenn ein Kind sich so verhalten würde, wie es Gott nach dem Koran tut, so würden wir es tadeln, und wenn ein Erwachsener sich so verhalten würde, so würden wir ihn als einen Tyrannen bezeichnen. Meine Mutter lächelte. «Sehr gut, sehr gut.» Ich war immer noch verstört wegen ihrer Reaktion. Sie fragte mich, ob es mich überraschen würde, wenn jemand, auf den ich große Stücke hielte, jemand, der Großes in seinem Leben erreicht habe oder der über großes Wissen verfüge – ein Erfinder, ein Professor, ein Filmstar, ein berühmter Sportler oder wer auch immer – an Gott glauben würde. «Versteh mich bitte nicht falsch», sagte sie, «ich will damit nicht sagen, du solltest an Gott glauben, weil Menschen, die du bewunderst, es tun. Aber ihre Überzeugung könnte dich dazu bewegen, deine eigene Überzeugung anzuzweifeln. Du würdest dich in jedem Augenblick fragen: ‹Glaube ich wirklich nicht an die Existenz Gottes?›»

Ich begriff, was sie meinte. «Was soll ich denn nun tun?»

«Oh», sagte sie, «suche einfach weiter. Sei dir immer bewußt, warum du nicht an Gott glaubst und ob du dir wirklich völlig sicher bist, daß Gott nicht existiert.»

Ich fragte sie daraufhin, wie ich suchen könne und wo. Während ich diese Frage stellte, glaubte ich die Antwort schon zu kennen: Sie würde mir raten, ich solle diesen oder jenen *Hodscha* oder *Shaikh* aufsuchen. Dennoch stellte ich die Frage.

«Suche überall», antwortete meine Mutter, «in der Natur, in den Moscheen, in den Kirchen. Suche auf der Straße, im Kaffeehaus, im Bordell, in den Augen der Person, die du liebst, in Pferden, im Sonnenaufgang und im Sonnenuntergang. Suche überall. All dies sind Spiegel, die dir Gott zeigen sollen.» Dies war nicht die islamische Art der Gottessuche, und es war auch nicht die Antwort, die ich erwartet hatte.

Meine Mutter stellte meinen Glauben nicht wieder her, sondern sie weckte mein Interesse an der Suche. Sie wollte mir keine weiteren Fragen mehr beantworten. Statt dessen ließ sie mich mit meinem Problem allein; ich sollte selbst damit fertigwerden. Ich fing nicht wieder mit dem Beten an, sondern redete mit jedermann über Gott. Dies wurde zu meinem Lieblings-Gesprächsthema; ich schnitt es an, wann immer mir dies möglich erschien. Ich sprach nicht mit jedem darüber, dem ich begegnete, und ich versuchte auch nicht, das Gespräch krampfhaft auf das Thema zu bringen. Doch wann immer sich die Gelegenheit bot, sprach ich darüber. Wenn ich von jemandem erfuhr, der irgendwo zu predigen pflegte, ging ich dorthin und hörte zu. Bei all dem kam zwar zunächst nicht viel Brauchbares heraus, aber ich hatte angefangen zu suchen.

Die Idee des Suchens, mit der meine Mutter mich vertraut gemacht hatte, fing an, meinen Geist, mein Herz und mein ganzes Sein zu durchdringen. Besonders hatte mich beeindruckt, daß sie mir geraten hatte, überall zu suchen, nicht nur an besonders religiösen Orten. Ich hatte dabei ein positives, ein wissenschaftliches, ein methodisches, ein natürliches Element wahrgenommen, ein Element von Tatsächlichkeit. Ich spürte sogar, daß Gott nicht das war, was ich im Religionsunterricht über ihn gelernt hatte. Gott «wohnte» nicht «im Himmel», sondern er war überall. Ich fing wirklich an, an den Orten zu suchen, die meine Mutter aufgezählt hatte. Die Augen der Person, die ich liebte, waren die Augen meines Pferdes, und wenn ich fragend in die Augen meines Pferdes schaute, wenn ich mein Pferd in menschlicher Sprache fragte, nicht in der telepathischen Sprache, die ich gewöhnlich benutzte, um mit ihm zu kommunizieren, schien selbst mein Pferd sich der Frage bewußt zu sein.

Ein flüchtiger Eindruck vom Wesen der Liebe bewirkte in meinem Geist die Bildung einer Frage. Irgendwie brachte ich diese Liebe vage mit Gott in Verbindung, ohne daß ich wußte, warum. Wenn man mir Gott als eine Quelle der Liebe beschrieben hätte, statt als einen materialistischen, fordernden Gott, hätte ich nur eine einzige Barriere zu überwinden brauchen – die intellektuelle. Da man mir jedoch Gott als jemanden geschildert hatte, der Spaß daran hatte, zu strafen und zu belohnen, mußte ich zwei Barrieren überwinden, die intellektuelle und die emotionale.

Ich besuchte viele Leute. Ich reiste nach Ägypten sowie auch durch den Orient und in den Irak. Ich bin sogar in Indien gewesen. In Indien war ich Gast eines Mannes, der ein Schulfreund meines Onkels und ein Rajah war. Leider nahm mich seine Gastfreundschaft so sehr in Anspruch, daß ich keine Gelegenheit hatte, während des Aufenthalts in seinem Haus irgend etwas von Indien zu sehen. Ich sah an vielen Orten interessante Dinge, doch nichts erschien mir so überzeugend, daß es mir als Beweis für die Existenz Gottes genügt hätte. Einmal war ich 35 Kilometer von Bagdad entfernt in einem nestorianischen Kloster zu Gast. Nestorianer sind hermetische Mönche. Ich hatte das Glück, an einem ihrer Gemeinschaftsgottesdienste teilnehmen zu können. Einer der Mönche betete, daß Jesus kommen und den Gottesdienst leiten möge. Ich hielt dies für eine symbolische Anrufung, die sich auf die Schriftstelle: «Wenn zwei oder drei in meinem Namen beisammen sind, bin ich in ihrer Mitte» bezöge. Doch tatsächlich kam Jesus, um den Gottesdienst zu leiten! Wenn die Person, die erschien, wie ein normaler Mensch ausgesehen hätte, wäre ich davon überzeugt gewesen, daß sich einer der Mönche als Jesus verkleidet hätte, doch diese Jesus-Erscheinung war mindestens sechs Meter groß und zwei Meter breit. Ich konnte den weiteren Verlauf der Zeremonie nicht genießen, da ich beim Anblick der übergroßen Erscheinung in Ohnmacht fiel.

Obwohl ich mit vielen interessanten Menschen zusammentraf – mit Hellsehern, Heiligen, Magiern – und obwohl ich Zeuge vieler merkwürdiger Phänomene wurde, war ich immer noch nicht von der Existenz Gottes überzeugt. Nichts von alldem war in seiner Wirkung stark genug, mich zu Gott zu führen. Ich fing an, viele Bücher zu lesen. Ich kam wieder auf den Koran zurück und las verschiedene Fassungen. Ich las die Bibel auf Französisch und einige Bücher über östliche Lehren. Ich wurde sogar Mitglied eines Spiritisten-Clubs in Istanbul. Dieser Club gab eine Zeitschrift mit Namen *Ruhiyat* heraus. Der Leiter des Clubs war ein Mann namens Ruhselman. Der Club beschäftigte sich mit den typisch spiritistischen Aktivitäten wie Geisterbeschwörungen, Séancen und Astralreisen. Mir war nicht klar, daß die Ältesten der abchasischen Tradition, von denen ich mich getrennt hatte, Meister in der Kunst der Astralreise waren. Alles, was aus jenen alten Welten stammte, erschien mir damals altmodisch; statt dessen interessierte mich alles, was einen Platz in der zivilisierten Welt hatte. Meiner Meinung nach war die Religion und die Gottesidee für Menschen notwendig gewesen, die nicht durch eine Regierungsautorität geführt wurden und die keine moderne Erziehung genossen hatten. Gott und Religion erschienen mir von der modernen Zeit überholt. Clevere Menschen – zum Beispiel Propheten – hatten sie erfunden, um die Menschen zu zwingen, ein moralisch rechtschaffenes Leben zu führen, indem sie Angst vor Bestrafung und den Wunsch, belohnt zu werden, entwikkelten. Für die Gegenwart erschienen mir Gott und die Religionen überflüssig.

Weil der Club des Herrn Ruhselman modern und zeitgenössisch wirkte und weil seine Mitglieder statt verstaubter religiöser Gestalten bekannte Philosophen und Psychologen zitieren konnten sowie Schriftsteller und Künstler der gesamten Welt, zog mich dieser Club an.

Ich engagierte mich in vielerlei Hinsicht sehr intensiv und hatte eigentlich keine freie Minute. Wenn ich doch einmal einen Augenblick Zeit hatte, tat ich irgend etwas völlig Närrisches. Ich war damals sehr ruhelos, und ich war ganz sicher kein Engel. Einmal verließ ich um zwölf Uhr mittags die Schule, nahm meinen Revolver und ging mitten auf den Taksim-Platz, der im Zentrum von Istanbul liegt. Ich schoß sechsmal mit meinem Revolver auf die Uhr, weil sie zwei Uhr nachmittags anzeigte und nicht zwölf Uhr! Ich war wirklich kein Engel. Es machte mir großen Spaß, Leute zu erschrecken und zu hänseln. Ich spielte gerne gefährliche Spiele mit anderen. Ich war ein richtiger Tunichtgut. Zu dieser Zeit fing ich übrigens auch an, mich für den Kommunismus zu interessieren – hauptsächlich, weil mir das Wohl des Volkes am Herzen lag. Allerdings muß ich gestehen, daß mein Interesse am Kommunismus für mich auch ein Mittel war, die älteren Mitglieder meiner Familie zu irritieren, besonders meinen Onkel, der bei uns im Hause lebte. Er war ungefähr vierzig Jahre älter als ich, ein sehr liebevoller und sanftmütiger Mensch, der so weichherzig, aber auch hitzig war, wie es nur ein Gebirgsbewohner sein kann. Es machte mir ungeheuren Spaß, ihn zu necken.

Ich bin von Natur aus sehr leicht erregbar. In meinen Adern fließt Kämpferblut. Heute schlummert diese Anlage zwar die meiste Zeit, doch damals brach ich überall, wo ich auftauchte, in kürzester Zeit einen Streit vom Zaune. Ich liebte das Kämpfen und Töten, und man hätte mich leicht so sehr reizen können, daß ich getötet hätte. Ich war meinen Gegnern gegenüber im Vorteil, weil infolge jenes merkwürdigen Handtrainings niemand meinen Händen hätte standhalten können. Ich war zu einem teuflischen Scharfschützen ausgebildet worden: Ich konnte den Stengel eines Blatts an einem Baum treffen oder ein herabfallendes Blatt im Fluge, ohne sichtbar darauf zu zielen.

Wie bereits erwähnt, war ich damals sehr geschäftig. In jener Zeit der Suche war mein Körper und ebenso auch mein Geist unendlich weit von jeglicher sexueller Aktivität entfernt. In dieser Hinsicht war ich der unbedarfteste Mensch auf Erden. Ob irgend etwas mit mir physiologisch nicht in Ordnung war, weiß ich nicht. Ich schrieb Liebesgedichte an meine Pferde. Dann schrieb ich Liebesbriefe an mein Heimatland, in denen meine Sehnsucht, dorthin zurückzukehren, zum Ausdruck kam. Und ich schrieb über die Kriege gegen die Russen und darüber, wie die Kaukasier ausgewandert waren. Ich haßte die Russen. Ich war in jener Zeit ein Feind Rußlands. Ich möchte aber auch erwähnen, daß sich meine Einstellung zu Rußland seither geändert hat. Ich sehe, daß die Kaukasier die Dinge, die die Russen im Kaukasus vollbracht haben, niemals alleine zuwege gebracht hätten. Wir Kaukasier sind kein Volk, das intelligent und zielgerichtet zu handeln versteht. Kaukasier sind sehr emotional. Ständig kämpft irgendein Stamm gegen einen anderen. Es wäre für unser Volk so gut wie unmöglich gewesen, sich zusammenzutun und jene Dinge zu organisieren, die die sowjetische Regierung organisiert hat.

Ich fing damals an, mit anderen kaukasischen Gruppen zusammen in Istanbul einen kaukasischen Club aufzubauen. Unser Ziel war, eines Tages wieder in unser Land zurückzukehren, das kulturelle Erbe des Kaukasus zu wahren und einander so gut wie möglich bei der Erziehung unserer Kinder zu helfen. Ich besuchte jeden Sommer die kaukasischen Dörfer in der Türkei, um die besten Schüler zu ermitteln und ihnen zu einer guten Ausbildung zu verhelfen. Wenn es ihren Eltern finanziell nicht möglich war, ihre begabten Kinder von der Landschule zu nehmen und sie eine höhere Schule besuchen zu lassen, so suchte ich nach Möglichkeiten, wie sie dies dennoch tun könnten. Ich gründete in Istanbul ein Gemeinschaftshaus, in dem sie wohnen konnten und wo jemand ihnen etwas zu essen kochte, während sie in der Schule waren. Ich fing an, mich für diese Ziele zu engagieren, als ich ungefähr siebzehn Jahre alt war.

Ich war nicht so wie die meisten Teenager oder jungen Männer meines Alters. Mein alltägliches Leben war zwar ausgefüllt, aber wie ich bereits gesagt habe, war ich auf dem Gebiet der Sexualität völlig unerfahren. Später, als ich etwas erwachsener geworden war und als ich mehr vom spirituellen Wesen des Menschen begriffen hatte, als ich verstand, was Energie ist, verstand ich auch die Bedeutung der sexuellen Energie bei jeder Art von menschlicher Entwicklung. Sexuelle Erfahrungen, das Sexualleben und der Umgang mit sexueller Energie sind ein Teil der spirituellen Entwicklung – ein Teil, der untrennbar mit dieser Entwicklung verbunden ist. Es ist eigentlich merkwürdig und kaum zu glauben, daß ich während der ersten siebzehn Jahre meines Lebens nicht die geringste sexuelle Erfahrung gemacht habe. Ich hatte noch nie in meinem Leben masturbiert. Zuerst hatte ich kein Interesse daran. Später hatte ich keine Zeit mehr dazu. Nur um das Phänomen zu verstehen, versuchte ich es ein paarmal, hatte aber damit nicht mehr Erfolg als jemand, der versucht, sich selbst zu kitzeln. Vielleicht handelt es sich dabei um etwas, das man entwickeln kann; ich weiß es nicht. Als ich 17 Jahre alt war, öffnete eine 28jährige Frau mir die Tür zur sexuellen Erfahrung, indem sie mich rücksichtslos, gedankenlos und ohne jedes Feingefühl vergewaltigte! Nach dieser Erfahrung verlor ich keine Zeit mehr mit Ersatzhandlungen, weil mich der Sex mit Frauen viel zu sehr faszinierte. Kurz gesagt: Ich wurde zu einer Sexmaschine. (Falls Sie glauben, daß eine Frau unmöglich einen Mann vergewaltigen kann: wenn ein Mann so unwissend ist, wie ich es damals war, dann weiß ich nicht, wie man das, was mir damals passiert ist, anders nennen könnte als eine Vergewaltigung.) Es geschah im November, kurz nach dem Gespräch mit meiner Mutter über die Existenz Gottes. Das Haus meiner Mutter in Istanbul war sehr groß. Es stand in einer Ecke eines großen Grundstücks, das von einer zweieinhalb Meter hohen, mit Kletterpflanzen überwachsenen Steinmauer umgeben war. Auf dem Grundstück standen große und kleine Bäume und Obstbäume. Früher einmal war der Garten in einem sehr gepflegten Zustand gewesen. In einer Ecke des Geländes befanden sich Ställe und ein Haus für den Stallknecht mit vier Schlafzimmern, einer großen Küche, zwei Badezimmern und einem Wohnzimmer. Im Jahre 1934 brauchten wir keine Stallknechte mehr, deshalb vermietete meine Mutter das Haus an eine Familie mit drei Töchtern. Die Mädchen waren zwischen vier und sechs Jahren alt. Die Frau war sehr hübsch; wir nannten sie Tante Emina. Ihr Mann war wesentlich älter als sie. Sie war 28 und er ungefähr 50 oder 55. Er arbeitete in einer Glaswarenfabrik auf der anderen Seite des Bosporus und kam nur an jedem zweiten Wochenende nach Hause.

An einem Wochenende hielt ich mich in unserem Haus auf, was ich sonst während meiner Internatszeit nicht zu tun pflegte. Während der Nacht wurde es winterlich, und als ich mitten in der Nacht aufwachte, war es bitterkalt. Wir hatten keine Zentralheizung. Damals gab es das nur in sehr wenigen Häusern in ganz Istanbul. Statt dessen gab es in jedem Raum des Hauses einen offenen Kamin. Ich bewohnte zwei Zimmer; im kleineren stand ein Bett, im größeren ein Tisch, ein Sofa, Bücherregale und ein gußeiserner Holzofen. Ich mochte geheizte Schlafzimmer nicht, deshalb hielt ich die Tür zwischen den beiden Räumen geschlossen. Da der Ofen schwer war, reinigte man ihn im Sommer an Ort und Stelle und stellte hübsche Dinge darauf, beispielsweise einen Teewärmer und dergleichen. Die Ofenrohre montierte man ab, reinigte sie, ölte sie ein und verstaute sie in einem Abstellraum. Ich war allein im Haus, und der Ofen war noch nicht wieder funktionstüchtig. Also ging ich in den Abstellraum und holte dort die Ofenrohre. Während ich dies tat, sah mich Tante Emina und sagte: «Oh, wenn doch nur mein Mann da wäre. Es ist so kalt, und die Kinder sind schon ganz durchgefroren. Wenn er hier wäre, könnte er mir auch den Ofen aufbauen.»

Ich sagte: «Wenn du willst, baue ich dir den Ofen auf.»

«Oh, würdest du das tun?» sagte sie. «Dann nehme ich mir jetzt die Ofenrohre vor und mache sie sauber, und wenn du willst, kannst du sie am Nachmittag anschließen.»

Ich sagte: «Gern», und ging am Nachmittag zu ihrer Wohnung, um den Ofen betriebsbereit zu machen. Ihr Ofen war ziemlich klein. Man konnte ihn auseinandernehmen und im Sommer wegpacken. Ein starker Mann konnte ihn leicht alleine tragen. Ich trug ihn also die Treppe hinauf in den Raum, von dem aus Türen in die Schlafzimmer führten. Die Familie benutzte diesen Raum im Winter statt des Wohnzimmers, das unten im Haus lag. Dann machte ich mich daran, die Ofenrohre anzuschließen. Diese Rohre wurden an Halterungen an der Decke befestigt und liefen durch den gesamten Raum bis zu dem Loch im Kamin am anderen Ende des Raumes. Die Rohrteile waren je einen Meter lang, und ich befestigte sie aneinander, indem ich alle zwei Meter eine Klammer anbrachte. Während dieser Arbeit mußte ich den Tisch und den Stuhl immer wieder im Raum verschieben.

Ich stand also auf dem Stuhl, und die Frau hielt ihn, damit er nicht umfiele, obwohl ich ihr gesagt hatte, das sei unnötig. Plötzlich sagte sie: «Murat, deine Hosenknöpfe sind offen.» (Damals gab es bei uns noch keine Reißverschlüsse.) Ich wurde rot und schämte mich, obwohl ich mir eigentlich sicher war, daß die Knöpfe nicht offen sein konnten. Und selbst wenn sie offen gewesen wären, konnte ich nicht verstehen, warum eine Frau auf so etwas achtete. Ich wußte nicht, was ich tun sollte, und antwortete nicht.

Sie sagte: «Hast du gehört? Deine Knöpfe sind offen.»

Da sie offenbar eine Antwort erwartete, sagte ich: «Ist egal. Ich werde sie später zuknöpfen.» Ich hantierte eifrig am Ofenrohr.

Sie fuhr fort: «Wenn du willst, kann ich sie dir zumachen.»

«Nein, nein», sagte ich, «ich werde es selbst tun.» Doch sie hatte ihr Ziel erreicht: Ihre Fragen hatten eine Reaktion hervorgerufen.

Ich zog meinen Bauch ein und hoffte, daß mein Problem auf diese Weise unbemerkt bleiben würde. Doch da hatte sie meine Hosenknöpfe schon erreicht und sie geöffnet. Dann ergriff sie meinen Penis und zog mich nach unten. Ich fiel von meinem Stuhl und landete über ihr, und sobald ich auf ihr lag, spürte ich, wie ich in sie eindrang. Während all dies geschah und ich ejakulierte, fiel das Ofenrohr, an dem ich gearbeitet hatte und das von der Decke herunterhing, herab und traf mich auf den Kopf. Ich weiß nicht, wieviel Zeit verstrich. Der einzige Anhaltspunkt, den ich habe, ist, daß ich schon ejakuliert hatte, als das Ofenrohr mich am Kopf traf.

Dann stand ich sehr beschämt, zerknirscht, reumütig und gedemütigt auf. Wie ein fügsamer junger Hund tat ich einfach gar nichts. Ich nahm das Ofenrohr und machte mich daran, wieder auf den Stuhl zu steigen. Einige Sekunden lang herrschte Todesstille.

Sie sagte: «Was machst du da?»

Ich sagte: «Entschuldigung. Ich bringe das Ofenrohr an.»

Sie sagte: «Denkst du immer noch an das Ofenrohr?» Ich antwortete darauf nicht, doch sie sagte, ich solle vom Stuhl steigen, und dann zog sie mich wieder zu sich auf den Boden.

«Du solltest mich besser in Ruhe lassen», sagte ich. «Ich habe nichts dergleichen im Sinn gehabt. Ich möchte so etwas nicht mit dir tun.»

Sie fragte mich, warum ich dies nicht wolle. «Magst du mich nicht?» Ich sagte, daß ich sie schon mochte, aber sie sei meine Tante Emina.

«Vergiß das», sagte sie. «Du bist jetzt ein Mann. Du brauchst keinem etwas davon zu erzählen. Du kannst einfach hin und wieder zu mir kommen, und wir werden dann unseren Spaß haben.

Komm mit mir», sagte sie und zog mich ins Schlafzimmer. «Die Kinder sind nicht da. (Sie hatte sie zum Spielen in ein anderes Haus geschickt, das einige Distrikte entfernt lag.) Und schau, ich lege glühende Kohle in den *Mangal* (einen Holzkohleofen), damit der Raum warm wird. Komm ins Bett. Ich habe alle Türen abgeschlossen.» Ich hatte das Gefühl, mich in einer merkwürdigen, konspirativen Situation zu befinden. Ich hätte nicht sagen können, ob ich irgend etwas dabei empfand oder ob es mir gefiel. Es war wie ein Traum. Ich hatte so viele sexuelle Träume gehabt, und nun war tatsächlich alles genauso, wie ich es bisher nur in jenen Träumen erlebt hatte. Doch jetzt war ein lebendiges menschliches Wesen daran beteiligt, und dazu eines, mit dem ich vertraut war.

Sie nahm mich mit in das warme Schlafzimmer. Auf dem Kohleofen kochte der große Kessel. Es roch gut. Sie pellte mich aus den Kleidern, wie man ein Ei abpellt, und legte mich dann ins Bett. Anschließend entkleidete sie sich selbst ganz langsam. Sie war eine wunderschöne Frau, ein wenig rundlich zwar, aber sehr wohlproportioniert, mit sehr straffer Haut, und sie wußte, was sie wollte. Sie legte sich neben mich und fing an, mich zu liebkosen. Sie lenkte meine Hände, meine Zunge, meine Brust, meinen Körper – sie war die Lehrerin, und ich folgte gehorsam ihren Anweisungen. Sie drehte mich immer wieder – ich weiß nicht mehr, wie oft sie das getan hat – und suchte jeden Zoll meines Körpers auf. Dann fing sie an, merkwürdige Geräusche von sich zu geben, zog mich sehr sanft über sich und leitete mich mit bestimmten Bewegungen an. Diesmal war es für uns beide ein echtes sexuelles Zusammensein, doch unglücklicherweise glaubte ich irgendwann, sie liege im Sterben oder würde ohnmächtig werden. Sie schien nicht ganz bei Bewußtsein zu sein, deshalb hielt ich inne. Ich hatte das Gefühl, es sei vorüber. Deshalb zog ich mich zurück und fing an, ihr auf die Wangen zu klopfen und sie zu rufen: «Tante Emina, Tante Emina, was ist los mit dir? Wach auf!»

Sie öffnete die Augen und gab mir eine kräftige Ohrfeige. «Laß mich in Ruhe. Es ist alles in Ordnung. Ich habe nur mein eigenes Vergnügen gehabt. Du verstehst aber auch wirklich gar nichts!»

Ich entschuldigte mich, legte mich auf den Rücken und sagte nichts mehr. Nach einer Weile drehte sie sich zu mir um und fing an, mich sehr leidenschaftlich zu liebkosen. Sie sagte, sie habe es nicht böse gemeint, und es tue ihr leid, aber so sei es nun einmal. Männer seien anders als Frauen. Sie würden es zwar auch genießen, aber sie könnten sich nicht so im sexuellen Beisammensein verlieren wie eine Frau, und ich sollte mich einfach daran gewöhnen, daß das so sei.

Ich sagte: «Na gut! Ich dachte, ich hätte etwas falsch gemacht.»

Sie sagte: «Nein, du hast nichts falsch gemacht. Du hast deine Sache sogar sehr gut gemacht.» Dann servierte sie mir Tee und fing an, über ihren Mann, über ihr Leben und ähnliches zu sprechen. Sie erzählte mir, sie hätte mich aufwachsen sehen und sie hätte diesen Augenblick seit einiger Zeit sehnlichst erwartet. Beim bloßen Gedanken daran hätte sie ekstatische Erlebnisse gehabt. Was sie damit meinte, verstand ich nicht. Wir lagen nebeneinander und berührten einander. Dann allmählich kündigte sich eine neue Welle an, und diesmal liebten wir uns sehr bedächtig und sehr sanft. Später, als ich so viele Erfahrungen mit Frauen gemacht hatte, wie ich Haare auf dem Kopf habe – was besonders in der Zeit zwischen meinem siebzehnten und zwanzigsten Lebensjahr geschah –, hatte ich sie immer noch als eine der besten Frauen der Welt in Erinnerung. Wer sie intim kennengelernt hätte, hätte ihr alles geschenkt und ihr alles vergeben. Die Kraft ihres sexuellen Impulses und ihre Liebeskunst rechtfertigten, daß sie sich die Freiheit nahm, ihrem Willen zu folgen.

An jenem Tag liebten wir uns bis Sonnenuntergang siebenmal. Sie fragte, ob ich am folgenden Wochenende wieder den halben Nachmittag mir ihr verbringen wolle. Außerdem wies sie mich darauf hin, daß wir uns keineswegs auf die Wochenenden zu beschränken brauchten; deshalb bat sie mich, sie zu informieren, wann immer ich an einem Wochentag nach Hause käme. Ich versprach das. Ein Jahr lang waren wir, so regelmäßig wie möglich und so oft wir konnten, zusammen.

Ich hatte während dieser Zeit keine intimen Beziehungen zu anderen Frauen. Ich verkehrte sexuell nur mit ihr. Erst während der darauffolgenden beiden Jahre nahm ich jede Gelegenheit auf dem «offenen Markt» wahr. Ich war mir zwar erst spät meiner Sexualität bewußt geworden, aber es war noch lange nicht zu spät für mich, sexuell aktiv zu werden. Durch Tante Emina hatte ich gelernt, was Sex ist. Ich war in keiner anderen Hinsicht scheu, sondern im Gegenteil generell ziemlich aggressiv. Dieses Verhalten übertrug sich auch auf mein Sexualleben. Von meinem Charakter her war ich freimütig und offen. Die Kreise, in denen ich mich bewegte, begünstigten mein neuerwachtes sexuelles Interesse. Ich bekam nur selten einen Korb. So führte ich in jenen drei Jahren von siebzehn bis zwanzig ein sehr aktives Sexualleben.

Eine Frau war für mich nichts weiter als eine Sexmaschine – sie war für nichts anderes da als für Sex, ganz gleich, was für einen Anspruch sie selbst erheben mochte. Das Bild von einer Frau, das ich vor meinem inneren Auge hatte, bestand aus zwei Beinen und einem dunklen Punkt dazwischen. Sonst gab es nichts – kein «Oberstübchen». Das hatte das Leben mich gelehrt. Ich hatte gelernt: Wenn man die richtige Methode beherrscht, so kann man jede Frau auf der ganzen Welt erobern. Drück auf den Knopf, dann öffnet sich die Tür. Dies war die Lektion, die mir das Leben erteilt hatte. Ich war glücklich, wie ein Tier glücklich sein kann. Ich fühlte mich wie ein junges Fohlen, das aus dem Gehege entflieht und sich seiner Freiheit erfreut, ohne zu wissen, daß es genau dorthin rennt, wo der Wolf es erwartet. Wer sein Fohlen liebt, bindet es an.

In diesen Jahren gab ich mich ganz dem Genuß hin. Mein Leben hatte nun eine völlig neue Orientierung. Im Kreis meiner Freunde war ich ein Held. Alle bewunderten und beneideten mich um das Leben, das ich führte. Allen Schülern erschien die Art, wie ich lebte, äußerst erstrebenswert.

Unsere Schule lag zwischen dem Tünel- und dem Taksim-Platz, welcher den Champs-Elysées in Paris ähnelt. Abends promenieren dort die Bürger. Zwischen der Schule und jener Straße befindet sich eine lange Allee. Manchmal gingen wir zu dem hohen Eisengitter, um zu beobachten, was auf der Straße vor sich ging, besonders Sonntag abends, wenn alle Schüler nach dem Wochenende zu Hause in die Schule zurückgekehrt waren. Wegen der Höhe der Mauer hatten wir eine gute Aussicht auf die gesamte Straße – deshalb war es eigentlich verboten, auf der der Straße zugewandten Seite der Ummauerung zu sitzen. Sonntag abends jedoch war es ein traditioneller Zeitvertreib der Schüler des Lyzeums von Galatasaray, dort zu sitzen. Die jungen Männer schauten die Straße hinauf und hinab und beobachteten, wie Männer und Frauen aneinander vorbeigingen und ob irgendeine Kommunikation zwischen ihnen stattfand. Sie beobachteten sehr genau, was passierte, wenn eine schöne Frau vorbeikam, und wie sich ein an ihr vorbeigehender Mann verhielt – ob er sie anschaute und ihr bewundernde Blicke zuwarf oder ob er irgend etwas zu ihr sagte, und wie sie darauf reagierte – falls sie das tat. Es war ein interessanter Zeitvertreib, und außerdem konnte man viel dabei lernen.

Nachdem ich mir einen gewissen Ruf erworben hatte, war der Sonntagabend für meine Mitschüler immer eine gute Gelegenheit zu beobachten, was ich tat, wenn ich an einer schönen Frau vorbeiging. Sie sagten dann: «Oh, da kommt Murat. Laßt uns sehen, was er jetzt macht.» Wenn ich Sonntag abend auf dem Rückweg zur Schule war und auf der Straße eine schöne Frau bemerkte, starrte ich sie nicht lüstern an, wie die meisten Männer es taten, sondern ich blieb stehen, schaute sie offen an und lächelte. Gewöhnlich lächelte die Frau dann zurück, und anschließend sagte ich etwas zu ihr und sprach mit ihr. Manchmal entwickelte sich die Situation so, daß ich etwas sagen konnte wie: «Haben Sie Lust, mit mir spazierenzugehen oder vielleicht einen Tee zu trinken?» Da es in dieser Gegend viele luxuriöse Teehäuser mit Boulevardtischen unter Markisen und Sonnenschirmen gab, tranken wir in einem dieser Häuser Tee, und meine Mitschüler sagten dann: «Dieser Hurensohn hat es doch schon wieder geschafft!» Dieses Bild hatten sie von mir, und ich war auch tatsächlich so.

Ich führte dieses Leben drei Jahre lang; außerdem ging ich fieberhaft noch vielen anderen Aktivitäten nach. Wie das alles zusammen möglich war und daß es mich nicht umgebracht hat, ist mir selbst heute noch ein Rätsel.

Pferde waren immer ein wichtiger Bestandteil meines Lebens gewesen, wie ich bereits erwähnt habe, und während dieser ganzen Zeit war ich von Monsieur Taton, dem Trainer des Reitclubs von Istanbul, im Turnierreiten unterrichtet worden. Ich durfte als Mitglied des türkischen Nationalteams an den Olympischen Spielen in Berlin teilnehmen. Dies war mein erstes internationales Turnier, und gleichzeitig sollte ich dort etwas über den türkischen Nationalismus lernen. Ich nahm an den Olympischen Spielen des Jahres 1936 teil und auch an internationalen Turnieren in den Jahren 1937 und 1938, und ich habe alle Wettbewerbe, an denen ich teilnahm, gewonnen. Doch wegen meines Erfolgs wurde meine kaukasische Abstammung von der türkischen Regierung verheimlicht. Es hieß, ich sei ein «türkischer Reiter». Nur in den europäischen Zeitungen war mein Name in Verbindung mit den Turnieren zu lesen.

Wir waren insgesamt sieben Reiter im türkischen Nationalteam, und vier waren Kaukasier. Als vorgeschlagen wurde, daß alle kaukasischen Reiter türkische Namen annehmen sollten, willigten sie in diesen Vorschlag ein – außer mir. Ich war nun einmal kein Türke, und mein Beharren darauf vergiftete und verdarb mir mein Leben als Sportler. Es kam zu vielen ähnlichen diskriminierenden Vorfällen. Nach der Olympiade in Berlin wurde unser gesamtes Team vom polnischen Nationalteam nach Warschau eingeladen, um mit diesem gemeinsam an einem Schauturnier teilzunehmen. Ich reiste also nach Warschau und nahm an den Reitwettbewerben teil. Dort wollte mich eine Gruppe kaukasischer Immigranten aufsuchen, wurde jedoch daran gehindert. Später sagte man mir, wenn ich mit ihnen zusammengetroffen wäre, hätte jedermann gewußt, daß ich etwas mit ihnen zu tun hätte, und wenn die Kaukasier angefangen hätten, in ihrer Heimatsprache zu sprechen und ich hätte in der gleichen Sprache geantwortet, so wäre offensichtlich gewesen, daß auch ich Kaukasier sei und kein Türke. Ich war sehr aufgebracht, als ich dies erfuhr, und wollte das Team verlassen.

Die internationalen Reitturniere waren eine Gelegenheit für mich, die gesamte pferdeliebende europäische Aristokratie kennenzulernen. Ich wurde in ganz Europa in diesem Milieu der Pferdeliebhaber sehr herzlich aufgenommen. Ich wurde zum Liebling der Pferdenarren, und mit Geld wäre nicht zu bezahlen gewesen, was ich in jener Zeit alles geschenkt bekam. Wenn ich es gewollt hätte, hätten mich Franzosen, Deutsche und Italiener gekauft und mich zu einem Mitglied ihrer Nationalteams gemacht, doch ich wollte nicht in einer der großen Städte jener Länder leben, und so blieb ich in der Türkei. Meine Karriere als Turnierreiter dauerte allerdings nicht sehr lange, weil ich im Jahre 1938 bei einem internationalen Turnier in Rom einen Unfall hatte. Während eines Wettkampfs stürzte ich zusammen mit meinem Pferd in einen Graben. Mein Pferd fiel auf mich. Damit war nicht nur dieser Wettkampf für mich beendet, sondern auch das Turnierreiten insgesamt.

Ich hatte in Berlin im Jahre 1936 das Querfeldeinrennen gewonnen, doch den eigentlichen Höhepunkt meiner Karriere erlebte ich 1937 in Wien. Dort gelang mir der Weltrekord im Hochsprung. Ich sprang mit dem Pferd 2,12 Meter hoch und hatte damit Kapitän Castiliani übertroffen, der zum italienischen Team gehörte und der ein ausgezeichneter und stolzer Reiter war. Nachdem ich ihn dort besiegt hatte, wartete er ungeduldig auf den Wettbewerb in Rom im folgenden Jahr, um mir den Rekord wieder abzujagen. Bei jenem für mich schicksalhaften Turnier schaffte er nur 2,08 Meter, so daß ich meinen Rekord halten konnte. Im Jahr nach meinem Unfall, als ich mich vom Turnierreiten zurückgezogen hatte, gelang es ihm schließlich, meinen Rekord zu brechen. Bei dem Turnier, in dessen Verlauf ich Castiliani besiegte, ritt ich auf einem wundervollen Pferd, das kaukasischer Abstammung war; ein Bergpferd, das 25 000 türkische Lira kostete, was in jener Zeit sehr viel Geld für ein Pferd war. Ich selbst hatte dieses Pferd trainiert. Castiliani besaß kein vergleichbares Pferd.

Zu der Zeit, als ich nach Rom kam, war ich in internationalen Turnierreiterkreisen schon recht bekannt, und ich war dem türkischen Nationalstolz ein Dorn im Auge. In unserem Team befand sich nur ein einziger türkischer Offizier, aber ein Kurde und außer mir noch sechs weitere Kaukasier, die alle akzeptierten, was die türkische Regierung ihnen abverlangte, weil sie auf diese Weise ihre Karriere zu retten hofften. Wenn ich nicht den Unfall gehabt hätte, hätte man mich wahrscheinlich wegen meines Verhaltens aus dem Nationalteam entlassen. Ich weiß es zwar nicht mit Bestimmtheit, bin mir jedoch ziemlich sicher, daß die Sport-Offiziellen meinen Starrsinn nicht länger hinnehmen wollten.

In einem internationalen Wettbewerb ist es nicht erlaubt, dem Pferd vor dem eigentlichen Wettkampf die Hürden zu zeigen. Bei anderen Wettkämpfen kann man dies tun. Man nimmt das Pferd dann an eine lange Leine und führt es langsam und in aller Ruhe über den Turnierplatz. Kommt man mit dem Pferd zum erstenmal auf den Turnierplatz, ist er dem Pferd völlig fremd; wenn man das Pferd dann über das Feld führt, prägt es sich die Hürden ein. Der Turnierplatz ist ziemlich verwirrend, weil die Hürden nicht fortlaufend numeriert sind. Die erste Hürde kann Nummer 7 sein, die zweite Nummer 2, das ist sowohl für das Pferd wie auch für den Reiter ein Problem. Wenn der Reiter versucht, sich die Zahlenfolge zu merken, ist er verloren. Es ist besser, sich die Position der einzelnen Hürden und ihre Reihenfolge zu merken, indem man sich den Weg von einer zur anderen als Schema einprägt.

Ich machte mich also bei dem besagten Wettkampf auf den Weg, kam jedoch an der Grabenhürde in Schwierigkeiten. Hinter dieser Hürde lag ein Graben von mindestens zehn Meter Breite – eine große Entfernung, nicht zu groß, aber auch nicht gerade leicht zu nehmen. Genau in dem Augenblick, als ich zum Sprung ansetzte, bemerkte das Pferd, das sich schon über der Hürde befand, den Graben auf der anderen Seite und versuchte mit einem Ruck, die Sprungweite zu vergrößern. Es warf die Vorderbeine hoch und erhob seinen Kopf in die Luft. Weil sich mein Kopf nicht an der richtigen Stelle befand, traf mich das Pferd an der Nase, und ich verlor für kurze Zeit das Bewußtsein. Die Folge war, daß ich einen Satz rückwärts machte und den Kopf des Pferdes mit den wegen des langen Sprungs kurzen Zügeln zurückriß. Dies geschah, während ich bewußtlos war. Die Zügel zerrten heftig am Maul des Tieres, und als das Pferd stürzte, drehte es sich in der Luft. Ich selbst fiel in den zementierten Graben, und das Pferd fiel über mich – direkt auf meinen Bauch. Mein Bauch riß auf. Danach kann ich mich nur noch an eines erinnern, nämlich daran, daß ich mich blitzschnell aufrappelte und sofort wieder auf mein Pferd sprang. Beim Aufstehen sah ich, daß mein linker Stiefel mit Blut gefüllt war, das aus den Stiefelrändern hervorquoll. Ich war verwirrt darüber und fragte mich, woher das Blut wohl kommen mochte. Tatsächlich war meine Reithose ebenfalls mit Blut gefüllt, weil mein Bauch offen war und nur mein Hosengurt meine Innereien zusammenhielt. Es war ein Wunder, daß das Bauchfell nicht gerissen oder von den Eingeweiden getrennt worden war.

Später erzählte man mir, daß ich den Parcours beendet hätte, ein letztes Mal gegrüßt hätte und dann zu Boden gefallen wäre. Eine riesige Menge strömte herbei, um zu sehen, was passiert war, und als die Leute das Unglück bemerkten, bildeten sie rasch einen großen Kreis um mich, um weitere Neugierige von mir fernzuhalten. Sie glaubten, daß ich tot sei. Trotzdem holten sie eine Ambulanz, die mich in ein Krankenhaus brachte. Erst jetzt begriffen sie, was mit mir passiert war, als das Pferd auf mich gefallen war. Daß ich den Parcours trotz eines so schweren Unfalls und trotz einer solchen Verletzung völlig normal beendet hatte und dazu sogar in der richtigen Reihenfolge, war für alle Anwesenden völlig unglaublich. Natürlich hatte ich nur sehr wenige Punkte gemacht, doch wurde festgehalten, daß ich den Parcours korrekt beendet hatte; deshalb wurde ich nicht für den gesamten Wettbewerb disqualifiziert.

Nach diesem Unfall wurde ich in Rom wieder zusammengeflickt, und während ich im Krankenhaus lag und mich erholte, sprach sich der Vorfall überall herum. Es wurde viel Aufhebens darum gemacht, und ich wurde wie ein König behandelt. Mussolini und Hitler schickten mir Blumen, doch dieser Unfall war das Ende meiner Karriere als Turnierreiter. Ich konnte zwar auch danach noch reiten, und ich konnte auch noch an Turnieren teilnehmen, doch es hätte einfach zu lange gedauert, mich selbst und meine Pferde wieder in gute Kondition zu bringen. Heute noch leide ich manchmal unter diesem Verlust.

3

Zuhal

Es war Mitte Mai des Jahres 1938. Ich hatte das Lyzeum in Galatasaray abgeschlossen und ein französisches Hochschulstipendium bekommen. Ich mußte nach Ankara reisen, um dort die Formalitäten mit dem Erziehungsministerium, dem Innenministerium und dem Außenministerium zu erledigen, damit ich meinen Paß und die Genehmigung bekam, die Türkei zu verlassen. Ich reiste also nach Ankara, erledigte dort, was zu erledigen war, und reiste per Zug nach Istanbul zurück.

In jener Zeit war die Reise mit dem Zug die einzig komfortable Art zu reisen. Die Busverbindungen waren damals noch nicht so gut ausgebaut wie heute, und Flugzeuge wurden hauptsächlich von eiligen Geschäftsleuten und von Diplomaten benutzt. Der Zug war in jener Zeit ein sehr populäres Verkehrsmittel, sogar die höchsten türkischen Regierungsmitglieder reisten gewöhnlich mit dem Zug. Ich war also mit dem Zug nach Ankara gereist, und als ich mich auf der Heimreise befand, geschah etwas, das mein Leben und auch meine Einstellung zu Frauen völlig veränderte.

Der Zug aus Ankara passiert das Marmara-Meer am Eingang des Bosporus und endet an einer Eisenbahnstation mit Namen Haydar Pasha. Dort müssen die Reisenden den Zug verlassen und mit einer Fähre über den Bosporus auf die Seite übersetzen, auf der Istanbul liegt, zu einem Ort mit Namen Kopru. Von dort geht es weiter im Taxi, wenn man in die Stadt gelangen will.

Ich war um 8.00 Uhr morgens in Haydar Pasha angekommen, nachdem ich die Nacht im Zug mit einem angenehmen amourösen Erlebnis verbracht hatte – so etwas war typisch für mein damaliges Leben. Ich ging an Bord der Fähre, suchte mir ein gemütliches Eckchen und streckte mich zufrieden aus. Ich war voller Selbstvertrauen und fühlte mich glücklich, was angesichts der vorangegangenen Nacht nicht gerade verwunderlich war. Ich träumte vor mich hin und erfreute mich an dem Anblick, der sich mir bot, und dem wundervollen Tag, bis mir plötzlich eine Frau auffiel, die mir gegenübersaß. Ich beobachtete sie und stellte fest, daß sie sehr gutsituiert aussah und etwas konservativ, aber elegant gekleidet war. Ich schätzte, daß sie in den Vierzigern sein müßte. Sie hatte dunkles Haar, helle Haut und wunderschöne dunkle Augen. Jeder, der sie sah, war von ihrem Anblick gefesselt und bewunderte sie als ein besonders gelungenes Exemplar des weiblichen Geschlechts. Als ich sie zum erstenmal registrierte, blickte sie intensiv in ihre Handtasche, als wolle sie ihr Make-up überprüfen. In jener Zeit befand sich unter der Deckklappe jeder Damenhandtasche ein Spiegel, und in einem solchen Spiegel schien sie ihr Make-up zu kontrollieren.

Ich schaute dann und wann in ihre Richtung – nicht weil ich es auf sie abgesehen hatte, sondern weil auch sie häufig zu mir hinüberzuschauen schien und weil sie die Klappe ihrer Handtasche meiner Meinung nach ein wenig zu lange offenhielt. Mit der Zeit wurde mir klar, daß sie immer wieder auf den Spiegel in ihrer Tasche schaute und dann zu mir herüber – jedem Zuschauer wäre klargewesen, daß sie ganz offensichtlich in irgendeiner Weise an mir interessiert war. Ich wunderte mich zwar und fragte mich, was der Grund ihres Interesses sein könnte, doch weil ich zu jener Zeit aufgrund meiner bisherigen Erfahrungen keine sonderlich hohe Meinung über Frauen hatte, erschien es mir nicht sonderlich überraschend, daß sie sich möglicherweise sexuell für mich interessieren könnte. Dies passierte mir so häufig, daß es mir als völlig normal erschien.

Was mir durch Tante Emina geschehen war, war in meinen Augen eher ein Unglück, weil ich mich eigentlich für die Art von Leben, in die ich durch dieses Ereignis hineingeraten war, nicht geschaffen fühlte. Ich bin von Natur aus eher ein romantischer Typ, und mir wäre es lieber gewesen, wenn mein sexuelles Erwachen zu einem früheren Zeitpunkt meines Lebens stattgefunden hätte. Dann hätte ich mich allmählich an die Tatsachen des Lebens gewöhnen und in Ruhe darüber nachdenken können, was es wirklich mit all dem auf sich hatte. Ich hätte dann erst einmal Interesse an ein paar weiblichen Teenagern entwickeln und eine romantische Beziehung zu einer Nachbarstochter haben und aus der Naivität und der verliebten Unwissenheit eines Teenagers heraus ein paar heimliche Liebesbriefe schreiben können. Das hätte besser zu mir gepaßt. Ich betrachtete meine «Vergewaltigung» und die Richtung, die mein Leben seither genommen hatte, als eine eher unglückselige Entwicklung. Erst sehr viel später wurde mir klar, daß jene drei Jahre fieberhafter sexueller Aktivität keine Zeitverschwendung gewesen waren. Die Vorsehung hatte in mein Leben eingegriffen und mir die Erfahrungen ermöglicht, durch die mich später meine inneren spirituellen Reisen in neue Dimensionen führen konnten.

Plötzlich bemerkte ich, daß die Dame, die mich beobachtete, Notizen in ein kleines Buch schrieb, das sie in ihrer Tasche versteckte. Jedesmal, wenn ihre Augen den meinen begegneten, wurde ihr Gesicht sehr ernst. Nun war für mich klar, daß sie nicht ihr Make-up auffrischte, denn sie hatte kein einziges Mal ihre Lippen mit einem Lippenstift berührt oder ihre Nase gepudert. Da ihre Tasche die Form einer Kollegmappe hatte und sehr groß war, konnte ich nicht sehen, was sie hinter der Deckklappe tat. So oberflächlich ich zu jener Zeit ansonsten war, ich konnte nicht umhin, Achtung zu empfinden. Doch abgesehen von meinen Grübeleien und meiner Neugierde wegen dieser Frau gingen mir noch viele andere Dinge durch den Kopf.

Ich stand kurz vor meiner Abreise nach Frankreich, und vorher mußte ich noch vieles regeln. Es war das Jahr 1938, überall kursierten Gerüchte über politische Konflikte in Europa und über einen bevorstehenden Krieg. Hitler verletzte nacheinander all jene Verträge, die die Alliierten nach dem Ersten Weltkrieg mit Deutschland geschlossen hatten. Die Atmosphäre war sehr emotionsgeladen. Die deutsche Jugend war von einem ungeheuren Aufruhr ergriffen und plötzlich merkwürdig rachsüchtig geworden. Mir war klar, daß mir in Europa keine rosige Zeit bevorstehen würde. Während derartige Gedanken immer mehr von mir Besitz ergriffen, vergaß ich jene geheimnisvolle Frau eine Zeitlang, und plötzlich bemerkte ich, daß wir in Kopru angelegt hatten. Also nahm ich meinen Koffer, legte mir meinen Regenmantel über den Arm und stand auf, um das Schiff zu verlassen.

Ich sollte noch erwähnen, daß ich unter meinen Freunden für meine betont elegante Kleidung bekannt war – ich war so etwas wie ein

Dandy. Und weil meine Freundinnen oft aus gehobenen Kreisen stammten und den vornehmen Clubs in und um Istanbul angehörten, war ich gewöhnlich sehr adrett gekleidet. Das war mein Stil. Dies war also das Bild, das jene Dame, die mich auf der Fähre beobachtet hatte, von mir gehabt haben mußte: das eines sehr sorgfältig und elegant gekleideten, selbstsicheren und selbstzufriedenen jungen Mannes.

Ich hatte vor, als nächstes nach Galatasaray zu fahren, um im Internat meine restlichen Sachen abzuholen. Außerdem mußte ich beim Direktor der Schule nachfragen, ob ich noch irgendwelche Papiere brauchte. Und natürlich mußte ich meinen alten Freunden Lebewohl sagen und vielleicht ein paar Tage damit verbringen, verschiedene andere Kleinigkeiten zu erledigen. Ich wußte, daß zur Zeit niemand in unserem Haus in Istanbul war. Meine Mutter lebte in der kleinen Stadt Chorlu, und auch sonst war niemand von unserer Familie in Istanbul. Das Haus wurde von einem älteren Ehepaar betreut, das die Hausmeisteraufgaben wahrnahm. Die beiden sorgten dafür, daß das Haus jederzeit in gutem Zustand blieb, falls Mitglieder oder Freunde unserer Familie auftauchten und einige Zeit darin leben wollten. Ständig kamen Besuchergruppen aus den außerhalb von Istanbul gelegenen Tscherkessendörfern in die Stadt, um dort für Hochzeiten oder andere Feierlichkeiten einzukaufen. Sie alle erwarteten, daß sie während ihres Aufenthalts in dem Haus wohnen konnten; so wußte man nie, wer kommen würde oder wer bereits dort war. Ich konnte jederzeit dort wohnen; das Hausmeisterpaar und der Butler kümmerten sich dann um mein Wohl. Ich konnte aber auch in der Schule wohnen, denn während der letzten beiden Schuljahre brauchten die Senioren nicht mehr im Gemeinschaftssaal zu schlafen, sondern sie erhielten eigene Zimmer. Die Zimmer waren sehr komfortabel, und es gab sogar Zimmerdiener.

Als ich die Fähre verließ, war ich mir immer noch nicht ganz sicher, was ich als nächstes tun sollte. Ich wußte, daß die Schule geschlossen war, obgleich immer noch Examina stattfanden und sich noch Schüler im Internat aufhielten, die noch nicht in die Sommerferien abgereist waren. Als ich nach Kopru ging und nach einem Taxi Ausschau hielt, hörte ich hinter mir eine Stimme sagen:

«Entschuldigen Sie, haben Sie vielleicht einen Augenblick Zeit?» Ich drehte mich um und sah, daß jene Dame mir gefolgt war.

«Tut mir leid, daß ich Sie aufhalte», sagte sie mit sehr ernster und höflicher Stimme, «aber sind Sie nicht der Sohn von Mehmet Bey Yagan?»

Ich bejahte dies. Darauf begann sie auf Tscherkessisch weiterzusprechen, aber in einem Dialekt, den ich nicht beherrschte – Ubychisch. Ich war nur eben in der Lage, sie in Ubychisch zu bitten, ob sie nicht Abchasisch sprechen könnte, was sie bedauernd verneinte. So sprachen wir Türkisch miteinander. Sobald ich wußte, daß sie Kaukasierin war, veränderte sich meine Haltung ihr gegenüber: Ich wurde zum kaukasischen Gentleman, der nach kaukasischer Sitte mit der Dame spricht, wie sie es gewöhnt ist – eine einzigartige Form der Kommunikation.

Sie wirkte ein wenig verstört und sagte zu mir: «Ich bin mir nicht sicher, ob ich das Richtige tue, und sicherlich gehe ich gegen den Willen gewisser Leute vor, die das, worum ich Sie bitten möchte, direkter angeht. Als ich Sie auf der Fähre sah, dachte ich mir, daß Sie mit Sicherheit Murat seien. Deshalb schaute ich in meiner Tasche nach, um festzustellen, ob Sie dem Bild von Murat glichen, das ich bei mir trage. Ich dachte: Warum soll ich ihm nicht erzählen, was los ist? Warum soll ich nicht reden? Nun habe ich mich also dazu entschlossen, mit Ihnen zu sprechen. Ich bitte Sie nicht nur um Verzeihung und um Nachsicht, sondern auch um Ihre Kooperation, weil das, was ich Ihnen erzählen werde, nicht direkt etwas mit mir zu tun hat, sondern mit einer anderen Familie. Es ist eine ganz private Angelegenheit. Aber ich stehe dieser Familie sehr nahe und bin dazu die Frau eines Vetters jener Familie. Dies ist mein Verhältnis zu der Familie, um die es geht, und ich nehme mir die Freiheit, an Sie mit diesem Anliegen heranzutreten. Ich möchte, daß Sie folgendes wissen: Wenn das, was ich tue, nicht Ihren Beifall findet, so ist die Sache damit erledigt. Doch bevor Sie diesen Entschluß fassen, muß ich Ihnen alles über die Sache erzählen. Erst dann können Sie sich entscheiden.

Vielleicht sind die anderen Beteiligten mittlerweile ebenfalls zu dem Entschluß gekommen, zu dem ich selbst gekommen bin, aber ich kann erst später mit ihnen in Verbindung treten. Wir wissen alles über Sie und über Ihr Leben. Wir wissen, daß Sie gerade aus Ankara kommen und daß Sie dorthin gefahren sind, weil Sie ein Stipendium erhalten haben, und daß Sie zur Zeit die notwendigen Formalitäten erledigen, um nach Frankreich reisen zu können. Wir kennen jeden Schritt Ihres Lebens, und wir wissen, was für eine Art von Leben Sie führen. Wir wissen, wie beschäftigt Sie sind und wie reserviert Sie den Dingen gegenüber sind, über die ich mit Ihnen sprechen möchte. Doch wissen wir auch, wer Sie sind und aus welcher Familie Sie stammen. Wir kennen auch Ihre Eltern. Uns ist klar, daß Sie eine Zeit des Übergangs durchleben, und wir halten Sie trotz Ihres jugendlichen Alters für eine wichtige Persönlichkeit unseres Volkes. Aus diesen Gründen möchte ich mit Ihnen reden, allerdings nicht hier. Würden Sie die Freundlichkeit haben, mich um 17.00 Uhr in meinem Haus zu besuchen und mit mir zu Abend zu essen?»

Ich sagte zu, ohne zu zögern: «Ich danke Ihnen sehr für diese Einladung. Ich werde gerne kommen.»

«Sie akzeptieren meine Bitte ohne irgendwelche Fragen?» fragte sie überrascht.

«Was hätten Sie denn sonst erwartet?» antwortete ich. «Schließlich sind Sie eine kaukasische Dame. Ich habe nicht das Recht, Ihnen Fragen zu stellen.»

Dann trennten wir uns, und ich beschloß, mich zur Schule zu begeben. Ich legte mich aufs Bett, um mich zu beruhigen, nicht, weil ich müde war. Eigentlich hätte ich müde sein müssen, denn ich hatte während der Nacht im Zug nicht geschlafen; aber ich hatte eine so erfreuliche Nacht verbracht, daß ich hellwach war. Ich war völlig gefesselt von dem, was die Dame zu mir gesagt hatte. Meine Neugierde war geweckt, und meine Gedanken kreisten unentwegt um das, was sich mir am Abend offenbaren würde. Es ist nicht besonders schwierig, sich den Geisteszustand vorzustellen, in dem ich mich befand. Die Situation war höchst rätselhaft, und der einzige Anhaltspunkt, den ich hatte, war, daß die Sache etwas mit der Familie zu tun haben könnte. Vielleicht handelte es sich um eine alte Familienangelegenheit zwischen den Ältesten dieser Familie und meinem Vater. Vielleicht waren irgendwelche Komplikationen in dieser Familie entstanden, und weil sie wußten, daß ich bald nach Frankreich übersiedeln würde, wollten sie die Angelegenheit vor meiner Abreise klären. Vielleicht hatten sie irgendein Recht, auf das sie nun Anspruch erheben wollten, oder sie wollten mich um eine Hilfe bitten, die nur ich als Erbe meines Vaters ihnen gewähren konnte. Einer Sache war ich mir völlig sicher, nämlich daß nichts Gesetzwidriges im Spiel war. Es ging mit Sicherheit nicht um eine Betrügerei, wie ich zunächst vermutet hatte, als ich das Interesse der Dame an mir auf der Fähre bemerkt hatte.

Ich schlief ein wenig und beschloß, vorsichtshalber das Mittagessen zu überschlagen, um der Art von Gastmahl gerecht werden zu können, die kaukasische Damen Gästen vorzusetzen pflegen, und um meine Gastgeberin nicht durch Appetitmangel zu beleidigen. Obwohl ich mir ziemlich sicher war, daß diese Begegnung rein gesellschaftlicher Natur sein würde, war ich besonders sorgfältig beim Rasieren und bei der Wahl meiner Kleidung. Ich wählte sorgsam ein Hemd und eine Krawatte aus, die zu meinem Anzug paßten, und auch sonst putzte ich mich so gut wie möglich heraus, bevor ich mich zu dem Haus aufmachte, in das mich die Dame gebeten hatte. Es lag gar nicht weit von der Schule entfernt und befand sich auf der gleichen Seite des Wassers. Als ich an dem besagten Haus ankam, wurde die Tür von einer jener typisch älteren tscherkessischen Dienerinnen in halbtraditioneller kaukasischer Kleidung geöffnet. Sie wirkte wie viele Bedienstete, die ihr Leben im Dienst großer Familien verbracht haben. Die Frau führte mich in den Salon.

Unmittelbar nach mir betrat meine Gastgeberin den Raum und hieß mich in ihrem Haus willkommen. Sie war tatsächlich eine äußerst gutsituierte und sehr außergewöhnliche Frau. Ich bemerkte nun eine Traurigkeit an ihr, die mir am Morgen entgangen war. Nach der Begrüßungszeremonie sagte sie: «Ich habe mit der Familie Kontakt aufgenommen, und sie hat sich mit meinem Vorgehen einverstanden erklärt. Sie war über meine Initiative erfreut, und alle sind informiert worden.» Dann lud sie mich ein, mich zu setzen, und begann zu erzählen.

«Erinnern Sie sich an den Tierarzt Omar Bey? Er war Tierarzt in der Armee.»

«Ich erinnere mich an ihn», sagte ich. «Er hatte ein großes Haus, ein Anwesen am Bosporus in Bebek. Ich bin manchmal am Wochenende dorthin gegangen, wenn bei uns niemand zu Hause war. Er war ein guter Freund meines Vaters, und er ist eine bekannte Persönlichkeit. Ich kann mich gut an ihn erinnern. Er sah es gern, wenn ich sein Haus besuchte.»

Resmiye Hanim, meine Gastgeberin, nickte zustimmend. «Sie waren vierzehn Jahre alt, als Sie zum letztenmal dort waren», sagte sie. «In jenem Sommer starb Omar Bey, und seine Familie zog wieder in ihre Heimatstadt.»

«Ja, ich kann mich daran erinnern», sagte ich. «Ich war damals vierzehn.»

«Erinnern Sie sich noch daran, daß bei Ihren Besuchen in jenem Hause manchmal auch andere Tscherkessenkinder dort waren, die in Istanbul zur Schule gingen und die ebenso wie Sie am Wochenende zu Besuch kamen?»

«Ja», sagte ich, «sie besuchten andere Internatsschulen.»

«Und erinnern Sie sich auch noch an die Tochter einer Schwester von Omar Bey?» fuhr meine Gastgeberin fort. «Ihr Name war Zuhal, und sie war ungefähr in Ihrem Alter.»

«Wie geht es ihr?» fragte ich. «Sie war eine gute Freundin von mir.»

Resmiye Hanim seufzte und sagte: «Nun, genau um sie geht es bei dem, was ich Ihnen erzählen möchte.» Als sie dies sagte, wurde ich aus irgendeinem Grunde von Trauer erfüllt. Ich wußte, daß etwas mit ihr passiert sein mußte. Vielleicht war sie gestorben. Mir war immer noch nicht klar, was dies alles mit mir zu tun haben sollte.

«Erzählen Sie weiter», sagte ich. «Ich höre zu.»

«Ich weiß nicht, wie ich es sagen soll», sagte die Dame. «Wir entdeckten erst vor wenigen Monaten, daß Zuhal in der Stadt ist. Zu der Zeit, als Sie mit ihr Kontakt hatten, war sie Internatsschülerin auf dem Chamlija-Lyzeum, doch als ihr Onkel starb, kehrte die ganze Familie nach Bandirma zurück, und Zuhal ging dann dort weiter zur Schule. Niemand von uns wußte damals, daß sie sehr romantische Gefühle Ihnen gegenüber entwickelt hatte. Sie sprach mit niemandem darüber. Vor kurzem ist sie sehr krank geworden. Sie wurde immer schwächer, bis man feststellte, daß sie unter einem chronischen Fieber leidet. Ihre Krankheit wurde als Tuberkulose diagnostiziert, und mittlerweile steht sie kurz vor dem Tode. Ihre Familie hat hier in der Nähe eine Wohnung gemietet. Dort lebt sie mit ihrer Mutter und einem Diener. Ihr Vater ist vor ein paar Jahren gestorben.» Sie hielt einen Augenblick inne, bevor sie fortfuhr.

«Wir dachten, es könnte ihr guttun, Sie zu sehen.»

Ich war völlig verblüfft über diese Nachricht und sehr traurig.

«Warum hat sie mir nichts davon gesagt?» fragte ich Resmiye Hanim.

Sie schaute mich spöttisch an. «So wie kaukasische Mädchen erzogen werden, war es praktisch unmöglich für sie, sich Ihnen zu nähern. Wir wußten ganz genau, was für eine Art von Leben Sie führen. Wir hörten von Ihren Erfolgen beim Turnierreiten, und wir wußten auch, was für ein gefühlloser und verdorbener junger Mann Sie waren. Dennoch möchten wir Sie inständig bitten, sie zu besuchen und für ein paar Tage eine Rolle zu spielen, auf daß sie mit getröstetem Herzen ihrem Schicksal entgegengehen möge. Wenn Sie diese Herausforderung annehmen wollen, werde ich nun telefonieren, und wir werden Zuhal dann besuchen. Ich habe ihr gegenüber noch nichts von der ganzen Angelegenheit erwähnt.»

Ich schaute die Frau an, die mir diese Bitte vorgetragen hatte, und erwiderte ruhig: «Ich kann Ihnen wegen Ihrer Meinung über mich keinerlei Vorwürfe machen. Sie haben gesagt, daß Sie sich über meine freizügige Lebensweise im klaren gewesen seien. Und Sie hatten völlig recht anzunehmen, daß ich herzlos wäre und wahrscheinlich einfach weggehen würde, wenn Sie mir Ihre Bitte vortrügen. Was hätten Sie anderes erwarten können? Sie haben auch gesagt, Sie hätten geglaubt, daß ich mich in einer Zeit des Übergangs befände, und weil Sie gewußt hätten, wer ich war, hätten Sie es gewagt, mich anzusprechen. Ich weiß selbst nicht, ob das Leben, das ich führe, für mich das richtige ist oder nicht. Natürlich trage ich nicht alleine Schuld, daß dies alles so gekommen ist, aber Sie hätten nicht eine so lange Vorrede zu halten brauchen, um mir diese Bitte vorzutragen. Selbst wenn ihre Familie nicht wollte, daß ich sie besuche, würde ich es dennoch tun. Selbst wenn alle Beteiligten zu der Überzeugung gelangen würden, daß ich besser nicht zu ihr gehen sollte, würde ich mich nicht davon abhalten lassen. Es ist eine Sache zwischen ihr und mir, deshalb werde ich sie auf jeden Fall besuchen.»

Resmiye Hanim stand auf. «Also gut», sagte sie, «dann werde ich mit ihrer Mutter sprechen und Zuhal sagen, Sie hätten gehört, daß sie in Istanbul sei und daß sie krank sei; deshalb wollten Sie sie besuchen. Zuhal braucht nicht zu wissen, daß ich Sie auf der Fähre getroffen habe und daß all dies für sie arrangiert worden ist.»

Ich stand ebenfalls auf. «Wenn Sie glauben, Sie hätten all dies nur arrangiert, so ist das unzutreffend», sagte ich zu ihr. «Die Wahrheit ist, daß ich nun informiert bin und daß ich von ihrer Krankheit gehört habe. Ihre Haltung in der ganzen Angelegenheit und Ihre Pläne sind von nun an bedeutungslos für mich. Ich besuche Zuhal nicht auf Ihre Veranlassung hin, und ich werde ihr auch nichts vorspielen. Ich werde eine kranke Freundin meiner Kindheit besuchen, und wie ich mit dem umgehe, was bei dieser Begegnung geschieht, ist ganz und gar meine Sache.»

Meine Gastgeberin lächelte ein wenig. «Nun», sagte sie, «Sie werden wohl kaum Schwierigkeiten haben, die richtige Art von Kontakt zu ihr zu finden. Sobald Sie den Raum betreten, in dem sie lebt, wird Ihnen durch das, was Sie dort sehen, die ganze Geschichte völlig klarwerden. Sie werden keinerlei Schwierigkeiten haben, ein Gespräch mir ihr zu beginnen – Sie werden nicht erst auf den Busch klopfen müssen. Die Situation wird so sein, daß Sie völlig geradeheraus sein können.» Sie bemerkte die Frage in meinen Augen. «Die Wände ihres Zimmers», fuhr sie fort, «sind mit Bildern von Ihnen bedeckt, die aus Zeitungen und Magazinen stammen. Ich glaube nicht, daß sie diese Bilder abhängen wird, wenn sie hört, daß Sie zu Besuch kommen. Es wird ziemlich offensichtlich für Sie sein, welche Gefühle sie Ihnen gegenüber hegt.»

Während sie dies sagte, wurde ich von den unterschiedlichsten Emotionen erfaßt. Nichts von dem, was sie mir gesagt hatte, hatte ich auch nur im entferntesten erwartet.

«Hat man ihr gesagt, daß sie nicht mehr lange leben wird?» fragte ich. «Und woher wissen die Ärzte das – sind sie sich ganz sicher?»

Die Dame zuckte traurig die Schultern. «Ich weiß es nicht», antwortete sie. «Die Ärzte haben gesagt, daß sie noch eine Woche oder vielleicht auch nur noch vier oder fünf Tage leben wird. Es ist schwer zu glauben, weil sie manchmal erstaunlich gut aussieht. Morgens sitzt sie im Bett, kämmt sich ihr Haar und bindet ein rotes Band hinein. Ihre Wangen sind rosig, und ihre Lippen sind tiefrot, und sie wirkt sehr lebendig. Doch nachmittags wird sie schnell müde, und es bilden sich Schatten um ihre Augen. Man weiß nie genau, wie es ihr gehen wird. Aber sie sieht ganz sicher nicht so aus, als bliebe ihr nur noch wenig Zeit auf Erden. Trotzdem haben die Ärzte genau das gesagt.»

Mittlerweile war das Essen fertig, und wir setzten uns an den Tisch. Ich nahm überhaupt nicht wahr, was ich aß – mein Geist war wie betäubt. Resmiye Hanims Ehemann war ungefähr eine halbe Stunde nach meiner Ankunft von der Arbeit nach Hause gekommen, und er setzte sich beim Essen zu uns. Er war Tscherkesse, aber ich hatte ihn noch nie zuvor gesehen, obwohl ich seine Familie kannte. Er war Geschäftsmann und arbeitete als Verkaufsagent für die Obstbauern von Istanbul. Er schien ein netter Mann zu sein und wirkte sehr gepflegt und ruhig. Während des Essens sagte meine Gastgeberin nichts. Sie saß einfach da und aß schweigend. Nach dem Essen gingen wir gemeinsam zu dem Haus, in dem Zuhal wohnte. Resmiye Hanim hatte vorher angerufen, um unseren Besuch anzukündigen.

Als wir an unserem Ziel ankamen, öffnete die Mutter selbst die Tür, und die Dienerin stand hinter ihr. Ich küßte ihr entsprechend der kaukasischen Tradition die Hand, und sie umarmte mich. Sie war eine typische Kaukasierin, sowohl in ihrer Kleidung als auch in ihrem Gang. Sie ließ keinerlei Gefühlsregung erkennen. Ich hatte jedoch während der Umarmung ein Zittern in ihrer Brust bemerkt. Ich wurde ins Wohnzimmer geführt. Man bot mir Kaffee an, den ich gerne annahm, und gleich nachdem ich ihn getrunken hatte, nickten die beiden Frauen einander zu und brachten mich zu Zuhals Zimmer. Ich war überrascht, weil man mir doch gesagt hatte, sie sei gegen Abend immer erschöpft, und es gehe ihr dann nicht gut.

Zuhal saß im Bett und wirkte sehr lebendig und wohlauf. Sie war noch schöner als in meiner Erinnerung. Mit vierzehn war sie ein Mädchen von außergewöhnlicher Schönheit gewesen, wobei diese Schönheit nicht so sehr in ihrer äußeren Erscheinung, sondern in einem inneren Glühen lag. Je länger man sie anschaute, um so mehr von jener Schönheit offenbarte sich. Ich konnte mich noch erinnern, daß sie sich wie ein junges Reh bewegt hatte und daß sie immer sehr anmutig gewesen war bei allem, was sie tat. Bei unseren Tanzveranstaltungen hatte sie für die übrigen Jugendlichen auf dem Akkordeon gespielt.

«Gecth-mish olsun», sagte ich zu ihr. Mit diesem Ausdruck begrüßt man in der Türkei Kranke. «Ich habe gerade heute abend erfahren, daß du krank bist. Es tut mir leid, daß ich erst so spät komme, aber ich hatte sofort den Wunsch, dich zu besuchen, als ich von deiner Krankheit erfuhr. Ich hoffe, daß ich dich nicht störe.»

Sie lächelte mich an. «Oh, ich fühle mich sehr gut», sagte sie. «Es ist gut, dich zu sehen.»

Ich schaute mich im Zimmer um und sah die Bilder an den Wänden. Es waren ausnahmslos Fotos von mir. Eines zeigte mich im Alter von dreieinhalb Jahren, wie ich nackt auf einem Teppich saß, und es waren andere darunter, die ich nicht einmal selbst besaß. Viele zeigten mich auf verschiedenen Pferden bei Reitturnieren – wie mein Pferd gerade über eine Hürde sprang und ähnliches. Das letzte Bild war drei Wochen vor meinem Abschlußexamen in Galatasary aufgenommen worden. Es war ein Foto aus dem Fotostudio, in dem sich alle Schulabgänger fotografieren ließen – Foto Sabah. Jeder kann dort Fotografien von jedem Absolventen des Lyzeums von Galatasaray bekommen. Ich setzte mich ruhig hin, und die anderen verließen den Raum.

Als wir allein waren, senkte Zuhal ihren Blick und sagte nichts. Ich zog meinen Stuhl näher zu ihrem Bett hin und sagte zu ihr: «All die Bilder, die du hier hast, zeigen mir, daß ich dir nicht gleichgültig bin. Warum hast du nicht daran gedacht, daß ich ein Recht habe, deine Gefühle zu kennen, so daß ich selbst eine Entscheidung hätte treffen können?»

«Du warst immer so beschäftigt», sagte sie ruhig. «Ich habe über deine Einstellung zu gewissen Dingen von Mädchen gehört, die auf Partys waren, auf denen du auch warst. Ich hatte das Gefühl, ich sollte mich da besser nicht einmischen.»

Ich näherte mich ihr ein wenig. «Wenn ich das gewußt hätte, hätte ich vielleicht mein Leben geändert», sagte ich. «Wie lange fühlst du schon so für mich? Vielleicht ist mein Leben so geworden, weil du geschwiegen hast. Wäre das nicht auch möglich?» Ich hatte noch nie im Leben so schnell intensive Gefühle für eine Frau verspürt wie in diesem Augenblick. Und ich hatte noch nie so mit einer Frau gesprochen. Ich könnte niemals beschreiben, was ich in jenem Raum empfand. Ich kann nur sagen, daß mir sofort klar war, daß ich eine Hälfte eines Apfels war und daß ich nun die passende andere Hälfte gefunden hatte. Es war ein sehr merkwürdiges Gefühl, ein symbolträchtiger Augenblick.

Sie hob die Augen und schaute mich an. «Ich wußte selbst nicht, welche Gefühle ich hatte», sagte sie, «und ich konnte nichts tun, ohne mit dir zu sprechen. Zwei oder drei Jahre lang war mir nicht klar, daß das, was ich empfand, die Art von Beziehung war, die zwischen einem Mann und einer Frau entstehen kann. Ich hätte nicht zu sagen vermocht, welche Gefühle ich hegte. Ich hatte nie das Gefühl, in dich verliebt zu sein, und mir war nicht klar, daß das, was ich für dich empfand, irgend etwas damit zu tun hatte, daß du ein Mann bist und ich eine Frau.

Ich glaubte, daß du für mich eine Kindheitserinnerung seist, die einen sehr starken Eindruck bei mir hinterlassen hatte. Ich kann mich noch gut daran erinnern, wie wir als Kinder zu fünft oder sechst im Garten zusammen waren. Es war Mitte November, und ein oder zwei Äpfel hingen an der Spitze eines alten Apfelbaums. Ich hoffte in solchen Situationen immer, daß du der einzige unter den Jungen sein würdest, der in der Lage wäre, so hoch in den Baum zu klettern und die

Äpfel zu holen. Du entsprachst meiner eigenen Natur, die immer rebellisch gewesen ist, und als du dich weigertest, Stammesoberhaupt zu werden, erschien mir das als eine sehr heroische Tat.

Ich war immer höchst beeindruckt von deiner Bescheidenheit und davon, daß dir ganz und gar nicht bewußt zu sein schien, wie andere Menschen dich sahen. Meine Gefühle dir gegenüber manifestierten sich nie als der Wunsch, dich zu umarmen oder dir körperlich nah zu sein. Doch später, als ich Istanbul verließ und wieder nach Bandirma zurückkehrte, hatte ich bei allem, was ich tat, das Gefühl, du wärest bei mir. Wenn ich etwas getan hatte oder wenn ich bei einer Arbeit war, so war ich mir sicher, daß du dies sehen würdest und daß dir mein Tun gefiele. Deine Gegenwart begleitete mich ständig.

Nachdem ich die Schule abgeschlossen hatte, beschloß ich, meine akademische Ausbildung nicht fortzusetzen, sondern statt dessen ein paar Kurse in Handarbeiten zu belegen. Nachdem ich diese abgeschlossen hatte, ging ich ins Dorf zurück und eröffnete dort eine kleine Schule, in der ich unsere eigenen armen Mädchen unterrichtete. Um diese Zeit hörte ich davon, daß du gerade dabei seiest, einen Club für Kaukasier zu gründen. Ich hörte davon, daß du einflußreiche Leute um ihre Unterstützung für diese Sache bitten würdest. Dadurch fühlte ich mich dir näher, denn auf meine eigene bescheidene Weise half ja auch ich unserem Volk, und ich war mir sicher, daß dir dies gefallen würde.

Manchmal am Nachmittag, wenn meine Großmutter aus dem Haus gegangen war, um Besuche zu machen, setzte ich mich zum Tee hin, und ich war mir dann sicher, daß ich deine Gegenwart am anderen Ende des Sofas spüren konnte. So war es, bis mich ein Jahr, nachdem ich die Schule abgeschlossen hatte, ein sehr netter und gutherziger junger Mann bat, ihn zu heiraten. Ich hatte noch nie daran gedacht, daß ich eines Tages heiraten würde, und dieses Angebot schockierte mich so sehr, daß ich das Gefühl hatte, ganz plötzlich zu erwachen. ‹Ja, tatsächlich, ich bin eine Frau›, dachte ich bei mir, ‹und jeder sieht mich nun als Frau, und natürlich denken sie auch, daß man mich heiraten kann.› Doch entdeckte ich, daß ich mir nicht vorstellen konnte, irgend jemanden zu heiraten. Ich erforschte mein Herz, um herauszufinden, wie meine Beziehung zu dir beschaffen war, und sobald ich mir diese Frage gestellt hatte, wußte ich, daß ich wie eine Frau in dich verliebt war, daß meine Gefühle nicht rein freundschaftlicher Natur waren. In einem Erkenntnisblitz las ich in meinem eigenen Wesen wie in einem Buch und wußte, was schon immer in meinem Herzen gewesen war.»

Ihre Augen blickten fest in die meinen, während sie sprach, und sie brannten und funkelten in ihrem geröteten Gesicht. Ich ergriff ihre Hand und sagte: «Jetzt weißt du, daß du wahrscheinlich meine Rettung sein wirst. Ich bin nicht für die Art von Leben geschaffen, die ich führe. Von nun an werden wir alles zusammen tun.»

«Das weiß Gott allein», sagte sie.

«Natürlich, nur Gott weiß es», antwortete ich. Zum erstenmal schämte ich mich, weil ich nicht an Gott glaubte. Ich spürte, daß in ihr eine gewisse Hoffnung aufgekeimt war, als sie gesagt hatte: «Das weiß Gott allein.» Selbst wenn der Arzt ihr gesagt hatte, daß keine Hoffnung mehr für sie bestünde, hatte sie selbst offenbar immer noch Hoffnung. Ich lenkte das Gespräch auf ein anderes Thema und fragte sie, ob sie Neuigkeiten über die kaukasischen Immigranten zu erzählen wüßte, die im Umkreis ihres Dorfes wohnten, und über die, die wir gemeinsam aus Omar Beys Haus kannten. Sie fragte mich, wann ich nach Frankreich reisen würde.

«Ich bin mir nicht sicher», sagte ich, «weil ich nicht weiß, ob ich dich dorthin mitnehmen kann, und wenn ich das nicht kann, warum sollte ich dann dorthin reisen?» Ich hatte das Stipendium für Frankreich tatsächlich nur angenommen, weil ich gern das Land besuchen wollte, nicht weil ich ein Chemiestudium abschließen und Diplomchemiker werden wollte. Eigentlich interessierte ich mich mehr für Medizin. «Vielleicht sollte ich besser nicht dorthin reisen», sagte ich. «Wir werden sehen, wie die Dinge sich entwickeln.» Ich sprach so mit ihr, als sähe ich mein weiteres Leben an ihrer Seite, und Gott weiß, daß ich tatsächlich so empfand. Ich brauchte keine Rolle zu spielen, wie Resmiye Hanim mir vorgeschlagen hatte. Die Transformation in meinem Inneren ging mit großer Geschwindigkeit vonstatten, und ich verbrachte viele Stunden bei Zuhal. Hin und wieder brachte man uns frischen Tee, und wir lachten und scherzten viel miteinander. Gegen 23.00 Uhr machte ich mich bereit zu gehen und fragte sie, wann ich sie am besten besuchen könnte.

«Jederzeit», antwortete sie. «Manchmal fühle ich mich krank, aber du kannst mich gerne in jeder Situation besuchen.»

«Morgen werde ich am Nachmittag kommen», sagte ich.

«Was machst du am Morgen?» fragte sie, und ich erzählte ihr, daß ich in der Schule ein paar Dokumente abholen und dort meine Papiere aus Ankara abgeben müsse. Statt dessen suchte ich am nächsten Morgen ihren Arzt auf. Sobald ich sein Sprechzimmer betrat, erkannte er mich. «Wir können nichts mehr für sie tun», sagte er. «Die Tuberkulose ist sehr weit fortgeschritten. Es ist praktisch nichts mehr von der Lunge übrig. Selbst ein Wunder könnte sie nicht mehr retten.»

Ich fragte ihn, ob es für Zuhal gut wäre, wenn sie in die Schweiz gebracht würde, weil es dort bessere Behandlungsmöglichkeiten und Spezialsanatorien für Tuberkulosekranke gäbe. Er schaute mich an und seufzte.

«Vor sechs Monaten hätte sie sich noch erholen können, wenn man ihr nur den Wunsch zu leben hätte einflößen können. Doch jetzt würde selbst ein Aufenthalt in der Schweiz nichts mehr ändern. Die Lunge ist einfach völlig zerstört, und so etwas wie eine Lungentransplantation gibt es nun einmal nicht.»

Ich hatte dennoch Hoffnung. Gott weiß, daß ich Hoffnung hatte. Ich kannte nur einfach nicht die richtigen Leute, die etwas hätten tun können. Selbst in all meiner Unwissenheit, meiner Arroganz, meiner Stupidität und meiner Beschränktheit wußte ich, daß es irgendwo jemanden gab, der etwas für Zuhal tun konnte. Aber ich wußte nicht, wo ich ihn hätte finden können. Ich war mir absolut sicher, daß es möglich war, sie zu heilen, und daß es nicht gegen Gottes Willen war, wenn dies geschähe, aber ich wußte nicht, wo ich zu suchen anfangen sollte. Das einzige, was ich tun konnte, war, sie zu besuchen, ihr eine glückliche Zeit zu bereiten und abzuwarten, wie sich die Dinge entwickeln würden.

Ich verbrachte ganze Tage bei ihr, und schließlich wurde ein Sofa in ihr Zimmer gestellt, und ich schlief auch dort. Ich sorgte für sie, bediente sie und sprach Tag und Nacht mit ihr.

Eines Tages gab sie mir eine französische Zeitung, in der ein Bericht über meinen Reitunfall in Rom im vergangenen Januar stand. Sie bat mich, den Artikel ins Türkische zu übersetzen. Der Zeitungsbericht war stark übertrieben, aber sie freute sich ungeheuer darüber, diesen Bericht über meine Heldentat zu hören, und sie war unendlich stolz auf mich. Mit der Naivität und dem kindlichen Wesen eines jungen rebellischen Menschen bewunderte sie, daß ich mich geweigert hatte, so zu tun, als sei ich ein Türke. Ihre Begeisterung über mich und ihr

Stolz waren so überwältigend, daß ich einen Augenblick lang leichtfertig glaubte, dies sei etwas, das sie wieder zum Leben zurückbringen könnte.

Wenn wir miteinander sprachen, unterhielten wir uns über viele verschiedene Dinge: über ihre Sammlung alter Lieder aus den abchasischen Legenden etwa, die von den unglaublichen Ruhmestaten einiger Stammesfürsten, Edler und Gesetzgeber der Bergstämme in früheren Zeiten berichteten. Sie fragte mich, wie so etwas möglich sein könne ohne das Wissen und die Macht Gottes. Während sie sprach, wurde mir klar, daß ihre Gottesvorstellung ganz anders war als meine. Ich konnte in den Heldentaten, von denen jene Legenden berichteten, keinen Hinweis auf die Existenz eines Gottes erkennen. Ich konnte keinerlei Verbindung zwischen ihnen und Gott herstellen.

Eines Tages erzählte sie mir über eine Art sexueller Befriedigung, von der ich mir keine Vorstellung machen könne. Sie zeigte mir die Verse in den alten Liedern, die darauf hinwiesen, und sie erzählte mir von der geheimen Magie, die darin bestünde, seine Brust an die eines anderen zu legen, so daß die eigene Brust der des anderen zuhören könne. Sie erklärte mir, durch eine gewisse osmotische Beziehung sei diese Magie erfahrbar. Sie zeigte mir ein Lied, das von einem alten Bewohner der Berge erzählte. Dieser brachte seinen sterbenden Freund nach Hause, welcher auf dem Schlachtfeld verwundet worden war. Beide hatten zusammen auf einem Pferd gesessen, und der alte Mann hatte seinen sterbenden Freund am Leben erhalten, indem er für ihn geatmet hatte. Ich staunte. «Wie kann ein Mensch für einen anderen atmen?» fragte ich sie.

«Weißt du das nicht?» entgegnete sie. Nun war sie erstaunt. «Du solltest dich nicht weigern, dieses ererbte uralte Wissen anzunehmen, das den Herrschern unserer Nation gegeben wurde.» Sie schaute mich intensiv an. «Das ist etwas völlig anderes, als die Führerrolle anzunehmen oder abzulehnen. Der Weisheit gegenüber solltest du dich öffnen. Die Abchasen sind ein glückliches Volk. Sie sind die einzige Nation auf Erden, die ohne Scheu von sich behaupten kann, sie seien Aristokraten und Edle, ohne irgendwelche Angst davor haben zu müssen zu prahlen. Wenn wir sagen, daß wir Aristokraten sind, so ist das eher ein Ausdruck der Bescheidenheit, denn es bedeutet, daß wir verpflichtet sind, dem kaukasischen Volk zu dienen.»

Sie war die erste, die mir sagte, daß man für einen anderen Menschen atmen kann, und sie war die erste Person, die mir erzählte, daß wir die Fähigkeit geerbt hätten, Dinge schnell zu begreifen. Sie sagte, dies sei das Ergebnis der Arbeit, die unsere Vorfahren geleistet hätten, und es sei durch unser Blut auf uns übertragen worden. Sie hatte nie etwas von den Mendelschen Gesetzen gehört, erklärte mir jedoch, daß ein Mensch von aristokratischer Abstammung wie ich eine Bereitschaft habe, bestimmte Dinge zu verstehen, indem er beispielsweise die Notwendigkeit sähe, sich in spiritueller Hinsicht wegen der von seinen Vorfahren bereits geleisteten Arbeit ein wenig mehr unterrichten zu lassen oder sich ein wenig mehr anzustrengen. Wir seien das Ergebnis einer Entwicklung, die sich über viele Leben erstrecke. Sie sprach sehr ausführlich über diese Dinge, und ich fing an, ein gewisses Interesse an dem zu entwickeln, was sie mir erzählte, und auch an der Art, wie sie es erzählte. Sie sprach nicht über Gott, doch zweifellos schwang ein Element des Göttlichen in allem mit, was sie sagte. Kein anderes Wort als das Attribut «göttlich» hätte die Art ihrer Belehrung beschreiben können.

Während sie sprach, stieg für mich Gott vom Himmel herab, und ich stand Gott im Menschen von Angesicht zu Angesicht gegenüber. Und selbst wenn ich das Wort Gott völlig aus dem, was sie zu mir sagte, entfernt hätte, hätte dies nicht die Wirkung dessen verändert, was sie sagte. Während sie zu mir sprach, enthüllte sie mir auch vieles über die Bedeutung des Zusammenkommens von Mann und Frau in einer ungeschlechtlichen und doch gleichzeitig sexuellen Beziehung mit dem Ziel, ein Ganzes zu schaffen. Dies war die Art, wie sie es beschrieb, und sie benutzte auch noch einen anderen höchst symbolischen Vergleich.

«In unserem Sexualleben», sagte sie, «gleichen wir dem Besitzer eines Obsthains, der die Früchte pflückt, bevor sie reif sind. Er tut dies nur, weil er noch nie lange genug gewartet hat, um zu wissen, wie reife Früchte aussehen; das ist der einzige Grund. Wenn er einmal eine Frucht auf dem Baum vergessen würde und sie hängen ließe, bis sie völlig reif wäre, würde er nie mehr eine unreife Frucht pflücken.»

Zuhal sagte mir, wenn die Menschen dies nicht verstehen würden, bestünde keine Hoffnung für die innere Entwicklung der Menschheit. «Weißt du, was es bedeutet, wenn dies nicht verstanden wird?» fragte sie sehr eindringlich. «Es wäre das Ende der Aristokratie.» Sie war sehr besorgt um das Schicksal der Aristokratie. Sie sah deren Angehörige als Träger des Lichts an.

Meine Zuneigung zu ihr wurde tiefer und erfüllte mein Leben mit ungeheurer Zufriedenheit. Wenn ich sie verließ, hatte ich nicht den geringsten Wunsch, in einem Café etwas zu trinken oder mir eine Frau zu suchen und ein wenig Spaß mit ihr zu haben. Nach kurzer Zeit bemerkten meine Freunde dies und fingen an, sich über mich lustig zu machen. Sie wunderten sich, warum ich mich versteckt gehalten hätte, und jedesmal, wenn ich Freundinnen auf der Straße traf oder wenn ich irgendwo einen Kaffee trank, kamen sie zu mir und fragten mich – da sie wußten, was für ein Leichtfuß ich war – auf die gewohnte Art, ob ich am Abend schon irgend etwas vorhätte. Sie waren davon überzeugt, daß ich mit ihnen gehen würde, wenn ich noch nichts anderes vorhätte. Als ich dies ablehnte, waren sie ziemlich überrascht.

«Wie? Was ist das denn? Was ist denn los?» fragten sie, und einige fragten mich sogar, ob ich wegen einer Geschlechtskrankheit in Behandlung sei. Ganz allmählich hatte Zuhal mich aus diesem niederen Raum in die Geheimnisse des höheren Raums geführt, und so lernte ich einen anderen Aspekt der Frau kennen, ohne daß ich denjenigen, den ich zuerst kennengelernt hatte, nun hätte verleugnen müssen. Mein zuvor gesammeltes Wissen über Frauen wurde keineswegs durch das, was ich nun entdeckte, geschmälert oder ungültig, doch stand es sicherlich im Schatten dieses höheren Raums und erlangte eine immer ernstere, sinnvollere und greifbarere Bedeutung. Mein Verständnis und meine Vorstellung von Frauen veränderten sich.

Eines Abends, als ich bei Zuhal war, fragte sie mich, ob ich mit ihr die Erfahrung der Brustatmung teilen wolle. Ich willigte sofort ein und legte mich zu ihr ins Bett, aber sie hatte keine Zeit, mir die Brust-an-Brust-Atmung zu zeigen; sie fühlte sich so behaglich, zufrieden und anschmiegsam, daß sie sofort einschlief. Wir verbrachten eine sehr innige Nacht miteinander.

Der Zeitpunkt meines ersten Besuchs lag nun schon eine Woche zurück, und obgleich die Ärzte keine Besserung feststellen konnten, staunten sie, daß Zuhal immer noch lebte. Eine weitere Woche verging, und eines Tages sagte sie zu mir: «Ich glaube, meine Zeit ist gekommen. Mir bleibt hier nichts mehr zu tun.» Sie bemerkte meinen verstörten Gesichtsausdruck. «Es ist schon in Ordnung», sagte sie. «Lebe, wie du gerne leben möchtest; du wirst nicht mehr derselbe sein wie vorher. Du wirst dich verändern. Du wirst oft versuchen, zu deinen alten Gewohnheiten zurückzukehren. Du wirst straucheln, aber du wirst nie wirklich fallen. Wenn dann schließlich auch deine Zeit abgelaufen ist, werde ich dich wiedersehen.» Sie lächelte mich an. «Bevor ich gehe, habe ich noch einen Wunsch, der mir sehr am Herzen liegt, und ich bin mir sicher, daß du mich weder mit deiner äußeren noch mit deiner inneren Reaktion enttäuschen wirst. Dir wird das, was ich tue, nicht kindisch erscheinen, und ich bin mir sicher, daß du respektieren wirst, was ich getan habe. Ich werde dir etwas zeigen.» Sie griff in die Schublade neben ihrem Bett und zeigte mir ein Taschentuch.

«Als ich den Heiratsantrag ablehnte», sagte sie, «als ich merkte, welche Gefühle ich dir gegenüber hegte, habe ich dieses Taschentuch statt mit meinen eigenen Initialen Z. B. I. mit Z. Y. bestickt, weil ich der Meinung war, daß mein Name besser mit Yagan zusammenpassen würde.» Sie lachte, und ich verstand sie sofort.

«Nun, warum nicht», sagte ich.

«Wir haben keine Zeit», antwortete sie.

«Wir brauchen nicht zum Standesamt zu gehen», sagte ich. «Jahrhunderte hindurch hat man das nicht getan. Ich brauche nur den Imam der örtlichen Moschee zu rufen. Er kann die Heiratszeremonie auch hier durchführen.» Sie hörte schweigend zu und dachte nach. «Schau», sagte ich zu ihr, «ich möchte die Gelegenheit, dich zu heiraten, nicht versäumen, denn wenn du wieder gesund wirst, magst du mich vielleicht nicht mehr.» Sie lachte und lachte, und dies war das letzte Lachen, das ich von ihr hörte.

Schließlich rief ich den Imam. Ich erklärte ihrer Mutter alles, und sie willigte sofort ein. In der folgenden Nacht schlief ich mit Zuhal. Gerade an diesem Tag hatte der Arzt gesagt, er glaube nicht, daß sie die Nacht überleben würde. Doch wir liebten uns, und sie war wie eine völlig gesunde Frau. Unsere sexuelle Begegnung war stark, überfließend und wunderschön. Zuerst war ich etwas besorgt und dachte, ich hätte besser mit dem Arzt sprechen sollen, aber alles war so unerwartet gekommen.

Am nächsten Morgen rief ich den Doktor, um ihm zu erzählen, was geschehen war. Ich sagte: «Sie ist sehr lebendig – Sie haben gesagt, es könnte ihre letzte Nacht sein. Aber es scheint ihr sehr gutzugehen. Was ist los?» Der Arzt erklärte mir, daß dies ein merkwürdiges Phänomen sei, das bei Tuberkulose häufig auftrete, und es könnte sogar sein, daß sie auch diesen Tag noch überlebe. Tatsächlich überlebte sie diesen Tag und auch den nächsten. Am darauffolgenden Tag mußte ich mich dringend um einige Papiere kümmern, die ich liegengelassen hatte. Um Zeit zu gewinnen, war ich schon um 8.30 Uhr morgens an der Schule, doch als ich ankam, wartete der Vertreter des Direktors bereits auf mich und sagte: «Jemand hat angerufen und nach dir gefragt. Du sollst sofort nach Hause kommen.» Ohne ein Wort zu sagen, eilte ich in Zuhals Wohnung, doch als ich ankam, war sie schon tot.

Dies war ein großer Schock für mich, obwohl ich darauf vorbereitet war, daß ihr Tod nicht mehr zu verhindern war. Ich war bis in mein tiefstes Inneres schockiert, und die einzige Hoffnung, die mir blieb, nicht wieder in meine alten Verhaltensmuster zurückzufallen, war, nach Frankreich zu gehen. Die ungewohnte Umgebung würde mir helfen, ein neues Leben anzufangen. In Istanbul würde es mich ungeheure Anstrengung kosten, mich von meinen tiefverwurzelten Gewohnheiten zu befreien. Es war ein Glück für mich, daß ich die Möglichkeit hatte, in ein fremdes Land zu reisen und dort ein neues Leben zu beginnen. Was Zuhal in mir geöffnet hatte, würde sich nicht wieder schließen und so ihr Geschenk wertlos machen. Ob es mir gefiel oder nicht, ich würde ein neues Leben beginnen müssen, und in gewisser Weise war ich bestens darauf vorbereitet, dies zu tun. Schon sehr früh im Leben hatte ich gelernt, mich überall, wo ich war, zu Hause fühlen zu können. Ich nahm mein Heim mit mir, weil ich selbst meine Heimat war. Die Welt war ich. Das Leben war ich. Ich brauchte keine vertrauten Objekte und keine vertrauten Gesichter um mich zu haben, um mich irgendwo heimisch fühlen zu können. Wie eine Schnecke trug ich mein Haus stets bei mir und konnte es überall absetzen. Meine einzige Schwäche war, daß ich Freunde, die ich an einem Ort gewonnen hatte, stets sehr vermißte, wenn ich wegging. Mir lag sehr viel an Freundschaften, und wenn ich mit Freunden nicht mehr zusammentreffen konnte, fehlte mir sehr viel. Ich entwickelte dann eine ungeheure Sehnsucht nach diesen Menschen und nach der mit ihnen gemeinsam verbrachten Zeit.

Diesmal würde ich mich von den Kreisen meiner Landsleute trennen müssen, und das würde mir sehr schwerfallen, weil unsere Arbeit noch lange nicht abgeschlossen war. Durch meine Bemühungen war eine Gesellschaft für kaukasische Immigranten entstanden, und außerdem hatte ich die Verantwortung für die Ausbildung einiger Kinder übernommen. Ich hatte ein paar kaukasische Rechtsanwälte, Lehrer, Geschäftsleute, Universitätsprofessoren und Offiziere als Helfer gewonnen, wobei ich selbst als Katalysator fungierte. Ohne mich würde diese Gesellschaft jedoch zweifellos auch funktionieren. Viele, die an der Arbeit beteiligt waren, waren wesentlich besser als ich in der Lage, die Aktivitäten zu organisieren. Ich war ganz sicher nicht derjenige, der sich am besten für kontinuierliche Organisationsarbeiten eignete. Wahrscheinlich war ich der Beste, um etwas in Bewegung zu setzen – das ist immer meine Spezialität gewesen –, aber ich war sicherlich nicht am besten dazu geeignet, Dinge über einen langen Zeitraum weiterzuführen. Ich wußte das. Ich zögerte wirklich nur ein wenig, all dies hinter mir zu lassen, und diese leichten Vorbehalte waren nicht stark genug, um mich von meiner Reise abzuhalten.

Viele Dinge gingen für mich in jener Zeit zu Ende. Meine Karriere als Reiter war abrupt beendet worden, und mein Leben mit Zuhal war mit ihrem Tode von einem Augenblick zum anderen zu Ende gegangen. Ich wußte, daß ich mich nun um meine Zukunft kümmern mußte. Ich war mir aber nicht sicher, ob es das richtige war, das Stipendium vom Institut Kulman in Frankreich anzunehmen und ein Chemiestudium zu beginnen. Ich war überhaupt nicht an diesem Fach interessiert. Doch ich hatte nun einmal ein Stipendium für ein Chemiestudium, und dieses Stipendium ermöglichte es mir immerhin, Frankreich zu besuchen und der Türkei eine Weile den Rücken zu kehren.

Doch einige unvorhergesehene Ereignisse veränderten mein Leben in Frankreich. Ich vagabundierte neun Monate lang durch das Land, ohne das Institut zu finden, das ich besuchen sollte. Man hatte mir die falsche Adresse gegeben. Ich verliebte mich während meiner Reisen durch Frankreich in eine Studentin, doch an einem Wochenende, an dem wir uns treffen wollten, stürzte sie mit 35 anderen Mädchen in einem Bus von einer Brücke. Alle Businsassen kamen bei diesem Unfall um.

Ich habe die ganzen neun Monate in Frankreich nichts anderes getan, als umherzureisen. Es gelang mir nicht, zu mir zu kommen. Ich reiste ziellos kreuz und quer durch das Land. Schließlich kehrte ich rechtzeitig in die Türkei zurück, um mich an der medizinischen Fakultät einzuschreiben. Ich habe schon erwähnt, daß ich mein ganzes Leben lang Arzt hatte werden wollen. Nun ergriff ich die Gelegenheit.

Wie gewöhnlich gab es auch diesmal zu viele Bewerber für das Medizinstudium. Es war nur Platz für 640 Studenten vorhanden, und es gingen 800 zusätzliche Bewerbungen für die Warteliste ein. Manchmal schafften Studenten, die ein staatliches Stipendium erhielten, ihre Examina nicht, und manchmal gaben einige ihr Studium wieder auf. Doch als ich mich anmeldete, war auch die Warteliste schon voll. Mir blieb nichts weiter übrig, als mir etwas anderes zu überlegen, und ich kam gerade noch rechtzeitig, um an den Aufnahmeprüfungen für die technische Universität teilzunehmen. Aufgrund dieser Aufnahmeprüfungen erhielt ich ein Stipendium, und als das Semester begann, fing ich an, die Vorlesungen zu besuchen. Doch eines Tages nach der Vorlesung warteten zwei Mädchen vom Lycée de Dame de Sion, einer Schwesterschule meiner eigenen Schule, im Gang vor dem Hörsaal auf mich. «Oh, Murat, weißt du, was passiert ist?» fragten sie mich aufgeregt.

«Dein Name steht auf der Zulassungsliste für die medizinische Fakultät. Wenn du immer noch Medizin studieren willst, kannst du es jetzt tun.»

Sofort verließ ich die technische Hochschule und begann mit meiner medizinischen Ausbildung an der Universität Istanbul. Ich war sehr erfreut. Nun konnte ich endlich doch tun, was ich schon immer hatte tun wollen. Ich studierte Medizin, um später einmal Arzt zu werden.

4

Ein Bektashi-Derwisch

Eines Tages während des ersten Jahres meines Medizinstudiums bemerkte ich, während ich zu Hause am Fenster meines Zimmers saß, wie eine Gruppe von Menschen den Hügel vor dem Haus herablief. Ich öffnete das Fenster und rief: «Wo lauft ihr hin?» Sie riefen zurück: «Ein Haus brennt.» Ich rannte sofort selbst aus dem Haus und folgte ihnen. Das brennende Haus lag in einem hügeligen Teil von Istanbul, auf der Westseite des Goldenen Horns, wo das Land steil zum Eingang der Bucht abfällt. Die Häuser sind dort terrassenförmig übereinandergebaut, ein Garten über dem anderen, alle mit einer hohen Mauer versehen, so daß man über das Dach des jeweils darunterliegenden Hauses blickt. Eines dieser Häuser stand lichterloh in Flammen. Am Dachfenster sah man eine junge Frau, neunzehn oder zwanzig Jahre alt, mit einem Baby auf den Armen. Eine Rettung schien in Anbetracht der Lage unmöglich. Die Frau und das Kind würden verbrennen. Es schien keinen Ausweg zu geben.

Wir alle standen auf der Straße und warteten, was wohl geschehen würde. Die Augen aller Anwesenden waren auf die junge Frau am Fenster gerichtet. Sie konnte nicht aus dem Fenster springen, denn das wäre Selbstmord gewesen. Wir alle erwarteten das schreckliche Ende der Szene.

Plötzlich tauchte ein Mann auf und kletterte auf einen großen Feigenbaum, der auf dem oberhalb des brennenden Hauses liegenden Nachbargrundstück stand. Einige Äste dieses Baumes überragten das brennende Haus. Der Mann war sehr kräftig, sein Kopf war kahlrasiert, er hatte einen großen Schnurrbart und trug ein einfaches T-Shirt mit kurzen Ärmeln und offener Brust. Er erschien mir als Personifizierung männlicher Schönheit.

Der Retter war wie aus dem Nichts aufgetaucht. Er trug ein Seil und eine große Axt bei sich. Das Seil befestigte er an dem Baum und ließ sich auf das Dach des brennenden Hauses herab, wobei er sich mit einer Hand am Seil festhielt. Mit einem Axtschlag durchschlug er das brennende Dach, so daß ein Loch entstand, durch welches er ins Haus steigen konnte. Dann verschwand er für ein paar Sekunden. Als er wieder auftauchte, hielt er die Frau und das Kind fest unter einem Arm. Mit der freien Hand kletterte er wieder auf das Dach und brachte sich selbst und die beiden Geretteten in Sicherheit. Er ließ nicht einmal seine Axt zurück.

Der ganze Vorgang war ein erstaunliches Kunststück, und alle Zuschauer applaudierten nach der gelungenen Rettung. Zuerst waren sie wie gelähmt gewesen, untätige Zuschauer der Katastrophe; im nächsten Augenblick wurden sie Zeugen einer unglaublichen Rettungsaktion. In diesem Augenblick geschah etwas mit mir, eine seelische Erschütterung, die mein Leben veränderte.

Ich möchte den Grund für dieses Trauma ehrlich bekennen: Als die junge Frau gerettet wurde, verspürte ich in meinem Herzen ein Gefühl der Enttäuschung. Statt wie der Rest der versammelten Menschenmenge meiner Freude über die gelungene Rettung Ausdruck zu verleihen, fühlte ich mich wie ein Kind, dem man ein neues, begehrtes Spielzeug aus der Hand genommen hat. Offenbar hatte es mir Spaß gemacht zuzuschauen, wie diese arme Frau mit ihrem Kind zu verbrennen drohte, und als beide auf wunderbare Weise gerettet wurden, fühlte ich mich um mein Vergnügen geprellt. Dies zu erkennen war für mich eine sehr häßliche Erfahrung. Ich stammte aus einer Aristokratenfamilie und war dementsprechend erzogen worden. Bislang hatte ich geglaubt, daß ich ein gütiges Herz besäße, daß ich anders wäre als andere, daß ich mich von ihnen unterschiede. Ich war der Meinung, daß ich einen edlen Geist hätte und daß ich höher stünde als andere. Ich hielt mich für etwas so Außergewöhnliches, daß alle anderen Menschen dagegen Insekten oder Würmern glichen. Das hatte mir die traditionelle Lehre und Erziehung vermittelt, mit der ich aufgewachsen war.

In jenem kurzen Augenblick war ich plötzlich mit mir selbst konfrontiert worden und mußte erkennen, wie niederträchtig ich tatsächlich war. Mir wurde klar, was für einen schlechten Charakter dieser edle Murat hatte, und ich konnte diese Erkenntnis nicht ertragen. Die Folge war, daß ich fast drei Jahre lang unter Nervenzusammenbrüchen litt, und als ich mich davon erholt hatte, war ich nicht mehr der gleiche wie vorher. Wenn ich nun auf diese Erfahrung zurückblicke, weiß ich, wie wundervoll sie war, doch damals wurde ich von der vollen Erkenntnis meiner Häßlichkeit ungeheuer hart getroffen.

Mit diesem schrecklichen Gefühl lief ich nach Hause. Der Weg zurück führte steil aufwärts und war fast 3 km lang. Ich weiß nicht, wie lange ich brauchte, aber ich lief und lief. Ich passierte den großen Fahrweg in der Mauer und rannte über den geräumigen Hof ins Haus. Die ersten, denen ich begegnete, fragten mich: «Was ist denn mit dir geschehen? Dein Gesicht ist ja dunkelgrün! Etwas ist mit deinem Gesicht passiert!»

Ich rief: «Ich weiß es nicht», rannte die Treppe hinauf in mein Zimmer und warf mich aufs Bett. An das, was danach passierte, habe ich keinerlei Erinnerung. Erst zwei Wochen später kam ich wieder zu mir.

Während dieser zwei Wochen hatte ich permanent hohes Fieber. Ärzte kamen und behandelten mich wegen des hohen Fiebers auf Malaria. Sie legten mir Eis auf Wangen und Stirn und kamen immer wieder, um nach meinem Befinden zu schauen. Als ich schließlich wieder zu Bewußtsein kam, erinnerte ich mich an das Feuer, das ich gesehen hatte, und an die Frau, und ich weinte.

Nur ganz allmählich kehrte ich wieder zu meinem normalen Leben zurück, aber ich war nicht mehr die gleiche Person. In meinen eigenen Augen war ich entehrt. Ich konnte mich selbst nicht mehr akzeptieren. In jener Zeit fing ich an zu beten. Ich glaubte zwar nicht an Gott, aber ich bat eine höhere Macht, etwas für mich zu tun, denn das Leben war für mich unerträglich geworden. Ich las auch viel – den Koran in verschiedenen Übersetzungen, die Bibel und andere heilige Schriften wie beispielsweise die Upanischaden.

Während meiner dreijährigen Nervenkrise veränderte sich die Situation meiner Familie. Die türkische Regierung wurde uns gegenüber großzügiger und gab uns einige unserer Ländereien und Besitztümer zurück. Wir wurden wieder wohlhabend. Während jener Zeit las ich nicht nur sehr viel, sondern ich nahm auch zu verschiedenen spirituellen und okkulten Gruppen Kontakt auf. All dies erschien mir als etwas völlig Neues. Mir war nicht klar, daß ich mich nun zu genau den Dingen hingezogen fühlte, in denen mich die Stammesältesten ausgebildet hatten. Mir war nicht klar, daß das Training mit dem Schwert, die Übungen mit dem Lehm und die spirituellen Übungen Bestandteile meiner Ausbildung zu einem echten Krieger waren. Alles, was mir später während meiner Suche widerfuhr, stand zu jener Schulung in Beziehung, die die Ältesten unseres Stammes mit mir durchgeführt hatten und die ich damals für kindisch und altmodisch gehalten hatte. Ihren Wert hatte ich damals überhaupt nicht erkannt. Selbst heute bin ich mir noch nicht völlig klar darüber, obwohl mir allmählich mehr und mehr bewußt wird, was es wirklich für mich bedeutet. Verständnis zu entwickeln ist ein schwieriger Prozeß.

Eines Abends, etwa ein Jahr nach jenem Feuer, hatte ich einen Traum. In diesem Traum ging ich in ein kleines Dorf. Es war ein typisches türkisches Dorf, und ich ging über eine Kopfsteinpflasterstraße. Zu beiden Seiten der Straße verliefen ungefähr drei Meter hohe Gartenmauern, die von Kletterpflanzen überwuchert wurden. Innerhalb der ummauerten Gärten konnte ich Ahornbäume erkennen, und auf der Straße, die an der Mauer entlangführte, lagen die abgefallenen Ahornblätter der vergangenen Jahre. Ich ging auf die Sonne zu, die so hoch stand, wie es an einem Morgen des ausklingenden Frühlings gegen neun Uhr gewöhnlich der Fall ist. Die Straße, auf der ich ging, war wunderschön, sehr einfach, aber von einzigartiger Schönheit. Plötzlich kam ich auf der rechten Seite der Straße an ein großes Tor in der Mauer. Es war ein Doppelflügeltor mit zwei riesigen eisernen Klopfern. Aus einem Loch in diesem Tor hing ein Seil heraus, mit dem man den an der Innenseite angebrachten Schnäpper öffnen konnte, eine sehr altmodische Konstruktion.

Ich blieb in meinem Traum vor diesem Tor stehen, und statt gleich an dem Seil zu ziehen, klopfte ich mit einem der beiden Eisenringe an.

Ich hörte, wie sich auf der anderen Seite das Geklapper von Holzschuhen näherte. Das Tor öffnete sich, und ich sah den Mann, der vor mittlerweile fast einem Jahr die Frau aus dem brennenden Haus gerettet hatte. Er trug ein großes, blutbeschmiertes Messer in der Hand. Er begrüßte mich mit den Worten: «Bitte, tritt ein.»

Ich ging durch das Tor, und der Mann führte mich über den Hof zu einem Haus auf der gegenüberliegenden Seite des Hofes, das ebenfalls mit einem riesigen Doppeltor versehen war. Wir traten in das Haus ein, das, wie ich mich erinnere, einen roten Ziegelboden hatte, und kamen dann in einen Teil des Hauses mit einem erhöhten Holzboden, der von einer Linoleumschicht mit Gänseblümchenmuster darauf bedeckt war. Ich zog meine Schuhe aus, und wir betraten einen anderen Raum.

In diesem Raum saß eine Gruppe von Leuten und trank Wein. Im Zentrum der Gruppe befand sich ein großer rotbärtiger Mann mit wundervoll blauen Augen, offenbar ein Lehrer. Sie boten mir ein Glas Wein an, und ich trank mit ihnen zusammen.

Eigentlich war dies ein ziemlich gewöhnlicher Traum, doch als ich erwachte, war ich von Glück erfüllt, ohne zu wissen, warum. Ich konnte mich weder besonders klar an den Traum erinnern, noch konnte ich darin etwas erkennen, worüber ich besonders glücklich hätte sein können.

Am Morgen ging ich aus meinem Zimmer die Treppe hinab und setzte mich zu meiner Mutter an den Frühstückstisch. Wir waren zufällig einmal zusammen im Haus.

Als meine Mutter mich begrüßte, sagte sie: «Was ist mit dir passiert?»

Ich sagte: «Was meinst du damit?»

Sie antwortete: «Du hast das Licht.»

Ich verstand sie nicht und sagte: «Ich weiß nicht. Ich hatte einen Traum. Vielleicht hängt es damit zusammen.»

Meine Mutter wollte wissen, was für ein Traum es gewesen sei, und so erzählte ich ihn ihr. Sie hörte aufmerksam zu und sagte dann: «Du hast im Traum die *Bektashi-Tekke* in Merdivenkoy besucht.» (Merdivenkoy ist der Name eines Dorfes in der Umgebung von Istanbul, und ich war bis zu jenem Zeitpunkt noch nie dort gewesen.) «Du bist beim *Shahkulu Bektashi Tekkesi* gewesen.»

«Warst du schon einmal dort?» fragte ich sie.

«Nein», sagte sie, «aber aus dem, was du mir erzählt hast, erkenne ich, daß du von dieser Tekke geträumt hast. Vielleicht solltest du einmal dorthin gehen.»

«Vielleicht werde ich das tatsächlich tun», sagte ich, und machte mich gleich nach dem Frühstück auf den Weg.

Es war ein wunderschöner Morgen. Ich nahm eine Fähre über den

Bosporus und dann ein Sammeltaxi nach Erenkoy. In Erenkoy mietete ich mir eine Pferdekutsche nach Icherenkoy und von dort zum Dorf Merdivenkoy, das am Rande des Berges mit Namen Yakacik liegt. (Von dort stammt ein berühmtes Istanbuler Tafelwasser.)

Während dieser Reise war ich in so guter Stimmung, daß ich ununterbrochen lächelte. Ich wünschte fremden Leuten einen guten Morgen, und sie antworteten mir und fragten: «Wie geht es dir heute? Ist das nicht ein schöner Tag?» Seit vielen Monaten hatte ich nicht solche Lebensfreude empfunden. Das Pferdetaxi, das ich gemietet hatte, kostete mich eine halbe Lira für die Entfernung von vier Kilometern, und der Kutscher redete während des ganzen Weges mit mir. Er war offensichtlich sehr froh, eine halbe Lira zu verdienen, und ihm war gleichgültig, ob er an diesem Tag noch irgendeinen anderen Fahrgast haben würde. Zwölf Liras im Monat waren für ihn ein gutes Einkommen, deshalb war eine halbe Lira an einem einzigen Tag für ihn schon eine ansehnliche Einnahme.

Der Kutscher war sehr gesprächig. Ich hörte ihm aufmerksam zu und warf dann und wann eine Frage ein. Er erzählte mir etwas über sein Pferd und darüber, daß sein vorheriges Pferd gestorben sei. Sein jetziges Pferd war neu und ein sehr gutes Pferd, und er sagte, er sorge sehr gut für das Tier. Er erzählte mir auch von der Hochzeit seiner Tochter, und daß er sie einem guten Mann zur Frau gegeben habe und daß die beiden eine glückliche Ehe zu führen schienen. So redete er ununterbrochen, bis wir nach Merdivenkoy kamen.

Merdivenkoy war tatsächlich ein typisch türkisches Dorf mit einem Dorfplatz. Um den Platz herum waren viele kleine Läden mit Markisen gruppiert, wie man es überall auf Bildern von Einkaufsstraßen des Mittleren Ostens sieht. Es gab Schneiderläden, einen Töpferladen, Lebensmittelläden, einen Hufschmied, zwei Cafés (eins für ältere und eins für jüngere Leute) und eine Moschee mit einem *Shadervan* für rituelle Waschungen. Ein *Shadervan* ähnelt einem offenen Schuppen, in dem sich viele Wasserhähne und Waschbecken befinden. Dort versammelt man sich, um zusammenzusitzen und die rituellen Waschungen durchzuführen.

Mein Kutscher fragte mich, ob ich den gleichen Weg zurückfahren würde, und ich antwortete: «Ich weiß es nicht.»

Daraufhin sagte er: «Ich werde auf dich warten. Ich werde meinem Pferd die Futtertasche umhängen und auf dich warten. Ich habe ein paar Freunde hier, mit denen ich mich in der Zwischenzeit unterhalten kann.» Als ich ihm eine Lira gab und ihm sagte, er solle das Wechselgeld behalten, war er sehr glücklich.

Dann setzte ich mich zunächst einmal in ein Café. Während ich meinen Mokka trank, begrüßten mich die Ansässigen auf traditionelle Weise und hießen mich in ihrem Dorf willkommen. Dann setzte ich meinen Weg in Richtung Sonne fort.

Wie erwartet, erreichte ich eine Straße mit Kopfsteinpflaster, die genauso aussah wie die Straße, die ich im Traum gesehen hatte. Es bestand nicht der geringste Zweifel, daß es die gleiche Straße war. Ich war verblüfft und ging weiter. Ich fand die gleichen Mauern mit den gleichen Kletterpflanzen vor, die gleichen Ahornbäume und die gleichen alten Blätter und Koniferennadeln auf dem Boden. Ich erwartete alles, was ich in meinem Traum gesehen hatte, hier vorzufinden, und als ich an ein Tor in der Mauer kam, war es, wie ich erwartete, das Tor mit den Eisenringen und dem Seil, an dem man ziehen konnte, um sich Zutritt zu verschaffen. Weil ich so sehr unter dem Einfluß des Traumes stand, klopfte ich mit dem Eisenring, statt am Seil zu ziehen. Innen, hinter dem schweren Doppeltor, hörte ich das Geklapper von sich nähernden Holzschuhen. Ein plötzlicher Schock traf mich, und ich fing heftig an zu zittern. Ich merkte, daß ich das Bewußtsein verlor und daß ich fallen würde. Mein Körper fühlte sich leicht an, und ich verlor das Gefühl, auf dem Boden zu stehen. Dann veränderte sich die Empfindung, und ich fühlte mich fast wie unter einem schweren Gewicht am Boden zermalmt. Die Gefühle, die ich durchlebte, erinnerten mich an jene, die ich gehabt hatte, als ich einmal beim Reiten vom Pferd gestürzt war und mir den Kopf verletzt hatte. Jetzt stand ich vor dem Tor in der Mauer, hörte die sich nähernden Schritte und hatte wieder das Gefühl, ohnmächtig zu werden.

Das Tor öffnete sich, und ich sah den Mann. Er war es. Ohne jeden Zweifel war dies der Mann, der die Frau aus dem brennenden Haus gerettet hatte. Ich habe nie erfahren, ob dieser Mann in der Gegend wohnte, in der das Feuer ausgebrochen war, oder ob er einfach wie aus dem Nichts aufgetaucht war. Das ist für mich immer ein Geheimnis geblieben. Doch da stand er nun mit rasiertem Gesicht, einem großen Schnurrbart, glattrasiertem Kopf und schlitzförmigen Augen. Abgesehen von den Augen sah er aus wie Gurdjieff. Er war ein sehr schöner Mann, und seine Augenbrauen waren fast so groß wie sein Schnurrbart. In seiner Hand hielt er ein großes, bluttriefendes Messer. Alles war genauso, wie ich es im Traum gesehen hatte. So standen wir nun da und schauten einander an. Er lächelte und sagte: «*Hoshgeldin erenler.*» Das ist ein Ausdruck der *Bektashis. Erenler* ist die Pluralform des Wortes «angekommen». Die *Bektashis* nennen einander *erenler,* was «angekommene Menschen» bedeutet. Dies ist nur eine Redensart, und das Wort wird benutzt, nicht weil sie tatsächlich schon angekommen sind, sondern um zu zeigen, daß sie einander akzeptieren.

Ich trat durch das Tor. Der Mann sagte: «Ich bin gerade dabei, ein Schaf zu zerlegen und es für das Essen zuzubereiten.» Das erklärte, warum er das blutige Messer bei sich trug. Er hatte die Kehle des Schafs durchschnitten und es enthäutet, und ich hatte ihn bei der Arbeit des Zerlegens unterbrochen. Ich sah das Schaf an einem Haken hängen, der am Ast eines Baumes auf dem Hof befestigt war. Er sagte: «Der *Shaikh effendi* ist beim *Sohbet*. Du kannst hineingehen. Geh hier lang. Wenn du die Türe öffnest, wirst du zur Linken die Tür des *Divanhane* sehen. Tritt ein.» In meinem Traum hatte er mich dorthin geführt.

Ich folgte seinen Anweisungen. Beim Gehen erholte ich mich ein wenig und gewann die Fassung wieder. Ich erreichte das Haus, trat ein, zog mir die Schuhe aus und ging auf die Tür des *Divanhane* zu. Bevor ich die Tür öffnete, sammelte ich mich für das, was mich auf der anderen Seite der Tür erwarten würde. Es war so wie in meinem Traum. Genau der gleiche Rotbärtige saß im Raum und sprach zu einer Gruppe von Leuten, die unterdessen Tee tranken. Dies war anders als in meinem Traum, denn im Traum hatten die Anwesenden Wein getrunken. Ich dachte mir, daß ich diesem Mann gleich nach dem Eintreten meine Frage stellen sollte, doch er nickte mir nur zu und bedeutete mir mit Gesten, ich solle mich setzen. Er sprach gerade, und er unterbrach seine Rede nicht. Also hörte ich ihm zu. Er sagte wundervolle Dinge. Das *Sohbet* (Gespräch) ging weiter, und die Anwesenden sprachen in poetischer Sprache miteinander, in wundervoller Prosa. Eine der anwesenden Damen reichte mir eine Tasse Tee.

Etwa zwei Stunden vergingen. Mir fiel ein, daß der wunderschöne Mann mir gesagt hatte, er würde ein Schaf für das Essen zubereiten. Offenbar war dies ein besonderer Anlaß. Ich fing an, mit mir selbst darüber zu debattieren, ob ich nicht besser gehen sollte, um die Versammelten nicht bei ihrem Mahl zu stören. Allerdings verstieß dieser

Gedanke gegen die türkische Etikette. Wenn man in ein Haus kommt, während ein Mahl stattfindet, ist es unhöflich zu denken, man würde stören. Es ist unhöflich, wieder fortzugehen. Ich sagte mir jedoch, daß hier ein besonderer Anlaß vorliegen müsse und daß ich wirklich besser gehen sollte. Ich rang innerlich mit mir und versuchte, zu einer Entscheidung zu kommen, als der Shaikh Effendi sagte: «Bleib hier. Du wirst ein *Lokma* mit uns essen. Du wirst nicht ohne *Lokma* gehen.»

Lokma bedeutet ein Häppchen Essen. Die *Bektashis* nennen ihre Gemeinschaftsmahlzeiten ein «Häppchen». Nach dem Mahl wurden alte türkische Musikinstrumente herbeigebracht, *Saz* oder *Baghlama.* Sie ähneln Mandolinen mit einem sehr langen und dünnen Hals. Die Anwesenden versammelten sich und sangen und tanzten ein wenig. Es war eine sehr fröhliche Versammlung.

Nach einiger Zeit löste sich die Versammlung allmählich auf, und dies schien mir der geeignete Zeitpunkt, um dem Shaikh meine Fragen zu stellen. Im gleichen Augenblick, in dem ich darüber nachdachte, sprach der Shaikh mich an und sagte: «Du solltest jetzt gehen, aber du wirst wiederkommen. Du wirst noch viele Male wiederkommen, und du bist hier immer gerne gesehen.»

Dies war ungewöhnlich, weil man normalerweise als Fremder eine *Bektashi-Tekke* nicht besuchen darf. Wenn man nur um Gastfreundschaft bittet, kann man eintreten, doch in die Kreise der *Bektashis* aufgenommen zu werden ist eine völlig andere Sache. Der *Bektashi*-Orden ist ein extrem geschlossener Sufi-Orden. Das wußte ich. Zu den Versammlungen der *Bektashis* eingeladen zu werden war eine große Ehre.

Wenig später verließ ich die *Tekke.* Der Kutscher des Pferdetaxis wartete immer noch auf mich. Er brachte mich nach Erenkoy, wo ich den Bosporus auf der Fähre überquerte und schließlich nach Hause kam. Ich erzählte meiner Mutter mein Abenteuer, und von jenem Tag an besuchte ich die *Tekke* regelmäßig. Der Shaikh begann mit meinem Training. Ich wurde unter *Chille* gestellt.

Es kommt äußerst selten vor, daß ein Außenstehender, der nicht durch Zugehörigkeit zu einer *Bektashi*-Familie *Bektashi* ist, in die Arbeit der *Tekke* einbezogen wird, und es war einem Eingreifen der Vorsehung zuzuschreiben, daß ich akzeptiert und eingeladen wurde, jederzeit nach Belieben zu kommen. Ich war eingeweiht worden und war in die mehrmonatige Vorbereitungszeit eingetreten, und als ich meinen Wunsch zum Ausdruck gebracht hatte, mit der *Chille*-Arbeit zu beginnen, war ich schon aufgenommen. Ich möchte nun ein wenig erläutern, was *Chille* ist und wozu sie dient.

Chille bedeutet Feuerprobe, schwere Prüfung. Diese Prüfung beginnt in dem Augenblick, in dem der Shaikh anfängt, einen Kandidaten zu beobachten. Die *Chille*-Arbeit wird von einer intellektuellen Schulung begleitet. Anfangs geht es dabei fast ausschließlich um die Vorbereitung des *Derwischs*. Der Shaikh erläutert in seinen Lektionen und Vorträgen Definitionen von Wörtern und Ideen mit Erklärungen nach dem Verständnis der Sufis. Beispielsweise finden Diskussionen statt über Themen wie: Was ist Gott? Was ist Schöpfung? Was ist Evolution? Was ist Satan? Was ist Liebe? Was ist Sünde? usw. Oder es wird über Hölle und Paradies gesprochen, über Engel und Gebet, Fasten und Meditation. Über all diese Themen wird diskutiert, und es werden Definitionen vorgestellt. Im Sufismus wird die Lehre größtenteils in Form von Parabeln vermittelt.

Sufis sind Geschichtenerzähler, Witzbolde und listenreich (sie kommen nie direkt auf den Punkt, sondern vermitteln das, was sie sagen wollen, stets indirekt). Statt die Sache möglichst leicht zu machen, wenden sie Tricks an. Während des *Chille*-Trainings lernt man viele Geschichten kennen.

Hasan Tahsin Baba war der Shaikh dieser *Bektashi-Tekke,* in der ich mein *Chille*-Training absolvierte. Er war ein außergewöhnlich großer und sehr schöner Mann. Er hatte ein sehr farbiges Gesicht: eine rosige Haut, einen roten Bart und blaue Augen. Er lächelte ständig und wirkte sehr ehrfurchtgebietend. Vielen, die zu den Unterweisungen kamen und die sich in der Tekke aufhielten, erschien er sehr unzugänglich. Ich selbst hatte allerdings nie diesen Eindruck von ihm. Ich habe nie erlebt, daß er eine Frage nicht mit Toleranz aufgenommen hätte, selbst wenn einer seiner *Rehber* (Assistenten) auf die gleiche Frage ungeduldig reagiert hatte. Deshalb habe ich nie verstanden, warum die anderen den Shaikh für einen unzugänglichen Menschen hielten.

Mein Shaikh behandelte mich stets mit besonderer Zuvorkommenheit. Was mich immer wieder in Erstaunen versetzte und dies auch heute noch tut, war die Tatsache, daß ich nie das Gefühl hatte, einer Prüfung unterzogen zu werden. Ich kann nicht sagen, daß er mich nicht geprüft hätte. Vielleicht hat er es auf eine sehr subtile Weise getan. Jedenfalls habe ich nie etwas bemerkt, das auf eine Prüfung hingedeutet hätte. Die spezielle Beziehung des Shaikh zu mir war für mich von Anfang an offensichtlich, denn als ich zum erstenmal in seine *Tekke* kam, empfing er mich, als hätte er mich erwartet. Später, nach einem Zeitraum, in dem er Gelegenheit gehabt hatte, sich nach meinem Vorleben und meinem allgemeinen Hintergrund zu erkundigen, wurde noch offensichtlicher, daß er mir besondere Aufmerksamkeit schenkte. Deshalb fühlte ich mich während meines *Chille*-Trainings nicht im geringsten auf irgendeine offensichtliche Weise geprüft.

An seinen Unterweisungen nahmen insgesamt vierzehn Personen teil, an seinen *Sohbets* manchmal Hunderte. Zwei der vierzehn Teilnehmer wohnten ständig in der *Tekke;* es waren sehr alte Herren aus Aserbaidschan, das damals zum Iran gehörte. Sie waren von irgendeiner Lehrautorität, die Hasan Tahsin Baba kannte, zu ihm geschickt worden. Außerdem war ein verheiratetes Paar dabei, Herr und Frau Tarzi, die der afghanischen Herrscherfamilie angehörten, und es nahmen auch einige der ständigen Bewohner der *Tekke* teil. Noch drei weitere Ehepaare kamen zum Unterricht. Zwei der Männer waren Offiziere; der dritte war der Leiter des Regierungsamtes für Bewässerungsfragen, das dem türkischen Landwirtschaftsministerium unterstellt ist. Die restlichen vier Teilnehmer waren Einzelpersonen. Einer war Professor für türkische Philologie der Universität Istanbul, ein anderer war Gouverneur der Provinz Adana, der dritte ein Militärarzt, und der letzte war ich selbst.

Die Unterweisung von Hasan Tahsin Baba bewegte sich auf einem sehr hohen intellektuellen Niveau. Er erklärte gewöhnlich, was bestimmte Wörter in der Lehre der Sufis bedeuten. Dann gab er uns die Definitionen von Wörtern, und wir mußten diese Definitionen auswendig lernen, ohne daß irgendeine Diskussion darüber stattgefunden hätte und ohne daß er etwas Erläuterndes dazu gesagt hätte. Im Laufe der folgenden Woche (manchmal auch über sechs Wochen) erweiterte er diese Definitionen. Sein Unterricht fand dreimal wöchentlich statt, und zwar am Samstag-, Sonntag- und Dienstagabend. Donnerstags mußten wir zum *Sikr* und zum allgemeinen *Sohbet* in die *Tekke* kommen.

Er folgte in seinem Unterricht gewöhnlich ungefähr dem folgenden Schema: Er nahm sich ein Wort wie «Engel» vor, und ohne irgendeine Erklärung zu geben, fragte er uns nach unseren Vorstellungen vom

Sinn dieses Wortes, und was wir darunter verstünden. Auf diese Weise fand er heraus, was jeder von uns verlernen mußte, um aufnehmen zu können, was er uns zu sagen hatte. Er sagte uns nie gleich zu Anfang, wie seine Definition lautete, und er gab uns auch nie sofort eine Erklärung. Solange er nicht herausgefunden hatte, was für einen Müll wir im Kopf hatten, präsentierte er uns nicht sein erleuchtendes Wissen. Manchmal, wenn einer von uns eine Definition vorbrachte, die dem, was der Sufismus lehrte, ziemlich nahe kam, merkte er sich diese Erklärung, ohne dazu Stift und Papier zu gebrauchen. Wenn einer der Anwesenden eine überdurchschnittlich gute Antwort gab, fing er an, dem oder der Betreffenden Fragen zu stellen. «Was bringt dich dazu, dies zu denken? Woher weißt du das? Wie bist du zu dieser Ansicht gekommen?» Anschließend forderte er die übrigen Anwesenden auf, dem Betreffenden ihrerseits Fragen zu stellen.

Wenn der Shaikh lehrte, nahm er seinen Schülern jedes Gewahrsein der Dinge, die sich im Raum befanden. Die Möbel verschwanden, obwohl sie nach wie vor an ihrem Platz standen. Der Boden und die Wände verschwanden und sogar die übrigen Anwesenden. Die Atmosphäre des Wissens und der Liebe verschwand ebenfalls, und der gesamte Raum wurde zu etwas, das wirklicher war als ein bloßes Gebäude. Sobald er mit dem Unterricht begonnen hatte, erfaßte eine spürbare Geduld den Raum.

Hasan Tahsin Baba schenkte mir stets besondere Aufmerksamkeit und kümmerte sich auch besonders um mich, ja, mein Shaikh ließ mir ein ungeheuerliches Maß an Aufmerksamkeit zukommen. Dies hatte zur Folge, daß später einige der Brüder in der *Tekke* mir gegenüber Ressentiments entwickelten. Jedesmal, wenn er über Themen sprach, die wir zuvor miteinander diskutiert hatten, stellte sich heraus, daß das, was ich gesagt hatte, der Lehre des Sufismus am nächsten kam. Das spektakulärste Beispiel dazu war eine Diskussion über die Bedeutung der Engel und über ihre Beziehung zu Gott und zur Schöpfung sowie über verschiedene Lehren hinsichtlich der Engel.

Der Shaikh sagte: «Es gibt gewisse Wesenheiten, die als Engel bezeichnet werden. Was ist ein Engel?»

Ich antwortete, daß Engel verschiedenartige Energieformen seien. Diese Antwort brachte einen der Derwische in der Klasse gegen mich auf, der diese Ansicht strikt ablehnte.

Der Shaikh ließ ihn gewähren, und der Derwisch sagte: «Das ist

Blasphemie. Wie kann ein Engel Energie sein? Engel sind Boten.» Schließlich sagte er, was seiner Meinung nach Engel seien.

Der Shaikh hörte geduldig zu und fragte dann andere Anwesende nach ihren Vorstellungen. Der Derwisch, der mich der Blasphemie bezichtigt hatte, war der Militärarzt, ein junger Mann, der vielleicht vier oder fünf Jahre älter als ich war. Ich war übrigens der Jüngste in der Gruppe.

Ich hatte eine sehr starke Verbindung zu Hasan Tahsin Baba, Jedesmal, wenn ich mich an ihn erinnerte, war er bei mir. Ich stand unter seinem besonderen Schutz. Wo ich auch war, ob in Istanbul oder außerhalb der Stadt, stets war er auf sehr spürbare Weise bei mir. Einmal wurde ich auf wunderbare Weise davor gerettet, von einem Sammeltaxi überfahren zu werden, und er half mir auch viele andere Male, wenn ich in Gefahr oder in Not war. Eines Abends, als ich in der *Tekke* war, rief er mich zu sich und sagte: «Du solltest sofort wieder nach Hause gehen. Nimm eine Fähre früher als gewöhnlich. Vor deiner Tür wartet eine Schwangere, die sich in einem sehr kritischen Zustand befindet. Wenn du nicht gehst, wird sie große Schmerzen erleiden.»

Zu jenem Zeitpunkt war niemand in unserem Haus in Istanbul. Ich wohnte allein dort. Es war nicht einmal jemand da, der die Türe hätte öffnen können. Es war für mich nicht ungewöhnlich, daß der Shaikh etwas Derartiges zu mir sagte. Also brach ich auf, und als ich gerade zu Hause ankam, hielt vor dem Haus ein Taxi, dessen Tür geöffnet wurde. Kurz darauf klopfte jemand an die Haustür. Ich öffnete sofort. Eine Tscherkessenfamilie aus Bandirma stand an der Türschwelle. Die Familie hatte eine Schwangere mitgebracht, die krank war und Schwierigkeiten bei den Wehen hatte. Ich mußte eine abchasische Hebamme rufen, die sich in den traditionellen Methoden auskannte und die seit langer Zeit für unsere Familie arbeitete. Es gelang mir, diese ältere Frau noch früh genug herbeizuholen, so daß sie der Schwangeren helfen konnte. Wenn ich nicht nach Hause gefahren wäre, hätte sich die Situation sicherlich völlig anders entwickelt. Viele ähnliche Vorfälle ereigneten sich zwischen dem Shaikh und mir. Ich stand ständig unter seinem Schutz, und er war ständig bei mir.

Ich erzählte ihm von dem Schmerz, den ich seit dem Brand des Hauses empfunden hatte. Ich erzählte ihm, daß ich nicht wüßte, ob ich Vergebung oder Vergessen brauchte, um den Vorfall aus meiner Erinnerung auszulöschen. Ich hatte durch diesen Vorfall in meinen eigenen

Augen meine Ehre verloren. Mein Shaikh wußte alles und versuchte, mir zu helfen, und er ließ mir in großzügiger Weise seine Heilkraft zukommen. Er war ganz sicher ein guter Kanal, und er hörte niemals auf, mir in der Form von Heilungsversuchen zu helfen. Doch merkwürdigerweise besserte sich mein Zustand nicht. Ich konnte mich und meine Reaktionen bei jenem Feuer noch immer nicht akzeptieren. Es war eine Wunde, die nicht heilen wollte. Meine Erziehung hatte mich nicht auf den Schock einer Konfrontation mit mir selbst vorbereitet, und ich verspürte wegen dieses Umstands rebellische Gefühle. Der Schmerz infolge jenes Ereignisses wurde schließlich so stark, daß ich meinem elenden Zustand wohl ein Ende bereitet hätte, wenn die Lehre mich nicht so eindringlich von einem Selbstmord abgehalten hätte. Später sagte mein Shaikh zu mir: «Es gibt in deinem Inneren einen Bereich, zu dem ich keinen Zugang finde. Eine höhere Hand ruht auf dir. Ich kenne nur das, was mir gezeigt wurde. Es ist die Station *(Magam)*, die dich zu mir gesandt hat.» Er fügte hinzu: «Ich kenne nur das ‹Büro›, das dich zu mir geschickt hat, aber wer dieses Büro leitet, weiß ich nicht.» Später lernte ich selbst in meiner spirituellen Erleuchtung dieses ‹Büro› kennen. Doch zu jener Zeit wollte ich selbst etwas tun, weil ich das Gefühl hatte, meine Ehre verloren zu haben.

Während der ganzen Zeit, in der ich von Hasan Tahsin Baba ausgebildet wurde, las ich sehr viel, öffnete mich jeder Botschaft und interessierte mich für alle Dinge. Ich las damals unter anderem die Bibel in französischer Sprache. Ganz allmählich lernte ich Jesus kennen.

Als ich eines Tages in meinem Zimmer saß und in der Bibel las, stieß ich auf die Stelle, an der Jesus sagt: «Alles, worum ihr meinen Vater in meinem Namen bittet, wird euch gegeben werden.»

Ich las diesen Ausspruch nicht zum erstenmal, aber es war das erste Mal, daß er mich so heftig traf. Ich dachte: «Warum bete ich nicht im Namen Jesu zu Gott, damit er mich von dem befreit, was mich quält, was immer es sein mag? Ich werde um das beten, was ich brauche.» Aus früherer Bibellektüre wußte ich, daß die Jünger, besonders nachdem Petrus das Haus des Cornelius verlassen hatte und sie sich an einem Meeresstrand in *Jaffa* befanden, sich zusammen in den Sand gekniet und gebetet hatten. Wenn sie sich niedergekniet hatten, so wollte ich dies ebenfalls tun. Ich kniete also vor meinem Sofa nieder und fing an zu beten. Mein Gebet war eigentlich kein richtiges Gebet. Aus herkömmlicher Sicht war es sicherlich kein Gebet, weil zu wenig Ehrerbietung aus ihm sprach. Mein Gebet zu Jesus lautete ungefähr so: «Schau, ich folge nicht deinem Weg. Ich erwarte nicht, daß du mich akzeptierst. Ich kann nicht von mir behaupten, daß ich den Glauben habe, zu dir zu kommen. Doch an dieser Stelle in der Bibel sagst du, wenn ich in deinem Namen beten würde, würde mein Gebet erhört. Ich weiß aber nicht, was ich brauche, und ich weiß auch nicht, wie ich darum bitten soll.» Plötzlich kam mir etwas in den Sinn, was mir noch nie zuvor aufgegangen war, und zwar Heilung. Ich hatte immer geglaubt, daß ich nur Vergebung oder Vergessen brauchte. Mein Verstörtsein beruhte darauf, daß ich glaubte, etwas falsch gemacht zu haben, wovon ich mich lösen wollte; ich wollte es vergessen. Jedesmal wenn es mir einfiel, schüttelte ich innerlich den Kopf, um die Erinnerung daran auszulöschen.

Ich war überrascht. Vielleicht brauchte ich Heilung! Deshalb sagte ich: «Ich weiß, daß du ein Heiler bist, und ich weiß, daß du Tote auferweckt hast. Ich weiß, daß du viele schwerkranke Menschen geheilt hast. Nun, hier bin ich. Ich begebe mich in deine Hände. Wenn es möglich ist, dann nimm diese Last von mir. Was ich auch brauchen mag, gib es mir.» Ich betete mit sehr nüchternem Geist, und es lag nicht der geringste Enthusiasmus in diesem Beten. In Wirklichkeit sprach ich zu mir selbst – es war ein Monolog.

An diesem Punkt hatte ich das Gefühl, in einen Schlaf zu fallen, und ich weiß nicht, ob dieser Schlaf eine Minute oder ein Jahrhundert dauerte oder ob er in Wirklichkeit eine Vision war. Jedenfalls befand ich mich in einem merkwürdigen Traumzustand, in dem ich am Rande eines Felsabhangs stand und in die Tiefe schaute. Die Klippe fiel etwa zehn bis fünfzehn Meter steil ab, und unten befand sich ein großer Dunghaufen, wie man sie manchmal neben Ställen sieht. Ich betrachtete diesen Dung und sah, daß sich Millionen und Abermillionen von Würmern darin umherbewegten. Jeder dieser Würmer hatte ein weißes Gesicht und eine schwarze Nase. Ich starrte die Würmer an, beobachtete sie, und plötzlich erkannte ich, daß ein Wurm mein Gesicht hatte. Mitgefühl erfüllte mich. Mir schien, daß der Wurm von jenem Ort gerettet werden sollte. Gleichzeitig erkannte ich, daß der Wurm Murat, ich selbst, war. Aber er war es auch wieder nicht. Es war sehr verwirrend. Ich verspürte einen starken Zug in die Tiefe. Ich flog sehr sanft hinab, spürte aber, daß mich etwas am Genick festhielt, so wie eine Katzenmutter ihr Junges am Nackenfell hält. Ich drehte mich um, um zu sehen, was mich hielt, und sah Jesus. Es war Jesus! Das Gesicht, das ich sah, glich nicht den gewöhnlichen Jesusdarstellungen. Später hatte ich auf vielen spirituellen Reisen das Privileg, Jesus zu begegnen, und sein Gesicht bei diesen Begegnungen war dem gleich, welches ich bei jener ersten Vision sah. Ich weiß, wie Er aussieht, und dies war Sein Gesicht.

Er senkte mich sanft in den Abgrund hinab, und ich hob den Wurm, der mein Gesicht hatte, auf. Ich umarmte ihn voller Mitgefühl, und in dieser Umarmung verschwand der Wurm. Dann wurde ich wieder auf die Spitze der Klippe emporgehoben und erwachte.

Alle Spuren meines Schmerzes waren verschwunden. Ich war geheilt! Ich floß über vor Dankbarkeit, und ich betete und betete, und plötzlich fing ich zum erstenmal in meinem Leben an, in anderen Zungen zu reden. Ich glaubte, ich würde verrückt, doch es geschah, weil ich mich akzeptiert hatte. Ich war glücklich darüber, erfahren zu haben, daß ich ebenso schmutzig, häßlich und erbärmlich war wie alle anderen Menschen. Ich war nicht anders als alle anderen. Ich war genauso wie jeder andere. Ich war ein Sünder, ein menschliches Wesen. Ich konnte auf meinen Herrn zählen; er würde mir vergeben. Obwohl ich ein Adliger war, war ich nicht anders als alle anderen Menschen. Ich akzeptierte mich nun so, wie ich war, und das Problem existierte nicht mehr. Ich war schmutzig, und ich war froh, daß ich ein Schuft war. Ich war froh, daß ich ein Mensch war, der sich darüber freuen konnte, eine junge Frau samt ihrem Baby verbrennen zu sehen. Jeder von uns hat so etwas in sich. Das Beschuldigen und Beurteilen anderer Menschen war von mir abgefallen. Von jenem Augenblick an fing ich an, jeden so zu akzeptieren, wie er war, sogar mich selbst.

Später berichtete ich Hasan Tahsin Baba über diese Erfahrung. Er war sehr erfreut und sagte zu mir: «Du solltest dich an Ihn halten, und vielleicht werden wir alle davon profitieren.» Er behandelte mich fortan noch zuvorkommender. Jedesmal, wenn ich den Raum betrat und er anwesend war, stand er auf, begrüßte mich und küßte mich manchmal sogar während einer Versammlung. Von diesem Zeitpunkt an war ich nie mehr allein und blieb über lange Zeit auf dieser Ebene mit Jesus in Kontakt. Ich bekannte offen gegenüber jedermann, daß ich nun ein Gefolgsmann Jesu sei. Ungefähr fünfzehn Jahre später verlagerte sich meine Beziehung zu Jesus auf andere Ebenen, doch das ist ein anderes Kapitel meines Lebens.

Bevor ich mit meinem Bericht fortfahre, möchte ich etwas über den *Bektashi*-Orden sagen. Die *Bektashis* bilden einen islamischen Sufi-Orden, der in der Türkei in einer Einsiedlerhütte in einer einsamen Steppe der Provinz Kirshehir gegründet wurde. Dieser Ort wurde später zu der Stadt, die heute unter dem Namen Haji Bektash bekannt ist. Haji Bektashi Wali gründete diesen Orden in seiner kleinen einsamen Hütte am Ufer eines Flusses. Der Weg der *Bektashis* leitet seine Essenz von Hazrati Ali her, dem vierten Kalifen nach dem Propheten Mohammed, der auch Mohammeds Schwiegersohn war.

Die *Tekkes* (Gemeinden, Schulen, Anm. d. Übers.) der *Bektashis* unterscheiden sich von denen anderer Sufi-Orden in vielerlei Hinsicht. Zunächst einmal sind sie nicht für jedermann zugänglich, sondern geschlossene Zirkel. Besucher haben dort keinen Zutritt. Anders als die *Mevlevis* gewähren sie Liebenden des Pfads keinen Zutritt. Interessierte haben ebenfalls keinen Zutritt. Nur durch erbliche Initiation in den Orden eingetretene *Bektashis* werden zugelassen. Meine Mutter war keine *Bektashi,* und ich habe immer darauf hingewiesen, daß meine Initiation eine Ausnahme war, die nur möglich war, weil ich von einer unbekannten Kraft zu den *Bektashis* gesandt worden war. Als ich nach meinem Traum die *Tekke* der *Bektashis* aufsuchte, erwartete der Shaikh mich schon. Meine Initiation in den *Bektashi*-Orden erfolgte nicht aufgrund meiner Abstammung, sondern aufgrund eines Eingreifens der Vorsehung. Eine unsichtbare Macht spielte mit mir und hatte mich zu diesem Shaikh geführt, denn ich hatte vor jenem Traum noch nie von den *Bektashis* gehört. Als ich ankam, war ich bereits akzeptiert, und als ich meinen Wunsch zum Ausdruck brachte, mit der Arbeit zu beginnen, wurde ich initiiert und konnte innerhalb weniger Monate mit der *Chille*-Arbeit beginnen. Mein Skaikh hatte meine Ankunft schon erwartet. Entweder hatte jemand ihm von mir berichtet, und ein anderer *Bektashi* hatte mich ihm empfohlen, oder ein unsichtbarer Bote hatte ihn informiert. Tatsache ist jedenfalls, daß er bereits von mir wußte, ehe er mich zum erstenmal zu Gesicht bekam.

In allen Sufi-Orden werden Männer und Frauen getrennt unterrichtet. Die einzige Ausnahme von dieser Regel ist der Orden der *Bektashis,* in dem Männer und Frauen ohne irgendeinen diskriminierenden Unterschied zusammenkommen. Sie sitzen nicht einmal getrennt voneinander im gleichen Raum.

Die *Bektashi-Tekke,* in die ich durch meinen Traum geführt wurde, befand sich, wie ich bereits erwähnt habe, in Icherenkoy, Merdivenkoy, und trug den Namen von Shah Kulu Dergahi. Sie war vor langer Zeit eingerichtet worden, um den Menschen, die in der Umgebung von Istanbul wohnten, das Licht zu übermitteln, und sie war für eine *Bektashi-Tekke* ungewöhnlich. Eine typische *Bektashi-Tekke* in Anatolien, in Rumeli, in Thrakien und in Balkanländern wie Bulgarien, Makedonien, Rumänien, der Tschechoslowakei und in Albanien hatte gewöhnlich nicht die *Tekke*-Form, die auch von anderen Sufi-Gemeinschaften bekannt ist. Für andere Sufi-Orden wie die *Mevlevis, Naqshbandis, Halvetis, Qadiris* und *Rufa'i* war die *Tekke* die normale Organisationsform. Die *Bektashi-Tekke,* die ich besuchte, war genau wie eine *Mevlevi-Tekke.* Traditionell ist die *Bektashi-Tekke* ein Sufi-Zentrum inmitten eines *Bektashi*-Dorfes, in dem ausschließlich *Bektashis* leben. Andere werden davon abgehalten, in solche Dörfer zu ziehen, weil sie das, was innerhalb der Gemeinschaft vor sich geht, nicht verstehen würden. Tatsächlich würde ohnehin niemand, der nicht zur Gemeinschaft der *Bektashis* gehört, in ein solches Dorf ziehen. Für orthodoxe Moslems sind die *Bektashis* Häretiker.

Die *Bektashis* leben nicht im Dorf, weil sie in der Nähe ihrer *Tekke* wohnen wollen. Die *Tekke* existiert nur, weil die Menschen bereits im Dorf sind und weil sie später eine *Tekke* gebaut haben. Es verhält sich damit so ähnlich wie mit der wahren Bedeutung des Wortes «Kirche» in der christlichen Lehre. Eine Kirche ist nicht die Struktur, das Gebäude, sondern die Gemeinde, die gemeinsam Gott verehrt. In Dörfern, in denen ausschließlich *Bektashis* leben, führen alle Bewohner ein völlig normales Leben als Bauern, Ladenbesitzer, Töpfer, Weber, Hufschmiede usw. Sie haben sich zusammengetan, um eine Gemeinschaft zu gründen und ein Gemeinschaftsleben zu führen. Und wenn sie zum Gottesdienst zusammenkommen, so entsteht ihre *Tekke.* Aufgrund dieser Struktur konnten die *Bektashi-Tekkes* weiterbestehen, als Mustafa Kemal Atatürk im Jahre 1928 in der Türkei die *Tekkes* verbot, per Gesetz abschaffte und sie durch Vorhängeschlösser verschließen ließ. Der Shaikh lebte immer noch in seinem Haus, und die Gemeindemitglieder lebten in ihren Häusern, und sie gingen nach wie vor ihren Arbeiten nach. Das *Tekke*-Leben konnte fortgesetzt werden, und das Verbot wirkte sich letztlich so aus, daß die Gemeinschaft der *Bektashis* größer statt kleiner wurde.

Das Leben in den *Bektashi*-Dörfern ging also weiter. Die *Bektashis* nannten den Rest der Bevölkerung – diejenigen, die weder der Gemeinschaft der *Bektashis* noch der Sufis, noch irgendeiner *Tariqa* angehörten, sondern dem orthodoxen islamischen Glauben – immer noch *Ham Ervah*, grobe, unreife Seelen …

Der Orden ist so abgeschlossen, daß es niemandem erlaubt ist, während der Versammlungen einzutreten oder fortzugehen. Um den Versammlungsort werden Wachen postiert, um sicherzustellen, daß keine unreife Seele ihn betritt. In Türkisch spricht man von *Bektashi sirri,* dem «Geheimnis der *Bektashis*». Dieser Ausdruck ist so weit verbreitet, daß es, wenn irgendwo irgend jemand strengste Verschwiegenheit wahrt, stets heißt: «Ist es ein *Bektashi*-Geheimnis?» Die *Bektashis* wahrten ihre Geheimnisse so konsequent, daß einige Außenstehende, die herauszufinden versuchten, was während ihrer geheimen Versammlungen vor sich ging, alle möglichen Geschichten und Gerüchte in die Welt setzten, denenzufolge bei diesen Treffen irgend etwas Unmoralisches vor sich gehen sollte. Weil die orthodoxen Moslems Männer und Frauen streng voneinander trennen, die *Bektashis* hingegen erlauben, daß Männer und Frauen die Versammlungen gemeinsam besuchen, verbreitete sich das Gerücht, daß die Versammlungen der *Bektashis* im Dunkeln stattfänden, damit die Teilnehmer keinen Meineid zu schwören brauchten, daß sie das nicht täten, was sie in Wahrheit eben doch täten, nämlich sich in der Dunkelheit über die Frauen ihrer Mitbrüder hermachen. Es wurde sogar behauptet, im Versammlungsraum würde ein Hahn freigelassen, und wenn dieser Hahn von einer Wand zur anderen flöge und flattere, würden durch den Wind, den er verursache, alle Kerzen gelöscht, und in der so entstehenden Dunkelheit fielen die Anwesenden über die Frauen ihrer Brüder her.

Doch die *Bektashis* haben sich durch derartige Gerüchte nie stören lassen. Wenn Neugierige sie fragten, ob die Gerüchte zutreffend seien und diese der Grund für all die Vorsichtsmaßnahmen des Ordens seien (zum Beispiel die Wachen), so machten die *Bektashis* sich einen Spaß daraus, die Geschichte mit dem Hahn zu erzählen.

Dann sagte der Neugierige: «Na so was! Ich hatte davon gehört, aber ich konnte es einfach nicht glauben. Jetzt weiß ich, daß es stimmt.»

Der *Bektashi* entgegnete darauf etwas wie: «Nun, wir sind es eben so gewohnt. Was kann man schon dagegen machen?» Es macht den

Bektashis nichts aus, so über ihre Gemeinschaft zu sprechen, um die Wahrheit geheimzuhalten.

Die Lehre der *Bektashis* weicht so stark vom orthodoxen Islam ab, daß die Anhänger dieser Lehre von den orthodoxen Sunniten nicht als Moslems anerkannt werden, sondern wie gesagt als Häretiker gelten. Die orthodoxen Moslems streiten gar nicht ab, daß Haji Bektashi Wali ein Heiliger war. Sie vermeiden aber sonst das Wort *Bektashi,* da es in ihrem Sprachgebrauch nur abfällig gemeint wäre und damit eine Beleidigung des Heiligen darstellen würde; deshalb verwenden sie für *Bektashis* den Euphemismus *Kizilbash.* Dieses Wort wird im Türkischen als Beleidigung verwendet, und alle *Bektashis* werden *Kizilbash* genannt. Vom orthodoxen Standpunkt aus ist es schwer, zu sagen, ob die *Bektashis* Moslems sind oder nicht, doch meiner Meinung nach sind sie in einem tieferen Sinne Anhänger des Islam.

Unter den *Bektashis* gibt es eine Doktrin, die *Tevella* und *Teberra* genannt wird, was Akzeptieren und Trennung oder Entfremdung bedeutet, und ein *Bektashi* wird daraus ableiten, daß seine Feinde allesamt Feinde des Hauses Mohammed sind. Sie fühlen sich so stark an das Haus Mohammed gebunden, daß man nur dann ein *Bektashi* werden und den Segen von Haji Bektashi Wali empfangen kann, wenn man den Propheten Mohammed als den wahren Propheten akzeptiert, durch den man alle anderen Propheten zu verstehen lernt. Statt über Moses durch diesen selbst zu lernen und über Jesus durch ihn selbst, muß man über sie durch Mohammed lernen. Als Begründung dafür wird nur angegeben, daß man keinen Zugang zu Jesus oder Moses finden könne, wenn man nicht versuche, sie durch die Lehren Mohammeds kennenzulernen, weil alle anderen Lehren durch Menschenhand vergiftet und verdorben seien.

Die *Bektashis* sind sehr kritisch gegenüber dem eingestellt, was in Iznik geschah, sowie gegenüber dem, was als Konzil von Nizäa bezeichnet wird. Bei jenem Anlaß wurde der christliche Schriftenkanon festgelegt. In Nizäa wurde der Kanon der Bibel zusammengestellt. Einige Evangelien wurden einbezogen, andere nicht – zur letzteren Gruppe gehört beispielsweise das Thomasevangelium. Es wird gesagt, diejenigen, die sich zu diesem Konzil zusammengefunden hätten, hätten nicht das Recht zu dem gehabt, was sie getan haben, da sie keine Propheten gewesen seien, sondern gewöhnliche Menschen. Die Lehre des Islam ist auch die Lehre des *Bektashi*-Ordens. Will man ein guter

Jude sein, muß man das Judentum durch Mohammed kennenlernen. Wenn man sagt, man wolle das Judentum nicht kennenlernen und man wolle kein Jude sein, sondern ein Moslem, dann würde Mohammed sagen, es sei nicht möglich, ein Moslem zu sein, wenn man nicht auch Jude sei – «Du kannst Moses nicht leugnen und mich akzeptieren.» Ebenso verhält es sich mit Jesus, David, Elias und Abraham. Alle Namen der Propheten des Alten und Neuen Testamentes müssen akzeptiert werden, doch man muß sie durch den Koran kennenlernen.

Dies alles hat mit *Tevella* und *Teberra* zu tun, und es ist die einzige Art von Andachtsübung, die die *Bektashis* praktizieren. Es ist ihr *Namaz*, ihr Fasten, ihre *Hajj* (die Pilgerreise). Solange ein Mensch dieser Lehre treu ist, braucht er nichts anderes. Der einzige islamische Orden, der nicht sagt, man müsse zunächst das islamische Gesetz *(Sharia)* assimilieren, um ein Sufi zu werden, ist der Orden von Mevlana Jalalud'din Rumi, der Orden der *Mevlevis*. Mevlana selbst hat niemandem eine solche Bedingung auferlegt.

In der *Bektashi-Tekke*, in der ich mich der *Chille*-Arbeit widmete, verursachte mein Auftauchen unter den Brüdern einen gewissen Groll, obwohl der Shaikh meine Anwesenheit hundertprozentig befürwortete. Es kamen Eifersuchtsgefühle auf, weil die anderen den Eindruck hatten, der Shaikh würde mir viel zuviel Aufmerksamkeit schenken. Alles, was ich in seinem Unterricht sagte, fand gewöhnlich seinen Beifall, zumindest mehr Beifall als die Beiträge aller anderen Teilnehmer, und ich galt immer noch als Außenseiter. Ich war jemand, der völlig unerwartet, wie aus dem Nichts, aufgetaucht war, und ich war nicht mit besonders viel Wärme aufgenommen worden. Ein weiterer wichtiger Faktor war, daß ich nicht dem einen Gesetz gehorchte, das für eine *Bektashi-Tekke* von vorrangiger Bedeutung war – dem Gesetz von *Tevella* und *Teberra*. Als schließlich infolge meines Gebets im Namen Jesu und durch einen persönlichen Kontakt mit Ihm meine Heilung eintrat, verstärkte sich der Groll innerhalb der Gemeinschaft, und es gab nur wenige Männer und Frauen, die mit der Haltung des Shaikhs mir gegenüber völlig einverstanden waren.

Weil ich *Tevella* und *Teberra* nicht beachtete und wegen der Haltung der Gemeinschaft zu mir, kam ich schließlich von der Lehre der *Bektashis* ab. Es tauchten ähnliche Gefühle in mir auf, wie ich sie gegenüber der alten Tradition meines Stammes verspürt hatte. Die Reaktion war jetzt nicht ganz so stark, kam ihr aber ziemlich nahe.

Deshalb wurden meine *Tekke*-Besuche seltener, nachdem ich die *Chille*-Arbeit abgeschlossen hatte. Dies war mein dritter «Ausstieg». Beim erstenmal hatte ich die traditionelle Schulung meines Stammes aufgegeben, beim zweitenmal den orthodoxen Islam, und beim drittenmal gab ich den islamischen Sufismus auf. Fortan besuchte ich die *Tekke* nur noch zu besonderen Anlässen, um die Hand meines Shaikhs zu küssen, beispielsweise an den religiösen Festtagen der Moslems *(Bayram)*. Der Shaikh sagte mir bei einem dieser Anlässe, da meine Heilung durch Jesus erfolgt sei, sollte ich fortan aus dieser Quelle trinken.

Dies ist ein sehr wichtiger Punkt. Meine Erfahrung mit Jesus markierte meine Rückkehr zu Gott; die Rückkehr erfolgte weder früher noch später. Ich war zu Gott zurückgekehrt, der für mich seit meinem siebzehnten Lebensjahr nicht mehr existiert hatte. Doch war es nicht mehr der gleiche Gott wie damals. Ich verstand nun, daß ich in Wirklichkeit nicht Gott abgelehnt hatte, sondern die Definition Gottes, die man mir vermittelt hatte. Als ich nach der Erfahrung mit Jesus zu Gott zurückkehrte, handelte es sich nicht um eine Definition Gottes, sondern um DEN GOTT. Noch heute lehne ich jenen Gott ab, den ich mit siebzehn geleugnet hatte, doch kenne ich nun den Gott, mit dem Jesus Christus mich bekannt gemacht hat.

Die Tür zu dieser Gotteserfahrung wurde mir bei den *Bektashis* geöffnet, und während der dreieinhalb Jahre, die ich in dieser Gemeinschaft verbrachte, absolvierte ich eine Schulung, erhielt Segnungen, empfing Wissen und erlangte Erleuchtung, und nachdem mein Shaikh, Hasan Tahsin Baba, mir all dies gegeben hatte, erklärte er mir: «Du kannst jederzeit hierherkommen, aber dein Weg ist mit Jesus. Halte dich an Ihn.»

5

Layla und die Schatzsuche

Obwohl es vielleicht lächerlich erscheint, es schon wieder zu erwähnen: Ich hatte ein weiteres Kapitel meines spirituellen Lebens abgeschlossen; entweder ist das ganze Leben eines Menschen spirituell oder nicht. Aufgrund meiner Erfahrung mit Christus wendete ich mich nun mehr und mehr dem Christentum zu.

Da ich in einem Moslem-Land lebte, das dem Christentum sehr feindselig gegenüberstand, hatte ich nicht viele Möglichkeiten, meine Erfahrungen mit einer christlichen Gemeinschaft zu teilen. Ich wollte mich einer der traditionellen christlichen Kirchen in Istanbul anschließen, doch wurde dies wegen meines bekannten Familiennamens abgelehnt. Die Mitglieder unserer Familie waren als Unruhestifter bekannt. Man befürchtete, daß mein Beitritt zu einer christlichen Kirche in der Öffentlichkeit nicht unbemerkt bleiben würde, da man mich allgemein für einen guten Moslem hielt. Mit Sicherheit würde ich von Privatdetektiven beschattet werden.

Nachdem ich zum zweiten Mal in einer bestimmten Kirche an einem Gottesdienst teilgenommen hatte, kam der Priester zu mir, nahm mich beiseite und sagte: «Wenn du Jesus liebst und ein Christ bist, dann bedenke, daß wir als Christen verfolgt werden.»

Die Verfolgung war weniger handgreiflicher als vielmehr subtiler Natur, doch sie fand tatsächlich in jeder Kirche statt. Die Kirchen waren etabliert und selbstzufrieden und setzten alles daran, eventuelle Schwierigkeiten zu vermeiden. Niemand wollte daher mit mir sprechen, und ich hatte keine andere Wahl, als mein Vorhaben aufzugeben.

Ich studierte weiterhin privat die Bibel, betete im Namen Jesu, pries den Herrn und erlebte einige wunderbare Begegnungen. Manchmal benutzte ich Übungen und Methoden wie Meditation, Konzentration und Projektion, die ich während meiner spirituellen Schulung bei den *Bektashis* erlernt hatte. Die Beziehung, die ich zu Jesus entwickelte, wurde sehr stark und bedeutungsvoll, doch ich hoffte immer noch, mich einer christlichen Bruderschaft anschließen zu können.

Ich habe schon immer viele verschiedene Dinge gleichzeitig getan. So versuchte ich zu jener Zeit, meinem Heimatland zu helfen. Nach 1941 hatte Deutschland den Krieg gegen Rußland begonnen. Ich hoffte, daß Rußland kapitulieren würde und daß die kleinen Nationen, die von Rußland besetzt worden waren, ihre Unabhängigkeit wiedererlangen würden. Eines dieser kleinen Länder war mein Heimatland Abchasien. Ich war ein glühender Nationalist, ein Großteil meiner Gedanken, Wünsche und Aktivitäten kreiste um die Unabhängigkeit meiner Heimat. Die Deutschen waren den Kaukasiern seit dem Ersten Weltkrieg sehr wohlgesonnen, und man hatte in Deutschland eine antikommunistische Gruppe kaukasischer Nationalisten unterstützt. Der größte Teil dieser Aktivitäten hatte in Berlin in den Jahren 1923 bis 1928 stattgefunden. Auch die deutsche Regierung unterstützte die Bestrebungen der Kaukasier und wirkte sogar bei der Publikation einer Zeitschrift für Kaukasier mit. Außerdem gab es Stipendien für kaukasische Kinder aus der ganzen Welt, die die höhere Schule mit guten Noten abgeschlossen hatten.

Ich versuchte, mit einigen Mitgliedern des deutschen Geheimdienstes Kontakt aufzunehmen, und dies gelang mir auch tatsächlich mit Hilfe von Freunden. Ich fragte, ob ich mich ihren Partisanentruppen anschließen und auf irgendeine nützliche Weise aktiv im Kaukasus arbeiten könnte. Auch Hitler war den Kaukasiern sehr wohlgesonnen. Er hatte sogar für die vorrückenden deutschen Linien einen Tagesbefehl herausgegeben, als sie sich dem Kaukasus näherten, der lautete: «Ihr betretet nun den Kaukasus und damit das Museum der Menschheit. Jeder Stein, auf den ihr tretet, kann von ungeheurer Bedeutung für die Geschichte der Menschheit sein. Dies ist das Gebiet, aus dem alle überlegenen Rassen der Erde stammen. Ich fordere euch auf, alles, was ihr vorfindet, und jeden, der in diesem Land lebt, zu respektieren und dem Land keinerlei Schaden zuzufügen.»

Ich wurde in die sogenannte Fünfte Kolonne aufgenommen und als

Saboteur für Petroleumdepots ausgebildet. Außerdem absolvierte ich Ausbildungen als Fallschirmspringer und als Funker. Ich erhielt ein kleines Funkgerät, mit dem man im Gebirge funken konnte. Meine Ausbildung sollte mich darauf vorbereiten, daß ich irgendwo in den Bergen mit dem Fallschirm abgesetzt werden könnte, in dem Gebiet, wo die abchasische Sprache gesprochen wurde. Doch es kam nicht dazu. Stalingrad fiel nicht in deutsche Hände, und das Kriegsglück der Deutschen wendete sich.

Als ich mit der Partisanenausbildung begann, befand ich mich noch im Medizinstudium. Ich konnte beides gut vereinen. Nur im Jahre 1943 mußte ich die Frühlingsexamina auf den Herbst verschieben. Sollte ich die Prüfungen im Herbst nicht bestanden haben, hätte ich sie erst im folgenden Jahr wiederholen können.

Ich hatte einen großen Freundeskreis vorwiegend kaukasischer Abstammung, und wir trafen uns regelmäßig in unserem Club. Auch an der Universität hatte ich viele Freunde. Ich war sehr beliebt bei ihnen, und wir erlebten gemeinsam viele Abenteuer. Trotz allem, was mir widerfahren war, war mein Leben nach wie vor bunt und voller Energie. Durch meine Erfahrung mit Zuhal hatten sich meine Beziehungen zu Frauen völlig verändert. Ich war in sexueller Hinsicht zwar immer noch recht aktiv und hatte einige gute Freundinnen, doch waren meine Frauenbeziehungen im großen und ganzen nicht mehr so oberflächlich, sondern tiefer und bedeutungsvoller als früher. Ich hatte zu allen Zeiten meines Lebens sexuelle Kontakte zu Frauen, doch hatte sich mein Verhältnis zum anderen Geschlecht seit den ersten stürmischen Jahren zwischen siebzehn und zwanzig wirklich stark gewandelt.

Meine natürliche Vorliebe für das Leben in freier Natur und mein sportliches Training hatten mich ziemlich aggressiv und kämpferisch werden lassen, und wann immer eine Situation entstand, in der aus irgendeinem Grunde ein Mann der Tat gebraucht wurde, kamen Leute, die in Schwierigkeiten waren, zu mir.

Beispielsweise fragten junge Männer, die ein Mädchen heiraten wollten, mich häufig um Rat und erzählten mir von den Schwierigkeiten, mit denen sie zu kämpfen hatten. Manchmal machten der Bruder oder die Eltern des Mädchens Schwierigkeiten. Da ich aus einer einflußreichen Familie stammte, hörten die Eltern auf meine Ratschläge. Mußte in einer Situation jemandem ein Verweis erteilt werden, so nahm ich dies häufig auf mich. Auch wirkte ich oft als Friedensstifter.

Es war nicht ungewöhnlich, daß plötzlich irgendwelche Leute vor meiner Tür standen. So suchte mich eines Tages eine junge zwanzigjährige Frau auf. Ich stellte mich vor und bat sie einzutreten. Sie kam aus Kairo und brachte ein Empfehlungsschreiben meiner dortigen Verwandten mit. In dem Brief stand: «Diese Dame muß in Istanbul einige Nachforschungen in Familienangelegenheiten anstellen. Sie ist die Enkelin eines gewissen Paschas, eines Regierungsbeamten des Ottomanischen Reiches. Ihre Familie ist mit der unseren hier in Kairo befreundet. Wenn Du etwas für sie tun kannst, dann hilf ihr bitte.»

Die junge Dame war die Enkelin des in dem Empfehlungsbrief erwähnten Paschas. Als dieser im Sterben gelegen hatte, hatte er eine alte Frau an sein Sterbebett gerufen, die der Familie fast ihr ganzes Leben lang gedient hatte. Sie war mit einem der Hausangestellten verheiratet gewesen und hatte ihr ganzes Leben lang mit ihrem Ehemann im Dienste der Familie verbracht. Nachdem ihr Mann gestorben war, hatte die Witwe weiterhin der Familie gedient. Sie war eine jener typischen altmodischen Dienerinnen, wie sie oft in Aristokratenhaushalten leben.

Der sterbende Pascha hatte der alten Frau ein Buch gegeben und zu ihr gesagt: «Alle Dinge, die ich hinterlasse, werden zwischen gewissen Leuten aufgeteilt werden, die meine Erben sind.» In jenen Tagen war es nicht üblich, ein Testament oder einen Letzten Willen zu hinterlassen, der nach dem Tod erfüllt werden mußte. Alles wurde entsprechend den allgemeinen Gesetzen gehandhabt; das ist in der Türkei noch heute so. Es gibt ein Erbfolgegesetz, und alles wird nach diesem Gesetz geregelt. Wenn jemand etwas an diesem vorgegebenen Verlauf ändern möchte, so kann er dies nur in gewissen Grenzen tun. Man kann zum Beispiel nicht alles einem Familienmitglied vererben und die übrigen leer ausgehen lassen. Man hat zwar eine gewisse Entscheidungsfreiheit, und man kann diese Möglichkeit nach den Richtlinien des Erbgesetzes und mit Hilfe eines Rechtsanwalts nutzen, aber man kann sich nicht sonderlich darauf verlassen, daß ein solcher Letzter Wille auch wirklich erfüllt wird. Der Pascha hatte hinzugefügt: «Es würde nichts für meine Enkel übrigbleiben, weil ich weiß, wie diese Halunken mit meinem Besitz umgehen werden, wenn er in ihre Hände fällt. Deshalb habe ich einen Schatz versteckt. Wo er verborgen ist, steht in diesem Buch, und ich werde dir dieses Buch übergeben. Du sollst es meinem Enkel oder meiner Enkelin geben, wenn er oder sie fünfundzwanzig Jahre alt geworden ist.» Kurz nachdem er dies zu seiner Dienerin gesagt hatte, starb er.

Das Buch war auf einem Umweg zu der Frau gekommen, die mich jetzt besuchte. Die alte Dienerin war gestorben, bevor überhaupt ein Enkel da war, doch sie hatte das Buch einem anderen Mitglied ihrer eigenen Familie übergeben. Diese Person hatte es mitsamt der Information, die der Pascha der Dienerin gegeben hatte, an die junge Frau vermittelt, die nun vor mir stand. Die Frau war aus Ägypten gekommen, weil sie glaubte, daß der Schatz in Istanbul liegen müsse. Der Familienbesitz war vor der Revolution in Istanbul gewesen, und als die türkische Revolutionsregierung an die Macht gekommen war, war der Pascha seines Amtes enthoben worden. Daraufhin war er mit seiner Familie nach Kairo gezogen. Die junge Frau hatte mit ihrer Familie das Buch Seite um Seite gründlich überprüft. Doch niemand hatte irgendeinen Hinweis auf den Schatz entdecken können. Sie hatte nachgeprüft, ob irgendwelche Seiten fehlten, doch alle waren noch vorhanden. Nun wußte sie nicht, wie sie weiter vorgehen sollte. Sie hatte sich an mich gewandt, weil sie jemanden suchte, der Türkisch in der alten arabischen Schrift lesen konnte. Sie sprach selbst Türkisch, konnte es aber nicht lesen, da sie in einem anderen arabischen Land aufgewachsen war. Das Buch, das den Schlüssel zu dem verborgenen Schatz enthielt, war ein türkisches Geschichtsbuch – *Ksasul Enbiah* von Jevdet Pasha.

Sie bat mich, zusammen mit ihr das Buch durchzugehen und ihr in jeder erdenklichen Hinsicht bei ihrem Vorhaben zu helfen. Sie sagte, sie hätte genügend Geld, um zu reisen, um Leute anzuheuern, um Löhne zu bezahlen, kurzum, um alles zu tun, was ihr bei der Suche von Nutzen sein könnte. Es war nicht sicher, wo der Pascha den Schatz versteckt hatte, ob in Istanbul oder irgendwo in der näheren Umgebung. Er hatte Landgüter, Gemüsegärten und Obsthaine besessen. Niemand hatte die geringste Idee, wo das Versteck sein könnte.

Ich lebte zu jener Zeit wieder allein im Hause meiner Familie, abgesehen von dem älteren Hausmeisterpaar, das sich um das Haus kümmerte. Deshalb erschien es mir am praktischsten, der Frau – sie hieß Layla – eine Unterkunft im Hause anzubieten. Wir hatten nicht den geringsten Anhaltspunkt, wie lange die Suche nach dem Schatz dauern würde und welche Unkosten dabei entstehen würden. Und ich hatte das Gefühl, daß die junge Frau mit ihrem Geld vorsichtig umgehen sollte.

Unser geräumiges Haus bot genügend Platz für einen Gast. Außerdem hatten wir so die Möglichkeit, jederzeit miteinander über unser Vorhaben sprechen zu können. Sollte mir mitten in der Nacht beim Lesen des Buches ein Geistesblitz kommen, brauchte ich nicht bis zum Morgen zu warten, um sie in ihrem Hotel aufzusuchen. Sie war über meinen Vorschlag erfreut und willigte ein. Sie war ein sehr kooperatives, gebildetes und intelligentes Mädchen, und sie war emanzipiert und wußte, was sie tat.

Wir machten uns sofort an die Arbeit. Zunächst diskutierten wir über das Buch. Es handelte sich um ein gedrucktes Buch, ein typisches Exemplar eines bekannten Geschichtsbuches, und es befand sich sogar noch ein zweites Exemplar in der Bibliothek meines Großvaters mütterlicherseits. Mir schien, wenn die Information über den Schatz tatsächlich in diesem Buch zu finden war, so müßte sie entweder handschriftlich hineingeschrieben worden sein, oder im gesamten Buch müßten bestimmte Passagen unterstrichen sein. Wenn wir diese Wörter entdecken und sie zusammenstellen würden, könnten wir vielleicht einen Satz daraus bilden. Es gab aber auch noch eine andere Möglichkeit: Die Information konnte irgendwo im Einband des Buches versteckt und unter den Buchrücken gerutscht sein. Dies schien uns ein guter Ausgangspunkt für die Suche zu sein. Wir beschlossen, langsam und sorgfältig das Buch durchzugehen und nach irgendwelchen Bleistift- oder Tintenzeichen zu suchen oder nach Pfeilen, die auf einen bestimmten Punkt deuteten. Es hätten auch Klammern oder Unterstreichungen sein können. Um so etwas zu finden, war es nicht notwendig, das türkische Alphabet zu kennen oder Türkisch lesen zu können.

Das Buch hatte mindestens fünfhundert Seiten, und es war ungefähr acht Zentimeter dick. Wir wollten zunächst die Seiten untersuchen und uns erst, wenn wir dort nichts entdecken würden, dem Einband zuwenden.

Layla wußte genau, was sie wollte. Sie vertraute das ganze Unternehmen meiner Obhut an, und alles, was ich sagte, akzeptierte sie sehr bereitwillig und verständnisvoll. Sie war sehr anpassungsfähig und weich, ohne jeden Widerstand, und schon vom ersten Tag an entwikkelte sie freundliche Gefühle mir gegenüber und fühlte sich bei mir zu Hause. Sie erzählte mir, daß ich die Nase meiner Tante hätte, doch dann korrigierte sie sich und sagte, daß meine Nase doch eher abchasisch und die meiner Tante eher griechisch sei. Sie sagte, sie erkenne eine Ähnlichkeit in der Art meines Lächelns und des Lächelns gewisser Mitglieder des ägyptischen Zweigs meiner Familie. Sie fühlte sich völlig wohl in meiner Gegenwart, und es störte sie nicht im geringsten, daß kein anderes Mitglied der Familie anwesend war. Wenn Besucher vom Lande in unserem Hause waren, spielte sie perfekt die Rolle der Gastgeberin und vergaß darüber völlig, daß sie ja eigentlich selbst zu Besuch war. Sie war die Art von Person, bei der man das Gefühl hat, daß sie zur Familie gehört.

Unmittelbar nach ihrer Ankunft war ich sorgsam darauf bedacht, die normale Etikette des Hauses zu wahren. Deshalb erschien ich nie in Pantoffeln oder mit offenem Kragen vor ihr. Ich trug in ihrer Gegenwart auch stets eine Krawatte. Dies gehörte in einem Haus wie dem unseren zur Etikette. Doch schon bald gab ich ihr gegenüber diese Förmlichkeit auf. Ohne daß einer von uns ein Wort darüber verloren hätte, scheuten wir uns schon nach kurzer Zeit nicht mehr, einander am Morgen im Morgenmantel zu begegnen. Wir pflegten einen völlig entspannten und lockeren Umgang und verkehrten auf rein freundschaftlicher Basis miteinander – wie Bruder und Schwester.

Die intensive Beschäftigung mit dem Buch war ein sehr ermüdender Prozeß. Ich ging im Raum auf und ab, während Layla Kaffee machte oder Zeitung las. Wir hatten eine türkische Zeitung mit Namen *Aksham* abonniert, die sowohl in einer französischen als auch in einer türkischen Ausgabe erschien, und sie versuchte Türkisch zu lernen, indem sie die türkische mit der französischen Ausgabe verglich. Sie konnte Französisch lesen und Türkisch gut sprechen. Am Ende ihres ungefähr zweimonatigen Aufenthalts in Istanbul konnte sie auch Türkisch lesen.

Wir beschäftigten uns ungefähr eine Woche lang sehr intensiv mit dem Buch. Während dieser Zeit kamen ein paar Leute, um mich zu besuchen. Layla bemerkte, wie sie sich mir gegenüber verhielten, und ihr wurde klarer, daß ich kein besonders ruhiger Mensch war. Meine Beziehungen zu anderen Menschen hatten viele Aspekte, von denen sie sich nichts hätte träumen lassen. Ich nahm sie in die Cafés und Clubs mit, die ich regelmäßig besuchte, und ich empfing Besucher. Im Club behandelten mich der Maître d'hôtel und die Kellner sehr zuvorkommend, und auch einige Angehörige unseres Stammes, die wir trafen, verhielten sich mir gegenüber sehr respektvoll. Layla lernte auch viele meiner Freundinnen und Frauenbekanntschaften kennen, doch sie veränderte ihre Haltung mir gegenüber nicht im geringsten, nachdem sie diese vielen anderen Seiten von mir kennengelernt hatte. Sie vertraute mir, was immer ich tun mochte.

Schon bald wurde uns klar, daß wir eine sehr langwierige und langweilige Aufgabe vor uns hatten. Die Arbeit wurde so anstrengend, daß wir uns entschlossen, so oft wie möglich den Ort, an dem wir arbeiteten, zu wechseln, um die demotivierende Wirkung der Langeweile zu verringern. Deshalb arbeiteten wir immer wieder in einem anderen Raum. Wir saßen dann an einem anderen Fenster und schauten auf einen anderen Teil des Gartens. Oder wir setzten uns in den Garten an den großen Gartentisch und arbeiteten dort.

Dem älteren Hausmeisterpaar wuchs Layla sehr ans Herz, besonders der Frau, und ohne daß einer von uns zu ihnen etwas hätte verlauten lassen, entwickelten sie eine etwas drollig wirkende Diskretion, als befänden sie sich mit uns in einer Verschwörung. Sie gingen auf Zehenspitzen durch das Haus und flüsterten: «Es ist jemand an der Tür ...was meinst du? Willst du jemanden sehen? Oder sollen wir sagen, es sei niemand zu Hause?» Dieses Verhalten war zwar lächerlich, doch ich empfand Dankbarkeit für die Veränderung, die durch die neue Situation in meinem Leben eingetreten war.

Die erste Entdeckung machte Layla. Ich war am Nachmittag zu einer Verabredung gegangen und kam erst sehr spät am Abend zurück. Sie hatte in der Zwischenzeit an dem Buch gearbeitet. Vielleicht war sie zeitig am Abend eingeschlafen und deshalb ziemlich früh aufgewacht, denn irgendwann zwischen Morgendämmerung und Sonnenaufgang vernahm ich Geräusche in dem Teil des Hauses, den sie bewohnte, und kurz darauf hörte ich ihre Pantoffeln auf dem Steinboden der Eingangshalle. Ich hörte, wie die Fersen ihrer Pantoffeln gegen die Füße klatschten, als sei sie in großer Eile. Sie war offensichtlich auf dem Weg zu mir. Sie öffnete, ohne anzuklopfen, die Tür zu meinem Schlafzimmer. Ich war mittlerweile hellwach. «Ich habe etwas gefunden! Ich habe etwas gefunden!» rief sie begeistert, und sie brauchte mindestens eine halbe Minute, um den Lichtschalter zu finden. Ich versuchte ihr klarzumachen, daß sie die Vorhänge aufziehen könnte, wenn sie den Schalter nicht fände, doch sie war viel zu aufgeregt, um mir zuzuhören. Ich sprang aus dem Bett und ging quer durch den Raum, um meinen Morgenmantel zu holen. Ich war völlig nackt, doch das merkte sie gar nicht in ihrer Aufregung. Nachdem ich zurückgekommen war, zeigte sie mir, was sie gefunden hatte. Eine Buchseite war an der unteren Ecke umgeknickt, als hätte ein Leser diese Seite markieren wollen. Unter diesem «Eselsohr» stand etwas geschrieben. Zuerst erschien mir dies ziemlich seltsam, denn sie hatte mir doch vorher gesagt, niemand hätte auch nur den geringsten Hinweis im ganzen Buch gefunden. Wie konnte es sein, daß man dieses Eselsohr übersehen hatte? Wie hatten sie die umgeknickte Ecke sehen und nicht darunterschauen können? Das war wirklich sehr merkwürdig.

Unter der Ecke stand eine handschriftliche Botschaft: *«Dik maail mermeri kaldiriniz.»* Übersetzt bedeutet dies: «Entferne die stark abgeschrägte Marmorplatte.» Das war der rätselhafteste Satz, den ich je gehört hatte. Wir waren beide wie vom Schlag gerührt. Wir schauten einander an. «Was bedeutet das? Wo ist diese abgeschrägte Marmorplatte?» sagte ich zu ihr. «Was sagt dir das?»

«Nichts», sagte sie, und eine halbe Minute später noch einmal: «Nichts.» Sie dachte noch etwas länger nach und wiederholte dann: «Wirklich nichts.»

Auch ich dachte angestrengt nach und sagte dann: «Das einzige, was mir dazu einfällt, ist, daß dies vielleicht nicht die erste Botschaft ist. Vielleicht gibt es noch eine andere Botschaft, die man vor dieser lesen muß und die zu einem Ort führt, an dem es eine stark abgeschrägte Marmorplatte gibt. Diese Botschaft kann einfach nicht die erste sein.»

Nach langwierigem Suchen stellten wir fest, daß es tatsächlich die einzige Botschaft war. Es mußte also doch die erste sein. Als uns das klar wurde, spürte ich, wie eine starke Welle von Haß meinen Körper durchflutete, Abscheu diesem Pascha gegenüber. Ich legte mich wieder auf mein Bett und sagte zu Layla: «Wir werden jetzt erst einmal einen Kaffee trinken. Könntest du Kaffee für uns machen? Dann werden wir beim Kaffee versuchen, uns von unserem Schock zu erholen.»

Nachdem sie gegangen war, vertrieb ich die Schläfrigkeit durch eine eiskalte Morgenwaschung und zog mich anschließend rasch an. Als sie zurückkam, hatte ich immer noch ein Handtuch um meinen Hals geschlungen und mein nasses Haar noch nicht gekämmt. Ihr war der Gedanke gekommen, das Buch noch einmal auf Eselsohren zu untersuchen, doch auch diese Suche verlief erfolglos.

Wir brauchten insgesamt zehn Tage, bis wir uns völlig sicher waren, daß wir die einzige Botschaft gefunden hatten, die dieses Buch enthielt. Ich war der Meinung, nun sei es Zeit, den Einband zu untersuchen, wozu man ihn auseinandernehmen mußte. Das Buch war in Leder gebunden, und unter dem Leder befanden sich mehrere Schichten Karton. Wir untersuchten alle diese Schichten sehr vorsichtig, ohne irgendeine Stelle auszulassen. Als wir damit fertig waren, hatten wir uns schon insgesamt zwölf Tage ausschließlich mit dem Buch beschäftigt.

«Ich habe eine gute Nachricht für dich», sagte ich. «Dies ist die einzige Information, die wir haben. Es gibt keine andere Information. Ich glaube, mehr ist aus dem Buch nicht herauszuholen.» Layla schaute mich an und sagte: «Ich glaube, es gibt noch eine andere Art, die Dinge zu sehen. Erinnerst du dich daran, wie wir vor ein paar Tagen zusammen in einem Café am Bosporus waren und wie ein älterer Herr zu uns kam und mit dir sprach?» Der ältere Herr war Mitglied einer spirituellen Gruppe, deren Mitglieder *Melamis* genannt wurden. Ich kannte ihn und hatte ihn längere Zeit nicht gesehen. Ich hatte Layla und ihn miteinander bekannt gemacht. Layla fuhr fort: «Als du mit diesem *Melami* sprachst, habe ich gespürt, daß du gewisse merkwürdige Arten der Wahrnehmung beherrschst. Warum benutzt du sie nicht für unser Ziel?»

Ich fragte sie, ob sie etwas über die *Melamis* wüßte. Sie sagte: «Ich kann nicht sagen, daß ich etwas weiß, aber mir ist nicht völlig fremd, womit sie sich beschäftigen.»

«Jeder hat diese Fähigkeiten auf die eine oder andere Weise», sagte ich, «aber wieso meinst du, daß uns dies bei der Lösung unseres Problems helfen könnte?»

Layla zuckte mit den Schultern. «Oh, ich weiß auch nicht», sagte sie. «Mir kam nur irgendwie der Gedanke.»

Ich dachte einen Augenblick lang nach und sagte dann zu ihr: «Wenn wir uns lange genug auf etwas konzentrieren, übernimmt unsere Intuition die Führung. Dann finden wir mit Sicherheit heraus, was wir herausfinden wollen. Auf diese Weise wird ein natürlicher Prozeß in Gang gesetzt. Ich selbst habe nicht die okkulte Fähigkeit des Vorhersagens von Ereignissen entwickelt – ich besitze diese Fähigkeit nicht. Aber du hast recht. Wenn wir uns in einen offenen Bewußtseinszustand versetzen, erschließen wir uns eine feinere Art der Wahrnehmung. Allerdings glaube ich nicht, daß das geschieht, wenn man einfach nur dasitzt und Fragen stellt. Wenn wir uns konzentrieren und uns öffnen, wird das, was wir brauchen, Stückchen für Stückchen an die

Oberfläche unseres Bewußtseins fließen, ganz allmählich, wie wenn man sich an etwas erinnert, das man vergessen hat. Doch wenn wir etwas zu erzwingen versuchen, ist uns kein Erfolg beschieden.» Sie hörte mir aufmerksam zu. Offenbar glaubte sie, was ich sagte, und verstand es.

Vielleicht hatte sie, während ich ihr dies zu vermitteln versucht hatte, etwas von meiner Stimmung aufgefangen. Sie entschuldigte sich bei mir, daß sie möglicherweise Bereiche angerührt habe, in die einzudringen sie kein Recht hätte. «Ich wollte dich nicht unter Druck setzen», sagte sie. «Ich wollte meine Nase nicht in etwas stecken, das für dich vielleicht ein Geheimnis ist. Mir kam nur plötzlich diese Idee, und ich dachte, sie könnte uns weiterhelfen.»

«Danke», antwortete ich. «Ich nehme es dir nicht übel, aber das, was du vorgeschlagen hast, würde nicht funktionieren.»

Wir waren beide sehr enttäuscht und verstört wegen des Hinweises, den wir entdeckt hatten. Ich fühlte mich, als hätte man mich geschlagen, fast wie ausgepeitscht, und eine merkwürdige Trägheit hatte mich erfaßt. Vielleicht deshalb, weil ich einen vergnüglichen Abend verbracht und nicht genug geschlafen hatte. Jedenfalls sagte ich zu ihr: «Ich fühle mich heute morgen müde, sehr müde und unfähig, irgend etwas zu tun. Vielleicht ist es wegen gestern abend.»

«Merkwürdig», sagte sie, «ich fühle mich auch so, obwohl ich mehr als elf Stunden geschlafen habe.»

Ich hatte eine Idee. «Laß uns ein Picknick machen», schlug ich vor. «Laß uns frisches Brot, Käse und ein paar Tomaten kaufen, uns am Bosporus ins Gras legen und uns einen schönen Tag machen.» Sie war begeistert, und so machten wir uns auf.

In der Gegend, wo wir unser Picknick halten wollten, lebten ein paar ältere Tscherkessenfrauen in verschiedenen Häusern, und ich stellte Layla ihnen allen vor. Ich hatte einige von ihnen seit Jahren nicht mehr gesehen, doch andere hatten uns häufig zum *Bayram* und zu anderen Feiertagen im Hause meiner Mutter besucht. Als sie mich sahen, begrüßten sie mich sehr herzlich; sie umarmten mich, weinten ein wenig und bestanden darauf, mir Gebäck oder ein Getränk zu servieren. Einige dieser Frauen kannten Laylas Familie entfernt. Deshalb nahmen sie sie sehr freundlich auf. Genau so hatte ich den Tag verbringen wollen.

Abends auf dem Heimweg fragte ich Layla, ob sie Lust auf etwas

Alkoholisches hätte. Sie hatte nichts dagegen. Deshalb schlug ich vor, wir könnten gemeinsam eine Flasche *Raki* trinken. Die Idee gefiel ihr, und so machten wir uns auf den Weg in ein Restaurant am Ufer des Bosporus. Alle diese Restaurants sind auf Säulen erbaut, die aus dem Wasser ragen, was sehr hübsch aussieht. Wir setzten uns, und Layla nahm ein kleines Buch aus ihrer Handtasche und sagte zu mir: «Ich werde ein Spesenkonto anlegen. Wenn ich irgendwo anders als in deinem Haus bin, wird alles, was wir während der Schatzsuche ausgeben, von diesem Konto bezahlt. Alles Geld, das ich für diese Reise zurückgelegt habe, werde ich ausgeben, ganz gleich, ob ich etwas finde oder nicht. Ich habe nicht alles Geld, das mir zur Verfügung steht, mitgebracht, aber wenn ich es brauche, ist es kein Problem, es nach Istanbul überweisen zu lassen. Ich kann zwei- oder dreimal soviel beschaffen, wie ich bei mir habe.»

«Ich mache mir keine Sorgen wegen der Kosten, aber wenn du es gerne möchtest, kannst du ja ein Spesenkonto anlegen», sagte ich.

So tranken wir also gemeinsam *Raki*. *Raki* ähnelt dem griechischen *Ouzo* und wird gewöhnlich mit Wasser verdünnt getrunken. Layla wurde ziemlich betrunken und verlor die Kontrolle über ihre Gedanken und Gefühle, und während ich sie beobachtete, entdeckte ich, daß sie tatsächlich geistig sehr klar war. Ich hatte zwar schon viele Frauen kennengelernt, doch hatte ich noch nie eine Frau wie sie getroffen, und ich freute mich über jede Minute, die wir zusammen verbrachten. Sie schien sich des gesamten Bereichs der Sexualität so wenig bewußt zu sein, daß ich mich fragte, ob mit ihrer Weiblichkeit irgend etwas nicht stimmte. Sie war sehr freundlich und schien völlig arglos zu sein. Nachdem wir die Flasche geleert hatten, kehrten wir nach Hause zurück und suchten sofort unsere Schlafzimmer auf. Es war ziemlich spät geworden. Als ich noch kurz meine Nase durch die Tür zu ihrem Schlafzimmer steckte, um ihr gute Nacht zu sagen, kam sie zu mir und umarmte mich. Bevor sie sich ins Bett legte, nahm sie das Buch vom Tisch und ging zu den Bücherregalen im Korridor. Sie stellte das Buch auf das oberste Regal und sagte: «Wir werden die ganze Sache heute nacht vergessen. Schlaf gut, und denk nicht über den Schatz nach.»

Am nächsten Morgen kam sie in mein Schlafzimmer und sagte: «Du hast eine Idee. Welche?»

«Ich habe wirklich eine Idee», antwortete ich, «aber woher weißt du das?»

Sie lächelte: «Ich weiß es eben.»

Ich verließ das Bett und öffnete die Vorhänge. Die großen Fenstertüren in meinem Zimmer führten alle auf den Balkon hinaus. Ich öffnete die Fenster weit und sagte zu ihr: «Du hast mich aufgeweckt und mir gesagt, ich hätte dir etwas zu erzählen. Da es in letzter Zeit morgens deine Aufgabe ist, Kaffee zu machen, möchte ich dich bitten, für uns beide Kaffee zu machen, dann können wir darüber sprechen.» Sie machte den Kaffee, und wir setzten uns auf den Balkon. Dann erzählte ich ihr, welche Idee mir gekommen war.

«Wir sind einer Meinung, daß die einzige Information, die wir aus deinem Buch bekommen können, die Botschaft ist, die wir gefunden haben. Wenn es uns gelingen sollte, so etwas wie eine stark abgeschrägte Marmorplatte zu finden, so glaube ich nicht, daß wir dort irgendeinen Schatz finden werden. Ich glaube, daß wir dort eine weitere Information finden werden, die uns vielleicht wieder irgendwo anders hinführen wird. Ich möchte wetten, daß diese zweite Botschaft ebenso rätselhaft sein wird und daß wir damit rechnen müssen, auf diese Weise mehrmals hin- und hergeschickt zu werden.»

Layla sagte zunächst nichts und bemerkte dann gedankenvoll: «Es scheint, als hätten wir eine lange Reise vor uns.»

«Ich werde allmählich wütend auf diesen Pascha», sagte ich. «Ich werde sein Grab suchen, ihn ausgraben und ihn verprügeln. Er hat seinen Schatz wirklich ausgezeichnet versteckt. Er muß sich außerordentlich vor der Liederlichkeit seiner Erben gefürchtet haben. Es erscheint mir wahrscheinlich, daß er die Botschaft kurz vor der Ausreise aus der Türkei in dein Buch geschrieben hat. Deshalb muß die zweite Botschaft unter der Marmorplatte in dem Haus sein, in dem er sich zuletzt aufhielt, bevor er die Türkei verließ. Folglich brauchen wir nur herauszufinden, wo er vor Verlassen des Landes lebte. Hast du irgendeine Idee, wo das gewesen sein könnte?»

«Er hatte viele Häuser», sagte sie. «Aber unmittelbar bevor er mit seiner Familie nach Kairo übersiedelte, lebte er in seinem Haus in Istanbul. Es hieß Abdulsamad Pascha Konak (Konak heißt ‹Herrenhaus›), und ich glaube, daß es im Distrikt Lalely in der Nähe von Aksaray liegt.»

«Das wird nicht schwer zu finden sein», sagte ich. «Wir können zum Katasteramt gehen und dort nach der genauen Adresse des

Hauses fragen. Es muß noch registriert sein. Wir könnten herausfinden, wem das Haus heute gehört, und feststellen, ob man es betreten kann.»

Gegen zehn Uhr gingen wir zum Katasteramt, und während ich dort Erkundigungen über das Haus einzog, wartete Layla draußen im Park. Ich fand die Adresse des Hauses heraus. Es wurde mittlerweile als Studentenwohnheim genutzt und befand sich im Besitz des türkischen Staates. Dort wohnten Studenten, die staatliche Stipendien erhalten hatten. Das Haus war in gutem Zustand. Ich überlegte, was für Studenten dort wohl wohnen mochten und ob ich durch unsere kaukasische Immigrantengruppe irgendwelche Verbindungen zu ihnen herstellen könnte.

Als ich zu Layla in den Park zurückkehrte, vertrieb sie sich die Zeit damit, Tauben zu füttern. Ich erzählte ihr, was ich herausgefunden hatte. Wir beschlossen, das Haus aufzusuchen, die Umgebung zu erforschen, uns in die Vibration jenes Ortes einzustimmen und uns unserer Intuition zu öffnen. Sie hatte ungeheuren Spaß an der Sache, und ich selbst fühlte mich völlig unbesorgt. Mir ging es ausgezeichnet. Bevor wir uns auf den Weg machten, gingen wir noch in ein Kebab-Haus in der Nähe, wo wir Döner-Kebab und Joghurt aßen. Gestärkt brachen wir zu unserem Abenteuer auf.

Das Haus war sehr groß, und viele Studenten gingen ständig ein und aus. Die Straße, an der es lag, war nicht besonders belebt, und das Haus füllte einen halben Block aus. Es war von einem ungefähr sieben Meter hohen Steinwall umgeben. An jeder Seite dieser Mauer war ein ungefähr drei Meter hohes Tor in einen Torbogen eingelassen. Das Anwesen war auf allen vier Seiten von Straßen umgeben: an den Seiten des Gebäudes von Nebenstraßen, an der Vorder- und Rückseite von Hauptstraßen. Die Fassade des Hauses befand sich auf einer Höhe mit der Straßenflucht, und die Mauer, die den Park umschloß, begann als Verlängerung der Seitenwände des Hauses. Wir gingen um das gesamte Anwesen herum und schauten es uns genau an.

Das Haus lag in einem Distrikt oberhalb der Küste des Marmara-Meeres. In diesem Distrikt namens Kumkapu gibt es am Meeresufer viele Cafés und Casinos, und ich schlug vor, dorthin zu gehen und irgendwo beim Kaffee über unser weiteres Vorgehen zu sprechen. Ich hatte nachgedacht und sagte zu Layla: «Diesmal sollten wir uns trennen. Ich glaube, es ist besser, wenn ich nicht mit dir zusammen, sondern allein zu dem Haus zurückkehre. Die vielen jungen Männer dort würden sich in höchstem Maße für jede junge Frau interessieren, die sich dem Hause nähert. Wenn dort jemand lebt, der mich kennt und der mich mit dir sieht, wird er mit Sicherheit zu mir kommen, um sich vorstellen zu lassen, und dann würde dein Akzent verraten, daß du aus dem Süden kommst. Es wäre besser, wenn du von jetzt ab drei Tage lang deiner eigenen Wege gehst und mich allein läßt.» Sie antwortete, wahrscheinlich hätte ich recht, und sie versicherte mir, daß es ihr nicht schwerfallen würde, sich allein zu amüsieren.

Ich sagte, sie könne in den Reitclub gehen und ein wenig reiten. Außerdem machte ich ihr den Vorschlag, meine Tante und meine Mutter zu besuchen und ihnen Grüße von mir zu übermitteln. Doch dann fiel mir ein, daß das keine so gute Idee war, denn auf diese Weise würde sich schnell herumsprechen, daß bei der Familie Yagan eine Dame zu Besuch sei, und dann würden alle mehr über sie wissen wollen und darüber, woher sie käme. Und dann wäre die Verbindung nach Kairo bald hergestellt. Da wir nicht wußten, hinter was wir her waren, hielt ich es für das beste, daß möglichst wenig über die ganze Sache bekannt würde. Ich korrigierte mich deshalb und sagte: «Du bist ja ohnehin nicht zum Vergnügen hierhergekommen.»

Ich verbrachte zwei Tage allein in der Umgebung des Hauses. Zuerst fand ich heraus, daß es ein Wohnheim für Medizinstudenten im ersten Studienjahr war. Ich fragte den Hausverwalter, ob dort auch Studenten aus Sivas wohnen würden. Ich hatte den Ort Sivas für meine Anfrage ausgesucht, weil meine Familie dorthin Verbindungen hatte. Wohnte tatsächlich rein zufällig ein Student in dem Heim, der aus Sivas stammte, so wäre die Situation nicht allzu peinlich. Ich war sehr vorsichtig. Der Verwalter meinte, es sei kein Student von dort im Haus, doch es könnte sein, daß ein paar Studenten von anderen Schulen zu Besuch wären, und unter diesen könnte einer aus Sivas sein. Ich sagte ihm, ich würde mich ein wenig in der Gegend umschauen und würde gerne irgendwann im Laufe des Tages noch einmal vorbeischauen, um festzustellen, ob ich etwas von den Studenten erfahren könnte. Vielleicht würde ich ihn auch irgendwann anrufen, falls ihm das recht sei. Der Verwalter hatte nichts dagegen einzuwenden, und so verbrachte ich zwei Tage in diesem Gebäude und in der näheren Umgebung.

Ich hatte über die Marmorplatte nachgedacht, und mir schien, daß es am sinnvollsten wäre, in den Waschräumen und Toiletten mit der Suche zu beginnen. In früheren Zeiten befanden sich in den Waschräumen größerer Häuser Reihen von Wasserhähnen, die in Marmorplatten über den Wasserbecken eingearbeitet waren, so daß viele Menschen gleichzeitig ihre Waschungen vornehmen konnten. Während ich im Haus wartete, in Aufenthaltsräumen herumsaß und Zeitung las, überlegte ich, ob es ein glaubwürdiges Alibi dafür gäbe, wenn ich nach einem Waschraum Ausschau hielte. Ich verbrachte eine Menge Zeit in den Aufenthaltsräumen und traf mit vielen Studenten zusammen, die mich erkannten. Sie unterhielten sich mit mir, und wir spielten manchmal Backgammon, um uns die Zeit zu vertreiben. Zwischendurch entschuldigte ich mich gelegentlich und ging zum Waschraum. Ich sagte, ich hätte zuviel rote Paprika gegessen. Im ganzen Haus hatte man reichlichen Gebrauch von Marmor gemacht. Es war ähnlich wie in unserem eigenen Haus. Doch überall, wo ich Marmor fand, war er völlig flach auf der Wand angebracht.

Im Erdgeschoß fand ich schließlich ein altmodisches türkisches Bad, das nicht mehr benutzt wurde. Die ursprünglichen Duschvorrichtungen waren neu gestaltet und modernisiert worden, und nirgendwo war etwas von dem sonst in türkischen Bädern üblichen Marmor zu sehen. Plötzlich fiel mir ein, daß irgendwo im Hause noch ein weiteres älteres Bad sein könnte. Aber wo? Gewöhnlich werden türkische Bäder von unten beheizt. Sie haben einen Marmorboden, etwa drei Meter hohe Marmorwände, und unter dem Marmorboden befindet sich ein leerer Raum, durch den Leitungen das heiße Wasser direkt aus dem Ofen in das Bad leiten. Wenn ein türkisches Bad in Betrieb ist, wird der Marmorboden sehr heiß, so daß man nur darauf gehen kann, wenn Wasser darüber gegossen wird. War dieser Raum in Betrieb, so war es der wärmste Raum im ganzen Haus. War er hingegen außer Betrieb, so war er wegen der Luftkammer der kühlste Raum des Hauses. Schließlich fand ich diesen ungenutzten Baderaum. Wegen seiner Kühle wurde er als Vorratsraum für Lebensmittel benutzt. Die Tür zu dieser Vorratskammer war ständig abgeschlossen. Wenn ich eine Möglichkeit finden würde hineinzugelangen und man würde mich dabei erwischen, so würde jeder annehmen, ich wolle etwas stehlen.

Ich hatte im gesamten Haus die Räume, in denen Marmor verarbeitet worden war, untersucht, und ich wußte, daß dies der einzige Ort war, der noch in Betracht kam.

Ich machte es mir zur Gewohnheit, bis spät abends in jenem Haus zu bleiben, und ich hatte keinen Mangel an Freunden und Kameraden. Als schließlich jemand aus Sivas auftauchte, war das Problem für mich vollends gelöst. Ich stellte fest, daß dieser Student der Sohn einer Familie war, die ich sehr gut kannte, und ich fragte ihn, wie es der Familie ginge. Der Junge schrieb seinen Eltern, daß ich mich nach ihnen erkundigt hätte, und sie waren sehr erfreut darüber. Alles lief wie gewünscht. Ich blieb bei meiner Gewohnheit, bis spät abends in jenem Wohnheim zu bleiben, einigen der Studenten bei ihren Hausarbeiten zu helfen oder ein wenig Backgammon mit ihnen zu spielen.

Eines Abends war ich noch nach elf Uhr dort. Der folgende Tag war ein Samstag, weshalb die Bewohner des Hauses nicht früh zu Bett zu gehen brauchten. Plötzlich sagte ich: «Ich habe einen Bärenhunger! Laßt uns irgendwo etwas zu essen kaufen.»

«Oh», sagten die Anwesenden, «wir können einen Tee machen.»

«Ich bin aber hungrig», sagte ich. «Ich will keinen Tee.» Sie behaupteten, es sei kein Problem, jemanden zu holen, der den Keller öffnen könne; und dann würden sie Brot, Käse und Halva für uns holen. Ich fand das eine gute Idee und fragte, was für Käsesorten sie im Keller hätten. Sie sagten, es seien viele verschiedene Sorten. Als der Mann mit dem Schlüssel kam, sagte ich, ich wollte gerne mitgehen, um mir einen Käse auszusuchen und damit sie nicht zuviel mitbringen würden. Ich machte mich also mit ihm auf den Weg, und er öffnete mir den Raum, den ich so brennend gerne von innen sehen wollte. Als ich eintrat, bemerkte ich sofort, daß zwei Wasserbecken darin waren, von denen eines wesentlich größer war als das andere. Das größere mußte dasjenige des Paschas gewesen sein. Über diesem Becken befand sich die stark abgeschrägte Marmorplatte. Sie war anders als die übrigen Becken nach außen abgeschrägt, und eine Landschaft war in Form eines Reliefs hineingemeißelt. Ich dachte: «Habe ich dich endlich erwischt, du Teufelsstück! Daß du ausgerechnet hier sein mußt, paßt mir ganz und gar nicht!»

Als ich an jenem Abend nach Hause kam, sagte ich zu Layla: «Jetzt wird es schwierig. Die Platte befindet sich in einem Raum, der ständig verschlossen gehalten wird. Es ist sehr schwer, irgend etwas aus dem Raum zu entfernen. Was für ein blödsinniges Versteck! Wieso war er sich so sicher, daß nichts Unvorhergesehenes mit dem Wasserhahn passieren und daß er nicht entfernt werden würde? Niemand käme auf die Idee, dort etwas zu verstecken.»

Jedesmal wenn ich den Pascha kritisierte, verteidigte Layla ihn und sagte: «Vielleicht hat er nicht vermutet, daß man den Schatz erst nach so langer Zeit suchen würde.»

«Aber er hatte doch noch keine Enkel, als er ihn versteckte», protestierte ich. «Er muß sich darüber klargewesen sein, daß es mindestens fünfundzwanzig Jahre dauern würde.»

Layla versuchte abzuwiegeln und sagte: «Laß uns nicht darüber streiten, sondern überlegen, was wir tun könnten.»

«Ich muß es tun», entgegnete ich, «und ich muß es mit jemand zusammen tun.» Als ich die schwere Marmorplatte gesehen hatte, war mir klargeworden, daß es sehr schwierig werden würde, sie zu entfernen. Ich wußte auch nicht, was ich tun sollte, falls es sich als notwendig erweisen sollte, ein riesiges Loch in die Wand zu schlagen.

«Es gibt nur eine Lösung», sagte Layla. «Wir müssen auf irgendeine Weise einen Aufruhr im Gebäude verursachen. Wir könnten zum Beispiel Feueralarm auslösen.»

«Soll ich vielleicht ein Feuer anzünden, um den Feueralarm auszulösen? Ein ungefährliches, das man leicht löschen kann, und dann die Tür öffnen?»

Ich war sehr verwirrt. So etwas konnte leicht schiefgehen.

Wir dachten ungefähr zwei Tage lang über einen geeigneten Plan nach. Ich erinnere mich nicht mehr genau, aber irgendwann waren wir soweit, daß wir das ganze Vorhaben aufgeben wollten. Doch dann fragte Layla mich, ob ich jemanden kennen würde, dem ich wirklich vertraute und gegen dessen Einschaltung in dieser Sache nichts einzuwenden wäre. Sie gab zu bedenken, daß es für jemanden mit meinem Namen zu gefährlich sei, als Dieb erwischt zu werden. Doch wenn jemand anders dies riskieren würde, könnten wir ihn belohnen, wenn wir den Schatz gefunden hätten. Ich erinnerte mich an zwei junge Männer aus Anatolien, die zu unserem Stamm gehörten. Sie leisteten in Istanbul ihren Militärdienst ab. Ich beschloß, mich mit beiden gleichzeitig in Verbindung zu setzen, damit nicht die Neugier des einen geweckt würde, wenn er erführe, daß *Yagan ipa* (der Sohn von Yagan) den anderen zu sich gerufen hatte. Ich war sehr vorsichtig, deshalb ließ ich beide kommen und erklärte ihnen die Situation. Ich sagte zu ihnen: «Einer von euch wird Wache halten, der andere wird in den

Raum gehen, und ihr müßt beide alles nur Erdenkliche tun, um nicht geschnappt zu werden. Wenn ihr erwischt werdet, wird man euch wegen Diebstahls verurteilen und ins Gefängnis sperren. Wenn das passieren sollte, dürft ihr nichts über euren Auftrag sagen. Wir suchen nach einem Schatz, aber ich glaube, daß ihr dort nur eine weitere Information finden werdet.»

Nachdem wir über den Plan gesprochen hatten, beschlossen wir, daß es kein Einbruch werden sollte, sondern daß ich versuchen wollte, den Schlüssel zu kopieren. Ich war ja in dem Studentenheim mittlerweile ein bekanntes Gesicht. Die beiden willigten in den Plan ein, und es war tatsächlich nicht besonders schwierig, den Schlüssel in die Hand zu bekommen und ein Duplikat davon zu machen. Dieses Duplikat gab ich den beiden.

Wir überlegten uns einen geeigneten Zeitpunkt zur Durchführung der Aktion. Zuerst hatte ich vorgehabt, das Unternehmen aus der Ferne zu beobachten, doch dann beschloß ich, die Einbrecher zu begleiten. Falls wir gestört würden, sollten sie mir Gelegenheit geben, zu entfliehen, um meinen Namen aus der Sache herauszuhalten. Aufgrund ihrer Stammesloyalität willigten die beiden in den Plan ein. Sie wollten mich nötigenfalls decken. Sie waren sich allerdings ziemlich sicher, daß dies gar nicht notwendig sein würde.

Wir gingen also mit unseren Einbrecherwerkzeugen zu dem Haus, drangen in den Vorratsraum ein und stellten fest, daß es sehr leicht war, die Marmorplatte zu lösen. Doch ein großer, mit Blei versiegelter Messingring hielt den Wasserhahn an dem Marmor fest. Als wir das Blei entfernt und das Messing gelöst hatten (es war nicht besonders schwierig, die Scheibe mit einem Messer zu lösen), konnten wir den Hahn entfernen. Hinter dem Wasserhahn befand sich ein Loch, und ich war nicht überrascht, darin nur eine kleine Schachtel zu finden. Ich holte sie heraus, und anschließend brachten wir den Wasserhahn wieder an der ursprünglichen Stelle an und versiegelten den Messingring mit Kerzenwachs, so daß man zumindest von weitem nicht erkennen konnte, daß sich jemand an dem Hahn zu schaffen gemacht hatte. Das Ganze hatte nur etwa eine Stunde gedauert.

Als wir nach Hause zurückkehrten, war Layla noch hellwach und wartete besorgt auf uns. Wir hatten zu Fuß gehen müssen, weil zu dieser Nachtzeit keine öffentlichen Transportmittel mehr verkehrten. Als wir alle versammelt waren, öffnete ich die Schachtel. Sie enthielt nichts weiter als ein Stück Papier, auf dem geschrieben stand: *«Iki koy burnu. Bir icheri iki dishari.»* Auch diese Botschaft war völlig rätselhaft, aber dennoch ein Schock für uns. Wörtlich bedeutete sie: «Zwei Buchten mit einer Landzunge dazwischen. Eins hinein. Zwei heraus.»

Bevor ich den Pascha verwünschen konnte, war Layla mir schon zuvorgekommen und verfluchte ihn mit ziemlich saftigen Ausdrücken. Mir war mittlerweile klargeworden, daß dieser Pascha ein sehr intelligenter und dazu noch äußerst vorsichtiger Mann gewesen sein mußte. Er hatte die Intelligenz desjenigen auf die Probe stellen wollen, der seinen Schatz haben wollte. Er wollte offenbar nicht, daß ein Dummkopf ihn beerbte. Deshalb beeilte ich mich diesmal, sein Vorgehen zu verteidigen, und Layla war sehr verärgert über diese Reaktion. «Das wird ja immer schöner!» rief sie außer sich.

Die beiden jungen Männer, die uns geholfen hatten, waren völlig verblüfft über die Botschaft. Sie sagten: «Wo in Istanbul gibt es einen Ort, an dem eine Landzunge zwischen zwei Buchten liegt? Wie soll man solch einen Ort finden?» Wir besorgten uns also in Buchläden Navigationskarten und andere Karten in großen Maßstäben von der Umgebung Istanbuls. Ich besuchte das Stadtmuseum, um mir dort historische Karten von den Buchten Istanbuls anzuschauen, angefangen von solchen aus byzantinischer Zeit bis zu den heutigen. Wieder war ich verblüfft über die Intelligenz des Paschas, denn als wir endlich die einzige Stelle gefunden hatten, auf welche die Beschreibung unserer Botschaft paßte, wurde sofort klar, daß es für jemanden, der sorgfältig vorging, gar keine andere Möglichkeit hätte geben können. Indem wir alle uns zur Verfügung stehenden Angaben sorgfältig überdachten und uns strikt an die Beschreibung hielten, gelangten wir genau zu dem Ort, den wir nach seinem Willen finden sollten. Wir stellten fest, daß die einzige Stelle, wo eine Landzunge zwischen zwei Buchten lag, ein Ort namens Modaburnu war, der ganz in der Nähe von Istanbul liegt. An früherer Stelle habe ich den Haydar-Pascha-Bahnhof erwähnt, in dem alle Züge aus dem Irak, aus Syrien und aus dem Süden enden. Der Ort, den wir schließlich fanden, lag ganz in der Nähe dieses Bahnhofs.

Die beiden jungen Kaukasier waren sehr eifrig bemüht, uns zu helfen, doch manchmal war dies nicht unproblematisch. Sie machten sich sehr nützlich, und sie waren auch sehr kaltblütig und extrem schlaue Diebe. Problematisch war jedoch, daß sie Türkisch mit einem so starken und unverstellbar fremdländischen Akzent sprachen, daß sie sehr leicht zu identifizieren waren. Meistens waren sie zu faul, um überhaupt Türkisch zu sprechen. Sie fingen dann plötzlich an, sich miteinander auf Abchasisch zu unterhalten, bis ich sie heimlich anstieß und «Sch...!» machte. Wenn irgend jemand gehört haben würde, daß sie Abchasisch sprachen, hätte er gewußt, daß sie aus Uzunyayla stammten und daß sie Kaukasier waren. Wir mußten bei diesem ganzen Unternehmen mit größter Diskretion vorgehen.

Layla und ich beschlossen, Modaburnu einen Besuch abzustatten und uns dort umzuschauen. Die Stadt hatte einen hübschen Park, wo man promenieren und Picknicks abhalten konnte. Dieser Park war übrigens die Landzunge zwischen den beiden Buchten. Wir sahen die beiden Buchten, die Kadikoy-Bucht und die Moda-Bucht, und dazwischen die Landzunge von Moda. Doch nun standen wir vor dem merkwürdigen «Eins hinein. Zwei heraus.» Wir suchten die ganze Gegend ab, doch entdeckten wir nichts, was besonders herausstach und uns bei der Lösung unseres Rätsels geholfen hätte. Das einzige auffällige Objekt im Park war ein Leuchtturm, der am äußersten Punkt der Landzunge stand. Wir kamen zu der Überzeugung, daß er etwas mit unserer Botschaft zu tun haben müsse. Es war der einzige erkennbare Ausgangspunkt für unsere Suche. Wir hatten zwar keine besonders starken oder besonders sicheren Intuitionen in bezug auf diesen Turm, doch schien einfach nichts anderes von Bedeutung zu existieren.

Ich hatte zuerst gehofft, irgendwo ins Wasser führende Stufen zu finden, an denen Boote anlegen konnten, wie man es um das Marmara-Meer herum häufig findet, weil es am Ufer dieses Meeres keine Gezeiten gibt, weil die Küste befestigt ist und es viele tiefe Liegeplätze gibt. Dies hätte ich für einen günstigen Ort gehalten, um nach einem Hinweis zu suchen; doch die Küstenlinie in der Umgebung des Parks war felsig.

Der Leuchtturm war eine sehr einfache Konstruktion, wie ein großes konisches WC-Häuschen. Die Tür war offen. Im Inneren fanden wir nichts, was uns irgendeinen Hinweis geliefert hätte. Ich war mir sicher, daß wir eine beträchtliche Zeit damit verbringen müßten, uns auf unser Vorhaben zu konzentrieren und uns gleichzeitig den Schwingungen dieses Ortes zu öffnen. Auf diese Weise würden wir vielleicht zu einer Intuition kommen. Es war wieder einmal eine Situation, in der wir uns entspannt konzentrieren und dann auf das Auftauchen einer intuitiven Einsicht warten mußten. Layla war überzeugt davon, daß ich eine Art Magier sei, und was auch immer ich sagen mochte, hatte für sie stets noch andere Implikationen als die offensichtlichen. Ich sagte, wir hätten keinerlei Grund, in Panik zu geraten, und wir müßten einfach warten. Sie antwortete: «Ganz wie du meinst.»

Als ich ihr mitteilte: «Ich werde die Nacht hier im Leuchtturm verbringen», antwortete sie, sie würde mit mir zusammen dort bleiben und es sei zwecklos, wenn ich versuchen würde, sie davon abzubringen.

Nun, wir verbrachten eine sehr interessante Nacht in jenem Leuchtturm: Wir hörten den Liebespärchen draußen im Park zu. In der Dunkelheit kamen Teenager und junge Paare in den Park, lehnten sich gegen die Felsen und hatten offenbar ihren Spaß. Oft konnten wir nur mit Mühe unser Lachen unterdrücken, und es war unmöglich, sich in dieser Situation auf irgend etwas zu konzentrieren. Es gab einfach zu viele Ablenkungen.

Wir mußten am Morgen nach Hause zurückkehren und beschlossen, es in einer Nacht während der Woche noch einmal zu versuchen. Ein paar Tage später kamen wir zurück und verbrachten erneut die ganze Nacht im Leuchtturm. Layla schlief ziemlich fest auf dem harten Boden, und auch ich schlief gelegentlich etwas, doch am Morgen weckte mich das erste Tageslicht auf. Ich lag auf dem Rücken an der Wand des Gebäudes, und plötzlich sah ich, wie die ersten Strahlen der Sonne die Öffnungen über meinem Kopf trafen. Ich schaute auf und bemerkte ein Spinnennetz, und meine Aufmerksamkeit war von der Größe des Netzes gefesselt. Während ich mir dieses Netz ansah, wurde ich mir auch der Lampe bewußt. Sie war aus Kristalltropfen zusammengesetzt, die auf verschiedenen Ebenen angebracht waren. Zum erstenmal hatte ich nun etwas gefunden, das man auf sinnvolle Weise zählen konnte. Mich packte das Entdeckerfieber, und ich weckte Layla. Es dauerte eine oder zwei Minuten, bis sie wach war. Dann umarmte sie mich und fragte, ob etwas passiert sei. «Schau dir die Kristalle in dem Leuchter an.» Es waren ziemlich große Kristalle, und die Lampe war eine Karbidlampe, die mit einer Fernbedienung versehen war. Wenn die Lampe eingeschaltet war, wurde ihr Licht von den Kristallen reflektiert.

«Man kann diese Kristalle zählen, nicht wahr?» Layla stimmte mir zu. «Kannst du irgend etwas erkennen, das man mit ‹eins hinein und zwei heraus› in Verbindung bringen könnte?» fragte ich sie.

Ohne auch nur einen Augenblick zu zögern, sagte sie: «Natürlich. Wenn man in das Zentrum der Lampe eindringen will, muß man an einem Kristall vorbei, um hineinzukommen, jedoch muß man zwei Kristallstücke passieren, um wieder hinauszugelangen. In der Mitte des Lichts befindet sich ein Kern.»

«Ich muß hinaufklettern und nachprüfen, ob du recht hast», sagte ich. Es war nicht besonders hoch, aber es gab nichts, woran man hätte hinaufklettern können. «Nein, besser du stellst dich auf meine Schultern und gehst von da der Sache nach», korrigierte ich mich.

Sie protestierte. «Ich habe nicht genügend Kraft in meinen Armen, um mich hochzuziehen. Es wäre besser, wenn ich dich hochhebe, denn du kannst dich weiter hochziehen.» Wir diskutierten einige Zeit über die beste Vorgehensweise, und schließlich fanden wir eine Möglichkeit. Ich kletterte hoch und tastete die Kristalle in der Lampe ab. Tatsächlich fand ich etwas. Es war ein hölzernes Kästchen aus einem ganz besonders harten Holz, das auf Türkisch *Shimshir* heißt. Dieses Holz wird im gesamten Mittleren Osten von Juden und Moslems benutzt, um Behältnisse für Salböl daraus herzustellen. Mit dem Öl salbt man sich beim Gebet. Das Kästchen war um den Deckel herum mit Siegelwachs versiegelt. Ich nahm es vorsichtig mit nach unten und fragte Layla, ob wir es an Ort und Stelle öffnen sollten. «Es könnte jemand kommen», sagte sie, «es wird schon spät. (Es war ungefähr 4.30 Uhr morgens.) Laß uns besser nach Hause gehen.»

Wir machten uns also auf den Heimweg. Ich steckte den kleinen Behälter in meine Tasche, und Layla griff immer wieder mit ihrer Hand in die Tasche und streichelte ihn. «Was glaubst du, was wir darin finden werden?» fragte ich sie. «Einen Schatz, einen Diamanten, eine Perle? Welcher Gegenstand von großem Wert könnte in diesem kleinen Behälter sein?» Layla kicherte nur, und in dieser fröhlichen Stimmung legten wir den Weg nach Hause zurück.

Als wir dort waren, stellte ich das Kästchen auf den Tisch. Wir wollten mit dem Öffnen warten, bis wir Tee gemacht hätten. Dann wollte ich mich erst rasieren, und anschließend mußten wir noch frühstükken. So ließen wir zwei Stunden vergehen, bis wir den Deckel schließlich entfernten, denn wir wußten ohnehin, was wir darin finden würden. Wir würden wieder an einen anderen Ort geschickt werden.

Tatsächlich lag die unvermeidliche Botschaft darin, die diesmal lautete: *«Dokuzunju bogum rakse ahenin.»* Übersetzt heißt das: «Neunte Unterteilung, eisernes Pendel». Layla war so verärgert und entrüstet, daß sie sich auf den Fußboden und flach auf den Rücken fallen ließ. Einen Augenblick lang dachte ich, sie sei ohnmächtig geworden.

«Liebes, steh auf», sagte ich. «Hast du etwas anderes erwartet? Was hast du in einem kleinen Ölkästchen erhofft, das einmal einem bigotten Kerl gehörte? Eine wertvolle Perle hätte er niemals in dieses Kästchen gelegt. Du mußtest auf so etwas gefaßt sein.»

«Warum hat er das Kästchen denn an diese Stelle getan?» protestierte sie.

«Das weiß ich auch nicht», sagte ich, «aber diese Information muß für ihn so wichtig gewesen sein wie eine Perle. Wahrscheinlich hat er es getan, als er krank war, vielleicht unter dem Einfluß eines Fiebers. Was ist nun diese ‹neunte Unterteilung›? Wo könnte sie sein?»

«Ich weiß es», sagte sie. «Sie befindet sich genau an der gleichen Stelle. Sonst hätte die Botschaft anders gelautet. Da wir den vorherigen Hinweis dort gefunden haben, muß sich diese neunte Unterteilung im Leuchtturm befinden, und es muß dort auch ein eisernes Pendel geben.» Sie dachte ein wenig nach und sagte dann: «Vielleicht ist es die Wetterfahne, die auf der Spitze des Leuchtturms angebracht ist – dort war ein Wetterhahn, der sich mit dem Wind drehte. Erinnerst du dich daran? Es muß dort irgend etwas geben, das baumelt!»

Wir beschlossen, zu dem Park zurückzukehren, doch vorher duschten wir und versuchten, uns ein wenig zu erfrischen. Layla hatte länger geschlafen als ich, und sie war bereit, sich gleich wieder auf den Weg zu machen. Der Wetterhahn war, wie sich bald herausstellte, nicht die Lösung. Er drehte sich schwerfällig im wechselnden Wind, und wir konnten kein eisernes Pendel entdecken. Im Inneren des Leuchtturms war ebenfalls kein Pendel zu finden. Ich ging auf den der Sonne zugewandten Abhang der Landzunge, schaute geistesabwesend zum Museum von Topkapisaray hinüber und dachte nach. Layla kam hinter mir her. «Hast du aufgegeben?» fragte sie mich.

«Nein», erwiderte ich, «wir werden nicht aufgeben, aber ich werde vielleicht warten, bis sich die richtigen Schwingungen einstellen.» Mir fiel auf, daß auf der Landzunge viele uralte Olivenbäume standen. Einige mußten fünfhundert Jahre alt sein; sie hatten sehr merkwürdige und häßliche Formen angenommen. Diese Bäume schienen ewig zu leben.

Während ich auf die Bäume starrte, bemerkte ich, daß ihr Astwerk unzählige Unterteilungen aufwies, und mir kam der Gedanke, daß dies vielleicht die Antwort auf das Rätsel der neunten Unterteilung war. Vielleicht hing das eiserne Pendel irgendwo in der neunten Verästelung eines Baumes. Insgesamt waren es etwa neunzig Olivenbäume, von denen einige zwölf Verästelungen aufwiesen, andere sechzehn und einige nur drei. Wir mußten also herausfinden, welche Bäume neun Verästelungen hatten.

Damit verbrachten wir den ganzen Tag. Wir hatten zum Suchen ungefähr neun Stunden Tageslicht zur Verfügung, und wir waren ziemlich mutlos, insbesondere ich. Diesmal war es Layla, die versuchte, uns bei guter Laune zu halten. «Wir sollten abwarten, was sich von selbst offenbart», meinte sie. Ich hielt es für wichtig, daß wir uns nicht zu sehr auf unser Ziel fixierten, und schlug deshalb vor, wir sollten uns vielleicht irgendwo einen Cowboyfilm anschauen oder ins Theater gehen. Oder wir könnten ein Boot mieten und fischen – obwohl wir beide keine Ahnung hatten, wie man einen Fisch fängt. Ich hätte gerne ein wenig Zeit am Meer verbracht, doch Layla wollte lieber zum Pferderennen gehen, und so taten wir dies schließlich. Sie gewann beim Wetten 24 türkische Lira, und ich traf Hunderte von Bekannten. Ich schaute sie an und sagte: «Das ist ja eine schöne Bescherung! Was sollen wir jetzt tun? Jetzt weiß jeder, daß ich eine neue Freundin habe, die keiner hier kennt und die zu keinem dieser Clubs gehört. Eine geheimnisvolle Fremde. Es ist nicht gut, daß wir hier sind. Du hast gesagt, du wolltest, daß ich dich allen vorstelle.»

Layla machte die Situation nicht das geringste aus, und sie bat mich, sie trotz meiner Bedenken meinen Bekannten vorzustellen. Also neckte ich sie, indem ich sie vorstellte als «Layla, die ich auf der Straße aufgelesen habe» oder als «Layla aus Kairo» oder «Layla, die ich im Zug kennengelernt habe» oder «Layla, meine Freundin». Sie wurde allmählich wütend und beklagte sich über mein ungehöriges Verhalten; schließlich sei sie zwei Jahre älter als ich. Ob ich das vergessen hätte, und ob ich denn gar keinen Respekt hätte? Wir gingen mittlerweile schon ein wenig zu informell miteinander um, und bald waren wir beide sehr schlechter Laune und nicht mehr in der Lage, kooperativ zusammenzuarbeiten. Nach allem, was wir gemeinsam erlebt hatten, fühlte ich mich ziemlich niedergeschlagen. Ich war dabei, die Hoffnung zu verlieren. So verging der Tag.

Am nächsten Morgen fiel mir die Antwort beim Rasieren ein, und ich fing an zu singen. Layla kam ins Bad und sagte, ich schiene ja wohl sehr gut gelaunt zu sein. Ich antwortete: «Ich habe die Antwort auf unser Rätsel gefunden.»

Sie wollte es nicht glauben. «Wenn du die Antwort wüßtest, wärest du nicht ins Bad gegangen, um dich zu rasieren, ohne es mir vorher gesagt zu haben», beklagte sie sich. Ich war mir sicher, daß ich die richtige Lösung gefunden hatte, und schlug vor, daß wir noch einmal zu dem Leuchtturm gehen sollten. Dort wollte ich wieder zu der Stelle hinaufklettern, wo ich das Holzkästchen gefunden hatte. Ich glaubte, wenn wir aus einer der Öffnungen schauen würden, die sich meiner Meinung nach dort oben befinden mußten, so würde es nur eine einzige Möglichkeit geben, durch sie hindurchzuschauen.

«Woher weißt du das?» fragte sie.

«Ich weiß es eben», antwortete ich. Daraufhin wollte sie sofort aufbrechen, doch ich sagte ihr, ich hätte einer Freundin versprochen, den Tag mit ihr zu verbringen, und ich wollte diese Verabredung einhalten. Layla war sehr enttäuscht und versuchte mich zu überreden, die Verabredung zu verschieben oder mit meiner Freundin nur zu Mittag zu essen und dann wieder zu gehen.

Doch ich war fest entschlossen, bei meinem Vorhaben zu bleiben. «Nein», sagte ich, «das kann ich nicht machen. Sie ist meine Freundin und möchte mit mir zusammensein. Ich möchte den ganzen Tag mit ihr verbringen, nicht nur guten Morgen sagen und ‹Wie geht es dir› und ‹Danke für den Lunch›. Ich möchte den ganzen Tag mit ihr verbringen, und ich werde das auch tun. Siehst du denn nicht, wie sorgfältig ich mich rasiere?»

Layla begriff nun, daß ich nicht umzustimmen war, und fügte sich. «Also gut», sagte sie. «Dann gehen wir morgen und schauen, was bei dem eisernen Pendel zu finden ist. Ich selbst werde heute gar nichts tun. Ich werde nicht einmal mein Haar kämmen oder mich waschen. Ich werde in diesem großen Haus herumschnüffeln und jede Ecke darin erkunden. Vielleicht lese ich ein bißchen, wenn mir danach ist, aber ich werde mir in jedem Fall einen sehr faulen Tag machen.» Ich verabschiedete mich von ihr und machte mich auf den Weg zu meiner Verabredung. Irgendwann nach Mitternacht kehrte ich zurück.

Am folgenden Tag gingen wir wieder zum Leuchtturm. Da wir nun wußten, wie man innen hochklettern konnte, dauerte es nicht lange, bis wir festgestellt hatten, daß nur ein einziges Loch hoch oben in der Mauer war. Man konnte aus dem Inneren nur in diese eine Richtung schauen. Und als ich durch diese Öffnung schaute, sah ich ungefähr zwei Meter entfernt an einem Olivenbaum einen Gegenstand aus Eisen baumeln. Das mußte das eiserne Pendel sein. Wenn ich meine Hand durch diese Öffnung hätte stecken können, hätte ich das Pendel erreichen und in die Hand nehmen können. Ich stieg mit ruhigem und sehr ernstem Gesicht hinab. Layla war verstört.

«Was ist passiert?» fragte sie. «Ist es dort?»

Ich war völlig ausdruckslos. «Ja, es ist da», antwortete ich, «direkt an der Außenmauer.»

Sie war äußerst verwirrt. «Warum bist du so gleichgültig? Was paßt dir nicht? Warum freust du dich nicht über deine Entdeckung?»

Ich zuckte die Schultern und sagte: «Ich verspreche mir nicht viel von diesen Entdeckungen. Wenn wir das Pendel abhängen, werden wir wieder irgendeine Information finden, und Gott weiß, was das wieder sein wird.»

Layla wollte sich nicht entmutigen lassen. «Wir kommen Schritt für Schritt weiter, und wir tun Schritt für Schritt, was wir für richtig halten – und dieser Schritt hat zu einem positiven Ergebnis geführt. Ich verstehe dich nicht.»

«Versuch es erst gar nicht», entgegnete ich, «ich fühle mich einfach so.»

Als ich aus dem Leuchtturm kam, klopfte ich mir sehr bedächtig den Staub aus den Kleidern, und meine Bedächtigkeit löste bei Layla einen Angstanfall aus. «Um Gottes willen», weinte sie, «was wirst du jetzt tun?»

Ich blieb sehr ruhig, ging zu dem Olivenbaum und schaute sie an. «Ich werde auf diesen Baum klettern und das verdammte Pendel herunterholen, und dann werden wir es öffnen und schauen, was als nächstes geschehen muß.»

«Okay», sagte sie, «nimm dir Zeit.»

Ich schaute in den Baum hinauf und fragte sie, ob sie das Pendel an einem Zweig hängen sähe. Sie antwortete, sie sähe es nicht. Daraufhin sagte ich, sie solle ihre Wange an meine schmiegen, und was ich dann mit meinem linken Auge sähe, würde sie mit ihrem rechten Auge sehen. Sie versuchte dies, und zuerst konnte sie nichts erkennen. Doch nachdem wir uns eine Weile so umherbewegt hatten, entdeckte sie das Pendel. Ich kletterte auf den Baum, und als ich das Pendel mit herunterbrachte, merkte ich, daß es nur so groß wie eine Streichholzschachtel war, vielleicht sogar kleiner. Das Pendel hing an einem Eisenstab, der ungefähr drei Millimeter dick war, und das Ganze war mit Draht am Baum befestigt. Ich versuchte herauszufinden, wo man die Schachtel öffnen könnte, doch sie war verlötet. Um das Pendel zu öffnen, würden wir es aufbrechen müssen. Ich zerdrückte es, und wir fanden wie erwartet ein Stück Papier darin.

Layla war enttäuscht, daß wir nicht nach Hause gegangen waren, um das Pendel zu öffnen, und daß wir nicht auch diesmal alles wieder genauso feierlich machten. Doch ich sagte ihr, ich hätte meinen Enthusiasmus verloren, und wenn jemand zu uns käme und uns fragen würde, was wir da täten, würde ich ihm die ganze Geschichte erzählen.

«Mir war die Art, wie es vorher war, lieber», sagte sie zu mir.

«Tut mir leid», entgegnete ich, «aber das hier ist meine Art. Tu, was du für richtig hältst.»

Sie nahm meinen Arm, schmiegte ihn an ihren Körper und lächelte. «Okay», sagte sie, «laß uns gehen.» Wir kehrten nach Hause zurück, und unterwegs sagte ich ihr, was ich auf der Botschaft gelesen hatte. Das Stück Papier war diesmal größer als vorher, und es stand ein vollständiger Satz darauf geschrieben. Er lautete: *«Akdeniz kabusu orta tashi kaldiriniz.»* Das bedeutet «Mittelmeerstrand-Tor, hebe den mittleren Stein.»

«Wir kennen jetzt den Ort. Wir haben am Haus deines Großvaters angefangen, und nun kehren wir dorthin zurück. Die erste Information lag dort unter der Marmorplatte, und der Schatz liegt nun unter der Schwelle des Tors, das dem Mittelmeer zugewandt ist. Statt Süden zu sagen, sagte er Mittelmeer. Aber ist es nun der Stein auf der Schwelle oder der Stein im Torbogen?» Ich erinnerte mich daran, daß dort überall Steine herumlagen, die sogar als Pflaster benutzt wurden. Unter den schweren Toren hatte man eine Schwelle gelegt, und wir würden den mittleren Stein aus dieser Schwelle herausnehmen müssen. Wahrscheinlich wog er um die hundert Pfund. Ich war mir sicher, daß wir den Schatz diesmal finden würden.

Ich ließ die beiden jungen Abchasen wieder rufen und sagte zu Layla: «Wenn wir den Schatz finden, brauchst du mir nichts davon zu geben, aber ich möchte, daß du diesen beiden Jungen einen Anteil abgibst.» Sie diskutierte mit mir, weil sie mir auch etwas geben wollte, doch sie merkte schnell, wie ernst es mir mit meinem Entschluß war.

Ich war so sehr davon überzeugt, daß der Schatz dort sein mußte, daß mein Geist schon völlig mit dem Problem beschäftigt war, wie man den schweren Stein entfernen könnte, um an den Schatz heranzukommen. Wir verbrachten mehr als eine Woche damit, dieses Problem zu lösen. Wir waren zum Haus des Großvaters gegangen, um uns das Tor genau anzuschauen, und hatten herausgefunden, daß die schweren, großen Steine auf dem Boden lagen und daß die Schwelle aus acht kleineren Steinen gemacht war, die sehr fein behauen waren. Es war uns völlig klar, daß unter diesen kleinen Steinen nichts versteckt sein könnte. Es war einfach nicht genügend Raum da. Wenn irgendwo etwas versteckt war, so mußte es im Boden liegen, doch das erschien unmöglich. Der Torbogen bestand aus drei Steinen, doch wenn der Schatz hinter dem mittleren Stein des Bogens versteckt war, wie hätte man ihn dann wieder einsetzen können? Das wäre viel zu offensichtlich gewesen.

Einer der beiden Jungen sagte, nachdem er das Tor eingehend betrachtet hatte, das Tor sei vor langer Zeit erbaut worden. Und wenn ein Stein unter der Schwelle herausgehoben worden sei, um einen Schatz darunter zu legen, so sei vielleicht ein dünnerer Stein darübergelegt worden, um mehr Raum für den Schatz zu schaffen. Wenn dies so gewesen sei, so wäre der Stein mindestens schon einmal herausgenommen worden und müsse sich deshalb relativ leicht entfernen lassen. Ich versuchte, mir dies vorzustellen. Selbst wenn es vergleichsweise leicht wäre, den Stein zu bewegen, müßten wir in jedem Fall Hebel und Brecheisen benutzen. Außerdem würde jeder Versuch, den Stein zu heben, einen gewissen Lärm verursachen. Das Tor lag im Lichtschein der Straßenbeleuchtung, und bei jedem Hammerschlag, den wir tun würden, um unser Brecheisen anzusetzen, würden sofort hundert neugierige Köpfe an den Fenstern der umliegenden Häuser erscheinen. Ein unlösbares Problem! Wir waren völlig ratlos. Schließlich fanden wir doch eine Lösung.

Der 30. August war mittlerweile nicht mehr fern. An diesem Tag fand jährlich ein großes Fest zum Gedenken an den Jahrestag eines großen Sieges im Unabhängigkeitskrieg statt. Dieser Krieg war dem Ersten Weltkrieg gefolgt, und der Sieg war im Krieg zwischen den Türken und den angreifenden griechischen Invasoren errungen worden.

An diesem Tag betrinken sich alle Einwohner Istanbuls und gehen auf die Straße, und es wird ein Salut von 21 Schüssen und ein weiterer von 101 Schüssen abgefeuert. Gewöhnlich finden auch Paraden statt und alle möglichen Veranstaltungen, und während dieser Festlichkeiten gerät so ziemlich alles aus den Fugen.

Während des ganzen Tages und der ganzen Nacht erfaßt ein riesiger Rummel die Stadt. (Heute wird dieser Tag nicht mehr so ausgiebig gefeiert. Wir werden heute solchen Festtagen gegenüber immer gleichgültiger.)

Dieser Feiertag erschien uns als der geeignete Zeitpunkt für unser Vorhaben. Deshalb beschlossen wir, den Schatz an diesem Tag auszugraben. Anschließend überlegten wir, wie wir dies anstellen wollten. Das Wo und das Wann hatten wir geklärt. Einer der beiden Jungen war landwirtschaftlicher Maschinist. Er hatte die Idee, daß er und sein Kumpan sich als städtische Arbeiter verkleiden und im Hof des Anwesens eine riesige Grube graben wollten, als suchten sie ein Leck in der Rohrleitung, um es zu reparieren. Sie wollten die Erde und die Steine zu einem großen Haufen aufschichten und eine Schweißmaschine mitbringen, die sie unter einem Arbeitszelt verbergen wollten. Darunter könnten sie dann alles tun, was notwendig war.

«Und was passiert, wenn jemand bei der Stadt anruft und sich erkundigt, was für eine Arbeit da an einem Staatsfeiertag unbedingt erledigt werden müsse?» fragte ich.

Er antwortete: «Am 30. August wird niemand im Rathaus einen Telefonanruf annehmen, außer in ganz außergewöhnlichen Notfällen. Wenn jemand die Stadtverwaltung anruft, wird er keine Antwort bekommen.»

«Aber für Notfälle muß es doch ein Nottelefon geben», gab ich zu bedenken.

«Wir werden es einfach darauf ankommen lassen», antwortete er.

Alles wurde organisiert. Wir beschafften uns die Kleidung der städtischen Arbeiter, indem wir den Lieferanten für die städtischen Uniformen ermittelten. Wir suchten ihn auf und sagten, wir müßten die Arbeitsuniformen für zwei städtische Arbeiter ersetzen, und wir würden den Preis dafür bezahlen, den die Stadt gewöhnlich zahle. Wir gaben an, wir hätten die Uniformen beschädigt. Auf diese Weise bekamen wir sie.

Am 30. August irgendwann gegen 16.30 Uhr gingen die beiden Jungen zum ehemaligen Haus des Paschas, richteten die Baustelle ein und gruben das Loch. Gleichzeitig gruben sie den mittleren Stein unter der Schwelle des Tores aus und fanden dort einen ziemlich großen Kasten. Sie beendeten ihre Arbeit gegen 20.00 Uhr und kehrten zu unserem Haus zurück, wo Layla und ich auf sie warteten. Am nächsten Tag ging ich noch einmal zu dem Fundort, um mich zu vergewissern, daß die beiden wirklich alles wieder in Ordnung gebracht hatten. Tatsächlich war kaum noch zu sehen, daß dort gearbeitet worden war. Außerdem hatten sich offenbar später an jenem Abend einige Betrunkene an dem Tor übergeben, was noch dazu beitrug, zu vertuschen, daß dort ein Loch ausgehoben worden war.

Damit war die Schatzsuche zu Ende. Rückblickend schätze ich, daß Laylas Schatz mindestens zwei Millionen Dollar wert war, vielleicht sogar mehr. Ein paar Juwelen behielt sie, doch den Rest des Schatzes verkaufte sie. Sie führte diesen Verkauf mit Hilfe unseres Familienjuweliers durch. Den beiden Jungen gab sie eine ansehnliche Summe. Zuerst wollten sie gar nichts für ihre Hilfe nehmen, doch als ich ihnen sagte, das sei völlig in Ordnung, nahmen sie das Geschenk an. Als wir den Schatz endlich hatten, bestand Layla darauf, die Unkosten, die ich wegen der Suche gehabt hätte, zu bezahlen. So zwang sie mir schließlich gegen meinen Willen eine Summe auf, die die Kosten einer mehrjährigen Suche gedeckt hätte.

Ich brachte Layla zum Flughafen in Yeshilkoy, auf dem Rückweg blieb ich eine Weile in meinem Club und kam erst nach dem Abendessen wieder nach Hause. Zu meiner Überraschung fand ich dort Layla vor. Ich wußte, daß sie ihre finanziellen Transaktionen über die Ottomanen-Bank erledigt hatte und daß diese Dinge in guten Händen waren. Deshalb konnte ich mir nicht vorstellen, weshalb sie zurückgekehrt sein mochte.

«Was ist los?» fragte ich.

«Ich bin zurückgekommen», sagte sie, «und ich werde erst übermorgen oder vielleicht sogar noch einen oder zwei Tage später aufbrechen.»

«Warum?» fragte ich weiter.

Sie sagte: «Weißt du, ich bin so lange Zeit bei dir gewesen, und du warst ein guter Freund, und ich fahre heim, ohne mit dir auch nur einmal geschlafen zu haben. Warum sollten wir einander nicht ein bißchen besser kennenlernen. Ich bin keine Jungfrau. Ich bin eine freie Frau.»

Auch dieses Erlebnis werde ich nie vergessen.

Layla heiratete einen ägyptischen Diplomaten. Im Jahre 1958 traf ich sie rein zufällig wieder. Sie war mit ihrem Mann vor dem Hilton-Hotel in der Nähe des Taksim-Platzes in ein Taxi gestiegen und hatte mich vom Taxi aus die Straße überqueren sehen. Sie öffnete die Tür des Taxis, rief: «Murat!» und lief hinter mir her. Es war ein sehr herzliches Treffen, und wir verbrachten gemeinsam mit ihrem Mann einige sehr schöne Tage.

6

Meine Ehe mit Maisie

Im Herbst des Jahres 1943, nachdem Layla wieder nach Kairo abgereist und die Episode der Schatzsuche vorüber war, setzte ich mein Medizinstudium fort. Ich hätte für mein Arztexamen noch zwei Jahre studieren müssen, doch brach ich das Studium im folgenden Winter aufgrund einer merkwürdigen Geschichte ab, die mit einer Assistentin des Instituts für Biochemie der Universität Istanbul zusammenhing. Diese Frau hatte mich gebeten, ihr Eintrittskarten für den jährlichen Ball der Kaukasier zu beschaffen. Als ich mich weigerte, ihr diesen Gefallen zu tun, versah sie alle meine Laboruntersuchungen mit schlechten Noten. Daß sie dies getan hatte, wurde mir erst beim mündlichen Morphologie-Examen klar. Professor Havrovich prüfte mich unverhältnismäßig streng und stellte mir Fragen, die nicht zum Lehrstoff gehörten. Ich war mir sicher, daß meine Antworten gut waren. Professor Havrovich war Deutscher, doch er sprach Französisch, und ich legte mein Examen in französischer Sprache ab, während die übrigen Studenten, die in Türkisch geprüft wurden, einen Übersetzer zu Hilfe nehmen mußten. Doch obwohl ich gute Antworten gab, prüfte der Professor immer weiter.

Schließlich stellte er mir eine Frage, von der ich mir sicher war, daß er sie in einem Morphologie-Examen nicht hätte stellen dürfen. Sie bezog sich auf die Muttermilch und auf Veränderungen, die bei wiederholter Schwangerschaft in der Zusammensetzung menschlicher Milch vorkommen können, während die Frau ihr Baby noch säugt. Es gibt tatsächlich eine solche Veränderung, doch gehörte dieses Thema nicht zum Stoff eines Morphologie-Examens, sondern es gehörte ebenso wie andere Spezialfälle dem Bereich der Pathologie an. Also fragte ich ihn: «Warum werde ich bei dieser Prüfung so sehr unter Druck gesetzt?»

Er antwortete: «Es tut mir leid, ich sehe, daß Sie Ihren Stoff sehr gut beherrschen. Sie haben sehr fleißig studiert, und ich wünschte mir, daß Sie dieses Examen bestehen. Ich darf Sie aber in Anbetracht der Ergebnisse Ihrer Laboruntersuchungen nicht bestehen lassen. Ich weiß nicht, was ich tun soll!»

Dies war die letzte Prüfung im Examen. Ich hatte viertausend Seiten Stoff für die Anatomieprüfung gelernt und sie bestanden; für Physiologie hatte ich zweitausend Seiten gelernt und bestanden und für Histologie ebenfalls zweitausend Seiten und auch diese Prüfung bestanden. Biochemie galt als eines der unwichtigeren Fächer. Das Buch für Biochemie umfaßte nur zweihundertvierzig Seiten, und die Prüfung basierte hauptsächlich auf Laboruntersuchungen. «Was ist denn mit meinen Untersuchungen schiefgegangen?» fragte ich.

«Sie haben für alle Untersuchungen schlechte Noten bekommen», sagte er.

«Aber ich habe doch kein einziges negatives Ergebnis gehabt», protestierte ich. Er entgegnete, die negativen Ergebnisse stünden nun einmal im Protokoll. Die gesamte Unterhaltung hatten wir in Französisch geführt, so daß die anwesende Assistentin nicht verstand, worüber wir sprachen. Der Professor ließ einen Dolmetscher rufen und befragte das Mädchen. Sie war mit einem meiner Freunde vom Lyzeum von Galatasaray befreundet, wäre aber lieber mit mir ausgegangen. Weil mein Freund sie liebte, wollte ich mit der ganzen Angelegenheit nichts zu tun haben. Deshalb hatte ich ihr keine Eintrittskarten für den Ball gegeben. Als der Professor sie befragte, überflog ein teuflisches Lächeln ihr Gesicht, und sie sagte: «Nun, das ist nun einmal das Ergebnis. Ich habe nur aufgeschrieben, was ich mit eigenen Augen gesehen habe.» Noch einmal erfaßte jenes Lächeln ihr Gesicht, und diesmal schaute sie mich an, und ich begriff sofort.

Ich konnte meine Wut ihr gegenüber nicht zum Ausdruck bringen, weil sie eine Frau war, aber ich verlor die Fassung. Das bemerkte ein anderer, männlicher Assistent und wurde dadurch alarmiert. Er sprang zwischen mich und die Assistentin, um zu intervenieren, denn er glaubte, ich wollte ihr etwas Schreckliches antun, und er kam auf mich zu, als wollte er mich mit seiner Brust wegstoßen. Als ich diesen

Mann vor mir stehen sah, wurde ich zu einem wilden Tier. Obwohl er ziemlich groß war, ergriff ich einen in der Nähe stehenden Stuhl und schlug ihn so heftig auf seinen Kopf, daß der Kopf zwischen den Stuhlbeinen steckenblieb und es nur unter großen Schwierigkeiten gelang, ihn wieder aus seinem Gefängnis zu befreien. Ich verlor völlig die Kontrolle und fing an, um mich zu treten und zu schlagen. Später erfuhr ich, ich hätte bei diesem Wutausbruch meinem Gegner einige Rippen gebrochen. Ich bin eine Kämpfernatur, und ich war ja auch zum Kämpfer ausgebildet worden. Ich wurde sehr gefährlich. Die ganze Universität war in kürzester Zeit alarmiert, und man versuchte, mich zu überwältigen. Ich trug damals ständig einen Revolver bei mir; diesen nahm ich aus dem Halfter und feuerte zweimal über die Köpfe der versammelten Menge. Dann jagte ich den ganzen Menschenauflauf – mehr als tausend Leute – aus der Universität. Sie strömten in die Bayazid-Straße, und ich hinter ihnen her. Ich schoß immer wieder auf den Boden, ohne daß jemand verletzt wurde.

Ich brauche wohl nicht zu erwähnen, daß ich mein Studium nach diesem Vorfall abbrechen mußte. Allerdings ergriffen einige einflußreiche Professoren für mich Partei. Sie wollten erreichen, daß ich das Examen wiederholen könnte, diesmal unter fairen Bedingungen. Nachdem mein Professor die Situation begriffen hatte, plädierte auch er dafür. Da aber die meisten Professoren, die versuchten, mir zu helfen, Kaukasier waren und mich persönlich kannten, lehnte ich dies ab. Ich bezweifelte nämlich, ob sie mir diese Chance auch dann gegeben hätten, wenn ich ein armer Junge vom Lande gewesen wäre. Ich war angeekelt von der Universität. Ich hatte mein viertes Studienjahr verloren und hätte, obwohl ich so gute Examina abgelegt hatte, sie alle wiederholen müssen. Ich beschloß, die Universität Istanbul zu verlassen, die Medizin jedoch nicht völlig aufzugeben, denn ich wollte immer noch von ganzem Herzen Arzt werden. Deshalb hatte ich vor, mein Studium an einem anderen Ort fortzusetzen. Zur damaligen Zeit gab es jedoch an keiner anderen türkischen Universität eine medizinische Fakultät. Ich beschloß, sechs Monate oder ein Jahr lang Deutsch zu lernen und dann nach Wien zu gehen, um mein Medizinstudium dort abzuschließen.

Ich traf also alle Vorbereitungen, besorgte mir die notwendigen Visa und kaufte mir die Fahrkarte, doch dann plötzlich hörte ich, daß Wien bombardiert wurde. Es war nicht mehr möglich, dorthin zu reisen. Die Stadt war für Besucher geschlossen, und das gleiche galt auch für die Universität. Damit waren meinen Bestrebungen, mein Medizinstudium abzuschließen, ein Ende gesetzt, und ich gab mein Vorhaben auf. Ich bereue das nicht; unter den entsprechenden Voraussetzungen würde ich mich heute genauso verhalten. Es tut mir nur leid, daß es überhaupt zu dem ganzen Vorfall gekommen ist. Mein ganzes Leben lang hatte ich Arzt werden wollen.

Wenn ich an jene Zeit zurückdenke, erfüllt mich eine große Wehmut. Ich liebte die Kameradschaft mit meinen Freunden, und wir haben einige wunderschöne Dinge zusammen erlebt. Ich traf mich immer noch mit vielen Freundinnen, und obgleich mir allmählich der Mangel an Tiefe dieser Beziehungen auf die Nerven ging, hätte ich den intimen Kontakt zu Frauen nicht aufgeben können. Ich war nun einmal der Meinung, daß Frauen ein Geschenk Gottes an die Männer seien und umgekehrt. Ich hatte das Gefühl, wir sollten uns aneinander erfreuen und soviel Spaß miteinander haben, wie wir nur konnten. Doch als ich Zuhal auf ihrem Sterbebett begegnet war, hatte sie mich gelehrt, daß die Dinge nicht ganz so einfach liegen. Durch das, was sie mir enthüllt hatte, entwickelte sich allmählich ein neues Bedürfnis in mir.

Zuhal hatte gesagt, in Männern und in Frauen würden gewisse Werte schlummern, und wenn man diese kombinierte, so entstünde etwas, das mehr sei als die einfache Summe dieser Werte. Sie hatte mir gesagt, daß der Mensch erst vollständig ist, wenn Frau und Mann zusammenkommen. Getrennt sind die beiden Geschlechter nur jeweils die Hälfte des Ganzen. Dies ist eine biologische und physiologische Tatsache. Zuhal wies darauf hin, daß es auch gewisse unsichtbare Werte und Eigenschaften gebe, die zum Gesamtbild beitrügen.

Als Zuhal mir dies vor ihrem Tode gesagt hatte, konnte ich nicht mehr begreifen. Über diesen Punkt kam ich nicht hinaus. Ich konnte nur sehen, daß der Mann ebenso wie die Frau für sich allein unvollständig ist, daß sie einander jedoch zusammen ergänzen. Wenn die beiden Geschlechter zueinander hingezogen wurden, so entsprang dies ihrem Streben, zu einem Ganzen zu werden. Dies hatte ich zu begreifen vermocht. Heute weiß ich, daß darüber hinaus sowie über unsere wahre menschliche Existenz überhaupt hinaus noch viel mehr existiert. Es genügt nicht, daß Mann und Frau einander ergänzen, indem sie zusammenkommen; vielmehr ist es ihre Aufgabe, sich in eine bestimmte

Gemeinschaft zu integrieren und Teil dieser Gemeinschaft zu werden, um zu ihrer Ganzheit zu gelangen. Der erste Schritt ist, daß sie sich mit einem größeren Ganzen verbinden. Ich hatte eine schwache Ahnung, daß das Sichverlieben ein Teil dieses Prozesses war.

Bei meiner Begegnung mit Zuhal hatte ich eine Verwandlung erlebt. Ich wußte nicht, ob ich mich verliebt hatte, doch lag ein Wert in jener Erfahrung, den ich noch nie zuvor gekostet hatte. Ich vermißte diese Beziehung. Obgleich ich sexuelle Freuden in großem Maße und ausgiebig genossen hatte, fehlte mir nun etwas, und ich hatte das Gefühl, daß es jenes «Sichverlieben» sein könnte. Außerdem erschien es mir, als bestünde eine Verbindung zwischen der Suche nach menschlicher Liebe und der spirituellen und religiösen Suche. Infolge meiner persönlichen Beziehung zu Jesus glaubte ich wieder an Gott, wenn auch nicht an jenen fordernden, fernen Gott, der bestrafte und belohnte, so wie er von der orthodoxen Religion dargestellt wird. Ich suchte eine höhere Bruderschaft mit meinem Herrn, und ich fing an, das vage Gefühl zu entwickeln, daß mir dies nicht gelingen würde, bis ich nicht meine Frau gefunden hätte. Ich brauchte physische Ganzheit, um ein vollständiges menschliches Wesen zu werden.

Ich fing an, über das Sichverlieben nachzudenken, und nach einiger Zeit wurde mir klar, daß es mir nicht möglich war, mich zu verlieben. Sich zu verlieben war nichts weiter als eine Hochfrequenz-Attraktion, und es entsprach nicht meiner Definition des Liebens.

Ich war mir darüber klar, daß nichts auf der Welt, was ein menschliches Wesen erfährt, vollständig sein kann, wenn der oder die Betreffende es nicht mit einem anderen Menschen teilt. Ganz gleich, wie selbstsüchtig und individualistisch wir sein mögen, wir werden stets das Bedürfnis zu teilen verspüren. Dies gehört zu dem Wunsch der Hälfte, zu einem Ganzen zu werden. Wenn mich beispielsweise jemand auf einer Party träfe und wir fingen an, uns zu unterhalten, würde die betreffende Person bald merken, daß ich fast bis zur Besessenheit in Pferde vernarrt bin. Für meinen Gesprächspartner ist ein Pferd vielleicht nichts weiter als ein Tier, das jeder mag. Doch wenn er oder sie selbst irgendwo Pferde von bestechender Anmut und Schönheit antreffen würde, würde er/sie sich vielleicht an mich und meine Leidenschaft für Pferde erinnern und etwas sagen wie: «Ich habe gestern abend auf der Party eines Freundes einen Pferdenarren kennengelernt. Ich wünschte mir, er könnte sich diese Pferde anschauen. Es interessiert mich, was er zu diesen Tieren sagen würde. Ich bin sicher, daß er vor Freude in Ohnmacht fallen würde.»

Das Entscheidende ist für diesen Menschen, daß das, was er erlebt, ihm solche Freude macht, daß er es mit jemandem teilen möchte, von dem er weiß, daß er zu echtem, umfassendem Teilen in der Lage wäre – jemand, der sich an der betreffenden Sache ebenfalls erfreuen würde. Wenn ich in diesem Fall nicht dort wäre, wäre die Freude des/der Betreffenden über das Erlebnis nicht vollständig, weil es am Teilen der Freude fehlen würde. Diese Anziehung wird Liebe genannt. Sie kommt zustande, weil man merkt, daß eine bestimmte Person die denkbar beste Wahl ist, um etwas Bestimmtes mit uns zu teilen.

Wenn man im Alltagsleben etwas erfährt, das hinsichtlich seiner emotionalen Tiefe und Intensität über dem durchschnittlichen Erleben liegt, nimmt das Bedürfnis zu, das Erlebte mit einem anderen Menschen zu teilen. Das kann bei einem Buch so sein; es kann auch bei einem Studienobjekt der Fall sein. Was es ist, spielt keine Rolle. Kein Mensch ist für sich allein vollständig.

Das gleiche gilt auch für das Sexualleben. Ein Mensch kann das starke Bedürfnis verspüren, seine Sexualität und sein Sexualleben mit jemandem zu teilen, der es zu schätzen weiß. Das gibt die Möglichkeit, Sex noch intensiver miteinander zu teilen. Mir schien, daß man einen Menschen wirklich liebt, wenn man alle Erfahrungen mit ihm teilen kann. Wenn man sich sexuell erregt fühlt, so ist der Partner die beste Person, um dies zu teilen; das gleiche gilt, wenn man ein Buch liest oder etwas Bedeutungsvolles erlebt. Bei diesen Erfahrungen wird man durch das Miteinanderteilen ein Ganzes. Liebe bedeutet, daß man ein Ganzes bildet. So hatte ich es definiert, und danach hielt ich Ausschau. Es dauerte nicht lange, bis mir klar wurde, daß dies eine sehr idealistische Sichtweise war; deshalb gab ich meine diesbezüglichen Hoffnungen auf. Ich hatte Gedichte über Frauen und damit zusammenhängende Themen geschrieben, und wenn jemand diese Gedichte heute lesen würde, so würde er kaum glauben, daß sie alle von der gleichen Person verfaßt wurden. In einigen dieser Gedichte kam mein Verlangen auf die eine Weise zum Ausdruck, und in anderen Gedichten drückte ich die genau entgegengesetzte Haltung aus. Mir wurde klar, daß ich dabei war, meine grundlegenden Vorstellungen zu verändern. Ich fing an, die Frau mehr und mehr als Gefährtin zu sehen.

Ich begann ein anderes Bild der Frau zu entwickeln. Ich war der ungestümen Manifestationen meines Sexuallebens müde geworden und suchte nun nach dem Himmel auf Erden. Mir wurde klar, daß ich nach einer Frau Ausschau hielt, die mich in meinem Leben unterstützte, nicht nach einer, mit der ich Dinge teilen konnte. Ich suchte nach einer sehr sanften und femininen Frau, nach einer guten Hausfrau, die uns beiden ein Nest bauen würde. Ich hatte das Gefühl, eine Frau zu brauchen, die mir Unterstützung bieten könnte, nicht eine, die ein Schwert nehmen und sich an meiner Seite in die Schlacht stürzen würde. Mir schien, daß ich eine Frau brauchte, die sich um mich kümmern würde, die mir hin und wieder eine Tasse Kaffee bringen würde, und die mich drängen würde, mich ein wenig auszuruhen. Dies war die Richtung, in die sich meine Vorstellungen allmählich verlagerten.

Ich lernte Frauen in unserer Gruppe kennen, mit denen ich keine intimen Beziehungen hatte. Ich behandelte sie nicht so wie meine Freundinnen. Unter diesen Mädchen waren einige aus guter Familie, die eine gute Erziehung und Ausbildung genossen hatten. Sie hatten einen guten Charakter und machten auf mich den Eindruck, sie könnten gute Hausfrauen sein. Obwohl ich mich mit dem Gedanken trug zu heiraten, war ich zu jener Zeit noch nicht dazu in der Lage. Ich gehörte immer noch jenem deutschen Kommando an und wartete auf meinen Einsatz im Kaukasus.

Dennoch dachte ich immer wieder über eine Heirat nach, und schließlich lernte ich unerwartet das Mädchen kennen, das meine Frau wurde.

Als ich Maisie zum erstenmal traf, dachte ich noch nicht daran, daß sich zwischen uns einmal eine dauerhafte Beziehung entwickeln könnte. Sie war die Schwester eines jungen Mannes, mit dem ich freundschaftlich verkehrte, obwohl wir völlig verschiedene Interessen und einen völlig unterschiedlichen Lebenswandel hatten. Sie stammte aus einer sehr angesehenen Familie der abchasischen Mittelschicht. Wir lernten uns in Istanbul bei einer Tscherkessenhochzeit kennen, bei der viele abchasische Immigranten zu Gast waren. Ich sah sie zunächst aus der Ferne, sie wirkte so, als sei sie eben erst ihrer Kindheit entwachsen. Sie war damals gerade siebzehn Jahre alt, doch wirkte sie trotz ihrer physischen Reife jünger als Mädchen ihres Alters. Sie war voller Leben, sie lächelte, wirkte selbstbewußt, war farbenfroh gekleidet und wunderschön. Ich fragte einige Mädchen aus unserer Gruppe, die in der Nähe saßen, wer sie sei. Eines der Mädchen stammte aus dem gleichen Immigrantendorf und sagte: «Oh, das ist Fikris Schwester. Kennst du Fikri?» Ich sagte, ich würde ihn kennen, ich hätte jedoch nicht gewußt, daß er eine Schwester hätte. «Wo war sie denn vorher?» fragte ich weiter. Ich erfuhr, daß sie eben erst nach Istanbul gekommen sei, um hier ihre Ausbildung abzuschließen. Das Mädchen, das ich gefragt hatte, rief sie zu uns herüber, und ich bat sie, sich neben mich zu setzen. Ich sagte: «Ich wußte gar nicht, daß Fikri eine so schöne Schwester hat. Ich bin sehr erfreut, dich kennenzulernen!» Sie war ein wenig scheu und errötete. Dies war unsere erste Begegnung.

Ich traf sie danach noch mehrere Male bei verschiedenen Anlässen in unserem Club. Doch ich nahm sie jedesmal so wahr, als wäre sie noch ein Kind. Gelegentlich kam ich in das Haus, in dem sie lebte, um die Besitzerin des Hauses, deren Mann an der Universität Medizin lehrte, zu besuchen. Diese Dame war mit Maisie durch die Ehe eines entfernten Verwandten väterlicherseits verwandt. In einer wesentlich weiter zurückliegenden Generation war sie auch mit mir verwandt.

Vor mehreren tausend Jahren hatte sich unsere Familie in verschiedene Zweige aufgeteilt, und dem Namen der Stammfamilie, der an der Endung «gan» zu erkennen war, wurden unterschiedliche Vorsilben hinzugefügt, die die verschiedenen Zweige der Familie kennzeichneten. Unsere Familie behielt das ursprüngliche «gan» in Pluralform bei, so wie es in «Yagan» vorkommt, und die übrigen Familien bekamen Namen, die meiner Erinnerung nach Magan, Baghirghan und Jolghan waren. Die Frau des Professors gehörte der Magan-Familie an. Dieser Familienzweig war in früheren Zeiten aus dem Hochgebirge in die Küstenebene gewandert. In unserer Tradition kann ein Yagan-Mädchen keinen Magan-Jungen heiraten, weil sie als enge Verwandte gelten. Kein Yagan darf irgend jemanden heiraten, dessen Familienname die gleiche Endung hat wie sein eigener. Ich nannte diese Frau «Tante» und besuchte sie hin und wieder. Jedesmal traf ich dort auch Maisie. Ich hatte Maisie zum erstenmal in dem Winter vor der Schatzsuche gesehen. Im folgenden Winter, Ende November, fand unser alljährlicher Tscherkessenball statt, bei dessen Organisation ich mitwirkte.

Während des Tanzes kam ein enger Freund zu mir und sagte: «Murat, warum heiratest du nicht Maisie?»

«Warum sollte ich?» entgegnete ich. «Wie kann ich denn heiraten? Du kennst meine berufliche Situation. Ich habe mein Medizinstudium abgebrochen und versucht, nach Wien zu gehen, doch das war nicht möglich. Bevor ich heirate, muß ich mit mir selbst ins reine kommen. Es ist nicht die richtige Zeit für mich, und außerdem bin ich sowieso noch nicht in der Lage, eine Ehe zu führen.»

Mein Freund blieb jedoch hartnäckig: «Du weißt, daß dieses Mädchen dich liebt», fuhr er fort.

«Wie ist das möglich?» sagte ich. «Ich habe noch kaum ein Wort mit ihr gewechselt. Ich bin 27 Jahre alt und sie erst 18. Ich kann mir eine Beziehung mit ihr nicht vorstellen.»

Zeki, mein Freund, ließ sich nicht beirren. «Sie ist ein nettes Mädchen, und sie liebt dich. Es wäre eine gute Sache, wenn du sie heiraten würdest», sagte er. «Es ist heutzutage nicht einfach, das richtige Mädchen zu finden, weißt du. Sie sind nicht mehr so wie früher.»

Ich protestierte, ich könnte doch nicht jedes Mädchen heiraten, das sich in mich verliebe. Doch er ließ mich stehen und forderte Maisie zum Tanz auf. Ich saß mit einer Gruppe von Freunden zusammen, und unter ihnen war eine Tscherkessin, die sich in mich verguckt hatte. Ich weiß nicht, warum – wir hatten keinerlei Beziehung zueinander gehabt. Sie war eine sehr merkwürdige Person. Wir saßen beisammen, sprachen miteinander, scherzten und tanzten hin und wieder, und plötzlich kam Zeki zurück und sagte zu mir: «Ich habe mit ihr gesprochen. Ich habe sie gefragt, wie sie über dich denkt.»

«Sei vorsichtig», warnte ich ihn. «Du spielst mit dem Feuer, und sie ist noch ein Kind. Es ist nicht gut, jemandem mit solchen Gedanken den Kopf zu verdrehen.»

«Nun komm schon», sagte er, «du liebst sie!»

«Natürlich liebe ich sie, aber ich liebe sie so, wie ich auch all die anderen liebe. Wir sollten über diese Dinge nicht so sprechen. Nicht mit ihr. Wir necken uns oft ein wenig, aber sie ist noch ein Kind, und man sollte sich für solche Dinge den richtigen Partner aussuchen.»

Er schenkte dem, was ich gesagt hatte, offenbar keine Beachtung. «Jedenfalls habe ich mit ihr gesprochen», fuhr er fort, «und ich habe sie gefragt, was sie davon hielte, dich zu heiraten.»

«Zeki», sagte ich, «wenn du so etwas machst, dann gehe ich wohl besser.» Er versuchte mir zu erklären, warum er es getan hatte.

«Weißt du denn, was vorausgegangen ist?» sagte er. «Ich wollte sie zum Ball abholen, nachdem Tasfira Hanim mich angerufen und mich gefragt hatte, ob unter unseren Jungen einer wäre, der Maisie abholen und mit zum Ball nehmen würde. Als ich zu Tante Tasfira kam, sagte sie mir, Maisie wolle nicht zum Ball gehen, weil niemand sie mitnähme, und alleine könne sie nicht gehen. Tasfira Hanim wollte sie mit unserer Gruppe bekannt machen. Ich sagte, es sei mir ein Vergnügen, sie mitzunehmen. Doch als ich Maisie abholen wollte, sagte sie mir, sie hätte nicht die geringste Lust, den Ball zu besuchen. Ich fragte sie, ob sie krank sei, doch sie sagte, sie sei völlig gesund. Nun versuchte ich, sie zu überreden mitzukommen, auch wenn sie nicht in der Stimmung sei. Ich war überzeugt, daß sich ihre Stimmung bessern würde, sobald sie erst einmal mit Freunden zusammen wäre. Dann fragte Maisie mich, ob du auch auf dem Ball wärest, und als ich dies bejahte, war sie bereit mitzukommen. Auf dem Weg fragte ich sie, ob sie auch mitgekommen wäre, wenn du nicht dort gewesen wärest, was sie verneinte. Andererseits sagte sie, sie sei nur beiläufig an dir interessiert. Doch mir war klar, daß sie keineswegs nur beiläufig interessiert ist.»

«Vielleicht hat sie im Augenblick solche Gefühle, aber das kann sich ändern – nimm das nicht zu ernst.»

Doch damit war die Sache keineswegs erledigt. Während ich mit meiner Partnerin tanzte, tanzte Zeki ganz in der Nähe mit Maisie, und bevor ich wußte, wie mir geschah, hatte Zeki den Arm meiner Partnerin berührt und gesagt: «Was hältst du davon, diesen Wilden zu verlassen und eine Weile mit mir zu tanzen?» Er gab mir Maisie und tanzte mit meiner Tanzpartnerin davon. Warum er das tat, weiß ich nicht. Ich hätte sie auch selbst zum Tanz aufgefordert, wenn das nötig gewesen wäre, doch man hatte mich vor vollendete Tatsachen gestellt.

Wir fingen also an, miteinander zu tanzen, und ich bemerkte, daß sie wie ein Vogel zitterte. Ich wollte ihre Anspannung ein wenig mildern und sagte: «Ich glaube, Zeki hat dir etwas erzählt.»

Sie antwortete: «Ja, aber es ist nicht meine Entscheidung.» Wie ein typisches Tscherkessenmädchen war sie bereit, sich dem Beschluß der Ältesten zu unterwerfen. Nun wurde mir klar, wie weit Zeki gegangen war. Er hatte darüber entschieden, was geschehen sollte, und hatte beschlossen, daß wir bereit seien, mit den Ältesten zu sprechen und alles Erforderliche in die Wege zu leiten. Ich war völlig sprachlos und wußte nicht, was ich tun sollte, aber ich war mir sicher, daß es für das Vorgefallene eine vernünftige Lösung geben mußte.

Als ich mir Maisie anschaute, konnte ich nicht leugnen, daß sie alle Eigenschaften einer guten Hausfrau zu haben schien. Sie stammte aus einer angesehenen Familie, und sie war sehr schön und gesund. Sie hatte eine lebhafte Persönlichkeit und besaß ein liebevolles Herz. Ich hatte nicht das geringste gegen sie einzuwenden und fühlte mich sogar in besonderem Maße von ihr angezogen. Doch meine Situation war einfach nicht so, daß ich hätte heiraten können, und außerdem war ich nicht verliebt in Maisie.

Unterdessen fing ich an, mit mir selbst zu rechten. Ich dachte: «Hast du denn nicht die Idee des Verliebtseins aufgegeben, und bist du nicht zu der Überzeugung gekommen, daß Verliebtsein eine zu zufällige Angelegenheit ist? Bist du denn nicht müde? Hast du denn noch immer nicht genug? Wäre dies denn nicht eine Erlösung für dich? Wäre es nicht ein guter Grund für dich, dieses ziellose Leben zu beenden, ein regelmäßiges Leben zu beginnen und eine Familie zu gründen?»

«Also gut», dachte ich schließlich. «Ich werde es tun.» So einfach war das.

Als ich darüber nachdachte, wurde mir klar, daß ich nicht verliebt war und daß ich die Liebe auch noch nicht gefunden hatte, jedenfalls nicht so, wie ich Sichverlieben definiert hatte. Alle Teile des Puzzles müßten in einem Augenblick zusammenpassen. Die Art von Liebe, die ich mir vorgestellt hatte, war nicht möglich, doch hier wurde mir die Art von Liebe angeboten, die durch die Gnade der Vorsehung für viele Menschen erreichbar ist. Als ich über Maisie nachdachte, stellte ich fest, daß sie mir besser gefiel als jede andere Frau in meiner Umgebung. Das größte Hindernis war, daß ich nicht bereit war, die Verantwortung einer Ehe zu übernehmen. Ich hatte meine Ausbildung abgebrochen, und obgleich ich offensichtlich aufgegeben hatte, glaubte ich innerlich fest daran, noch vieles andere tun zu können. Wenn ich jedoch wegen meines beruflichen Werdegangs auf ein anderes Fach umsatteln und mich auf ein neues Studium konzentrieren müßte, so würde mir die Ehe helfen, ein geordnetes Leben zu führen, und ich würde den Schwierigkeiten mit einem Menschen an meiner Seite entgegentreten, der mich unterstützen könnte. Mein ausschweifendes Sexualleben hätte ein Ende, und ich würde allem, was das Leben mir bringen würde, durch eine Partnerin als ganzes menschliches Wesen begegnen. Ich hätte also ein Standbein mehr statt einer zusätzlichen Last auf meinen Schultern. Während ich so sinnierte und allmählich an dem Gedanken Gefallen fand, fing ich an, mit ihr warm zu werden und mit ihr zu scherzen, um ihre wahren Gefühle zu entdecken. Nach traditioneller Art hatte Maisie, indem sie sich der Entscheidung der Ältesten unterworfen hatte, gezeigt, daß sie bereit war, ja zu mir zu sagen.

Ich bemerkte, daß sie beim Tanzen ein Taschentuch in der Hand hielt, ein buntes, sehr schönes Taschentuch. In der Mitte des Tuchs befand sich ein hellorangener Kreis, der an den Rändern in Gelb, Grau und schließlich in Blau überging. Dieses Muster wirkte wie eine Explosion von Licht und sprang sofort ins Auge. Ich fragte sie, warum sie dieses Tuch bei sich hätte.

«Nun», sagte sie, «es ist einfach ein Taschentuch, wie Frauen es zu tragen pflegen. Wenn mein Kleid lange Ärmel hätte, würde ich es in den Ärmel stecken.»

Ich neckte sie: «Konntest du denn kein anderes Taschentuch finden? Dieses hier ist gefährlich. Es übermittelt eine sehr klare Botschaft, denn es zeigt deine Gefühle. Es sagt sehr klar: ‹Ich bin entbrannt. Ich wurde gelb. Ich wurde blaß. Ich wurde bleich.› Wenn du mit jemandem tanzt und er sieht dieses Taschentuch, wird er diese Botschaft empfangen. Weißt du, daß in unserer Tradition die Frau einen Mann, der sie um ihr Taschentuch bittet, nicht zurückweisen kann? Wenn du dieses Taschentuch einem Mann gibst, so wird er die Botschaft empfangen.»

Maisie lächelte und sagte: «Wenn das so ist, dann gebe ich es dir.»

«Empfindest du so mir gegenüber?» fragte ich.

«Es ist, wie du sagst», antwortete sie.

«Dann hieltest du dies für eine gute Art, deine Gefühle auszudrükken?»

«Wenn du so willst.»

Ich nahm ihr Taschentuch und steckte es in die Brusttasche meines Jacketts. «Wenn es dir leid tut, bist du verloren», sagte ich. «Du kannst es dir später nicht mehr anders überlegen. Was deine Ältesten denken, ist mir gleich. Ich respektiere Älteste, aber ich werde nichts mit deinen Ältesten klären. Laß meine Ältesten die Sache mit deinen Ältesten besprechen. Das ist ihr Spiel. Ich werde das meine spielen.»

Die Neuigkeit verbreitete sich rasch in der Halle und schlug wie eine Bombe ein. Bevor wir unseren Tanz beendet hatten, hatte Zeki schon alle informiert. Mit seinem Versuch, etwas einzufädeln, hatte er Erfolg gehabt. Die Dame, die am Tisch neben mir gesessen hatte, stand plötzlich auf und verließ den Ball, das gleiche taten auch andere Mädchen und Frauen im Raum. Einige Mütter mit erwachsenen Töchtern reagierten sehr entrüstet. Alle Männer in der Gruppe brachten lautstark ganze Serien von Toasten auf mich aus. Gläser wurden zerschlagen. Plötzlich stand alles kopf. Die Musiker legten die Noten weg und spielten nur noch alte Tscherkessenmusik. Wir tanzten damals auch zu europäischer Musik, doch in dieser Situation war die europäische Musik einfach nicht verrückt genug, um den Gefühlen der Anwesenden zum Ausdruck zu verhelfen. Die Ballgäste tanzten wild und wurden immer ausgelassener. Nicht ganz ein Jahr später heirateten wir.

Mein Leben veränderte sich sehr durch diese Ehe. Maisie war eine wundervolle Frau, und ich war sehr zufrieden mit meinem neuen Leben. Ich war ein sehr fordernder Mann, und sie war eine sehr einfühlsame Frau mit einem gesunden Verhältnis zum Sex. Sie war Dingen gegenüber, die sie noch nicht kannte, ganz allgemein sehr offen, und sie war sehr gut über die abchasische Art des Umgangs mit Sex informiert. Ebenso wie ich hatte auch sie keine sexuellen Hemmungen oder Probleme, und sie war sehr ehrlich in ihrer Reaktionsweise. Mit den gesellschaftlichen Anforderungen, die die neue Situation an sie stellte, wurde sie ausgezeichnet fertig. Sie erfüllte ihre Rolle als meine Frau ausgezeichnet, und sie war eine aufopfernde Hausfrau. Da sich meine verschiedenen Bekanntschaften nicht so leicht beenden ließen, dauerte es eine Weile, bis ich alle Beziehungen zu anderen Frauen abgebrochen hatte, die ich als Junggeselle unterhalten hatte.

Wir hatten am 5. Februar des Jahres 1944 geheiratet. Im Frühling beschloß ich, auf den Ländereien unserer Familie nach dem Rechten zu sehen. Ich kehrte zwischendurch noch einmal für ein paar Tage nach Istanbul zurück und zog dann auf das Landgut. Dies erleichterte es mir, den Wechsel vom Leben als Junggeselle zum Ehemann zu bewältigen. Doch meine Familie und meine Freunde sagten immer wieder, ich würde es nicht schaffen, die Rolle des Ehemanns auf Dauer zu spielen. Und sie fragten Maisie, wie sie eine solche Ehe akzeptieren könne. «Wie konntest du dein Leben in die Hände solch eines Verrückten legen?» sagten sie. «Er wird nie ein guter Ehemann werden.» Ich bin es aber doch geworden. Ich habe mindestens fünf Jahre lang keine engere Beziehung zu einer anderen Frau unterhalten, und meine Aufmerksamkeit wurde nie von meinem Zuhause abgelenkt. Ich wurde sehr friedvoll und fühlte mich wie ein Schiff, das vor dem Sturm einen sicheren Hafen aufgesucht hat.

Maisie war keineswegs eine Last für mich, sondern sie war eine große Unterstützung. Den Dingen in meiner gewohnten Umgebung, die ihr fremd waren, begegnete sie mit Intelligenz und Humor. Traf sie durch mich mit Menschen zusammen, die ein völlig anderes Leben führten, als sie selbst es bisher getan hatte, so wurde sie sehr gut damit fertig. Wir unterhielten hauptsächlich Beziehungen zu Angehörigen unseres Volkes, doch ich verkehrte auch in der gehobenen Gesellschaft Istanbuls, und Istanbul war eine sehr kosmopolitische Stadt. Die Schule, die ich besucht hatte, war eine Brutstätte für hochqualifizierte Halunken, und es war mir nicht möglich, mich plötzlich von meiner ganzen Vergangenheit zu lösen. Es konnte passieren, daß ich mit meiner Frau durch die Straßen von Istanbul ging und wir plötzlich eine Frau trafen, die nicht wußte, daß wir verheiratet waren, weil sie beispielsweise längere Zeit in Europa gewesen war. Manchmal stürzte eine solche Frau plötzlich auf mich zu, um mich zu begrüßen, und küßte mich vor den Augen meiner Frau, als wären wir alleine im Schlafzimmer. Maisie verhielt sich in solchen Situationen immer sehr tapfer. Ich hatte sie vorbereitet, indem ich ihr alles über mein Leben erzählt hatte, und ich hatte auch meine Entschlossenheit zum Ausdruck gebracht, mein weiteres Leben mit ihr zu verbringen, wenn sie mir helfen würde. Maisie schwieg und vertraute mir. Als ich später eine Frau kennenlernte, mit der ich eine sehr innige Beziehung begann, wurde ihr Vertrauen erschüttert. Diese Beziehung war nicht die gewöhnliche zwischen Mann und Frau, sondern eine Beziehung, die auf dem Miteinanderteilen zweier wunderbarer Freunde basierte. Dadurch entwickelte Maisie starke Eifersuchtsgefühle und wurde besitzergreifend, was unsere Beziehung sehr belastete.

Während des ersten Jahres unserer Ehe gebar sie ein Mädchen, das jedoch schon im Alter von fünf Jahren starb. Maisie war danach noch siebenmal schwanger; zwei dieser Schwangerschaften endeten mit Fehlgeburten. Weil sie während einer Schwangerschaft an Malaria erkrankte, wurde eine Abtreibung vorgenommen. Das setzte ihr sehr zu. Der Arzt hatte ihr dazu geraten. Nach dem Abbruch trat starkes Nasenbluten auf, und Maisie wurde infolge des hohen Blutverlustes sehr schwach. Vier unserer Kinder blieben am Leben und bilden bis heute mit Maisie und mir unsere Familie.

Meine Familie besaß Ländereien im europäischen Teil der Türkei in der Nähe der Stadt Chorlu. Ich übernahm die Aufgabe, mich um diese Ländereien zu kümmern. Ich entschloß mich, aufs Land zu ziehen,

Vieh zu kaufen und Viehwirtschaft zu betreiben. Während ich mich um diese Angelegenheiten kümmerte, lebte Maisie im Haus unserer Familie in Istanbul. Gegen Ende des Sommers besuchte sie mich und sah das Anwesen zum erstenmal. Spontan schlug sie vor: «Wenn wir so ein Haus haben, könnte ich doch auch hierherziehen und mit dir zusammenleben. Das Haus ist sehr hübsch, auch wenn es nicht den gleichen Komfort bietet wie das Haus in Istanbul. Wir werden gut damit zurechtkommen, und für mich ist es viel besser, hier mit dir zusammenzusein.» Also zog Maisie zu mir und kümmerte sich um den Haushalt, statt wie bisher nur im Sommer als Besucherin zu kommen.

Ich mußte in jener Zeit sehr viel arbeiten. Da sich viele Jahre lang niemand um das Land gekümmert hatte, waren viele Probleme entstanden. Das Land unserer Familie war nach dem Tode meines Vaters von der Revolutionsregierung beschlagnahmt worden, und niemand hatte sich um die Bestellung des Landes gekümmert. Nachdem der türkische Staat unserer Familie das Land zurückgegeben hatte, hatte sich mein Onkel, der Sohn des Bruders meines Großvaters, um die Bewirtschaftung gekümmert. Er war ein ziemlich fauler Verwalter gewesen und hatte die Dinge ihren Lauf nehmen lassen. Als ich die Verwaltung der Ländereien übernahm, war ein großer Teil des Landes von unrechtmäßigen Siedlern besetzt, obwohl es auf unseren Namen registriert war. Mein Ziel war nicht nur, die Felder zu bestellen und mit der Viehzucht zu beginnen, sondern auch, die seit 1928 illegal besetzten Gebiete wieder in Besitz zu nehmen.

Zunächst suchte ich die Besetzer auf und forderte sie auf, das unrechtmäßig besetzte Land zu verlassen. Doch sie behaupteten, sie hätten das Land erworben. Also ging ich in die Registratur, überprüfte die Aussage und stellte fest, daß sie die Unwahrheit gesagt hatten. Als ich sie deswegen zur Rede stellte, sagten sie, es handle sich um eine mündliche Absprache zwischen ihnen und Ihsan Bey, meinem Onkel. Ich erzählte meinem Onkel die Geschichte, und er stritt ab, jemals eine solche mündliche Vereinbarung getroffen zu haben. Als ich bei meiner Mutter nachfragte, sagte sie mir, dies sei eine alte Geschichte, die erfunden sei. Mir blieb keine Wahl, als zu meinem Rechtsanwalt zu gehen und gerichtliche Schritte gegen die unrechtmäßigen Benutzer einzuleiten, um sie zu zwingen, unser Land zu verlassen. Außerdem erhob mein Anwalt eine Pachtnachforderung für die Zeit, in der sie das Land besetzt und bearbeitet hatten. Der Fall kam vor Gericht. Sieben der acht betroffenen Familien verbündeten sich zu einer Gruppe von über dreißig Personen gegen mich. Mein Anwalt war angesichts dieser Situation der Meinung, wir würden den Fall zwar gewinnen, doch könnte dies viele Jahre dauern. So entwickelte sich ein Kampf zwischen mir und den Besetzern.

Unsere Familie war in Rumeli vom Rest des Stammes abgeschnitten, der sich in Zentral-Anatolien angesiedelt hatte, und die einzigen näheren Verwandten, die hier seit dem Tode meines Großvaters und meines Vaters noch lebten, waren ein paar Vettern und meine engere Familie. Mein Großvater hatte von seinem eigenen Geld 12 000 Hektar Land gekauft; dies war nicht das Land, das der ottomanische Sultan ihm zur Verwaltung überlassen hatte. Als mein Großvater starb, teilte mein Vater dieses Land unter den Mitgliedern der Familie auf und gab jedem einen Anteil von ungefähr einem Fünftel bis einem Sechstel der Gesamtmenge. Der Anteil meines Vaters, der uns nach der Beschlagnahmung von der Regierung zurückgegeben worden war, war ungefähr 2400 Hektar groß. Einzig der Anteil meines Vaters war von der Revolutionsregierung beschlagnahmt worden, während die übrigen Familienmitglieder – meine Vettern und Onkel – ihre Anteile behalten hatten. Und nur unseren Anteil des Landes hatten benachbarte Farmer besetzt.

Ich wollte nicht, daß irgend jemand anders aus der Familie in diesen Streit hineingezogen würde. Ich betrachtete die Sache als meine persönliche Angelegenheit. Nachdem ich einige Nachforschungen angestellt hatte, fand ich schnell heraus, daß nur zwei Männer die Rädelsführer waren, die alle übrigen zum Widerstand angestiftet hatten. Ich wollte diesen beiden Männern klarmachen, daß sie in jedem Fall das Land und auch alles andere verlieren würden, ganz gleich, was unsere Anwälte ausfechten würden und zu welchen Zugeständnissen ich gezwungen sein würde. Ich war entschlossen, ihnen dies in einer Sprache beizubringen, die sie verstanden.

Normalerweise bin ich ein sehr friedliebender und geduldiger Mensch, allerdings bin ich auch leicht erregbar, wie ich bereits erwähnt habe. Wenn ich jedoch merke, daß mich jemand unfair zu behandeln versucht, kann ich gewalttätig werden, wie bei meinem Medizinexamen geschehen. Während ich über die Probleme mit den Besetzern nachdachte, entwickelte sich dieser Eindruck der ungerechten

Behandlung. Ungefähr ein Jahr, nachdem wir aufs Land gezogen waren, spitzte sich die Situation zu.

Ich habe bereits vorher erwähnt, daß die Ländereien unserer Familie in der Umgebung der Stadt Chorlu lagen und daß hier unser Landhaus stand. Wir hatten jedoch noch ein Haus in der Stadt Chorlu, wo wir den Winter verbrachten. Maisie war mit den Kindern und mit meiner Mutter nach Istanbul gefahren, und ich war mit einer Bediensteten aus Chorlu, die bei uns lebte, alleine zurückgeblieben. Plötzlich kam mir der Gedanke, einem der Anführer der Besetzer, dessen Dorf ungefähr siebzehn Kilometer entfernt lag, einen nächtlichen Besuch abzustatten. Es war tiefster Winter, und es schneite heftig. Ich wartete bis nach dem Abendessen und sagte dann zu der Bediensteten, wenn sie sich in der Stadt einen guten Film anschauen möchte, würde ich ihr für den Abend frei geben und ihr etwas Geld geben, so daß sie auch ihre Schwester mitnehmen könnte. Ich fügte noch hinzu, sie bräuchte nicht unbedingt diese Nacht zurückzukommen, sondern könnte bei ihren Eltern schlafen und am Morgen zurückkehren. Sie war hocherfreut, nahm das Geld und machte sich auf den Weg zu ihrer Schwester. Nachdem sie gegangen war, wartete ich noch eine Weile und verließ dann nach 23.00 Uhr das Haus, sattelte mein Pferd und galoppierte in Richtung des Dorfes, in dem mein Gegenspieler lebte. Ich ritt ein sehr starkes, temperamentvolles Pferd und war in kürzester Zeit am Ziel. Es muß ungefähr 0.15 Uhr gewesen sein, als ich mich dem Haus jenes Bauern näherte. Ich hatte mich auf den Besuch vorbereitet und in der Satteltasche ein Stück Fleisch mitgenommen. Bevor die Hunde bellen konnten, hatte ich ihnen schon das Stück Fleisch hingeworfen.

Dann band ich mein Pferd an und betrat das Haus. Den Mann, den ich suchte, fand ich ohne Schwierigkeiten. Er lag schon im Bett und schlief. Ich setzte ihm meine Pistole an die Kehle, und als er aus dem Schlaf hochschreckte, sagte ich zu ihm: «Steh auf und halt den Mund! Ich werde dich töten! Ich werde dich zum Fluß hinunterbringen und dich dort umbringen, und dann werde ich deinen Körper ins Wasser werfen!» Der Mann fing heftig zu zittern an, und er bettelte und flehte, ich solle ihm sein Leben lassen, doch ich schenkte dem keine Beachtung. Ich trug stets ein Messer bei mir und drückte es ein wenig in seine Haut, so daß er es spüren konnte, und zwang ihn, aus dem Haus zu gehen. Ich ließ ihn zum Fluß gehen, fesselte seine Hände und warf ihn auf den Boden.

Dann band ich mein Pferd los und führte es durch den tiefen Schnee zu ihm hin. Der Mann flehte, weinte und bettelte um sein Leben. Ich brüllte ihn an: «Du spielst ein schmutziges Spiel mit mir, und du weißt, daß du nicht im Recht bist. Da man mit dir nicht vernünftig reden kann, mußt du sterben.» Ich deutete auf mein Pferd und sagte: «Siehst du die Hufspuren?»

«Nein», schluchzte er.

«Dann wird sie auch niemand anders sehen», brüllte ich. «Deshalb bin ich in der Nacht gekommen. Es wird noch mehr schneien, und der Schnee wird alle Fußspuren bedecken, und es wird keine Spur von dem bleiben, was hier geschehen ist. Du wirst wie ein Hund sterben.»

Der Mann wurde von einem Angstanfall geschüttelt. Er zitterte und schluchzte und sagte: «Wenn du mich laufen läßt, werde ich alles tun, was du von mir verlangst.» So fuhr er fort. Mir wird heute noch übel, wenn ich nur daran denke. Leider war dies die einzige Sprache, die er verstand, und ich hatte lange gezögert, zu diesem Mittel zu greifen. Ich war als Kämpfer ausgebildet worden und wußte deshalb mit solchen Situationen umzugehen.

Schließlich sagte ich: «Also gut, ich werde dich laufen lassen. Aber denk daran, du hast keine Hufabdrücke gesehen, und ich werde zurückkehren und überprüfen, was du getan hast. Wenn du nicht tust, was du mir versprochen hast, werde ich beim nächsten Mal nicht so nachsichtig sein. Wenn du glaubst, du könntest mich wegen dieser Sache vor Gericht bringen, dann tu, was du nicht lassen kannst, aber denke daran, was dir dann blüht.» Ich löste seine Fesseln, stieg auf mein Pferd, und bevor er sein Haus erreicht hatte, war ich schon hinter dem Hügel verschwunden und auf dem Heimweg.

Zum Glück hatte ich in jener Nacht kein Blut zu vergießen brauchen. Niemand hatte mich mein Haus verlassen sehen, und niemand bemerkte meine Rückkehr, und die ganze Situation entwickelte sich so, wie ich es gehofft hatte. Der Streit wurde beigelegt. Der Mann tat, was er versprochen hatte, und es dauerte nicht lange, bis auch die übrigen Beteiligten von der «gütlichen Regelung» erfahren hatten. Innerhalb von zwei Jahren war alles, was mit diesem Problem zusammenhing, aus der Welt, und ich konnte anfangen, die Felder zu bestellen. Ich mußte nun landwirtschaftliche Geräte kaufen und mich auf die Viehzucht konzentrieren. Ich mußte völlig von vorne anfangen, denn im Jahre 1941 waren alle unsere Pferde außer sechs oder sieben Reitpferden von der türkischen Armee beschlagnahmt worden. Die Armee hatte zwar einen guten Preis bezahlt, doch waren wir gezwungen worden, die Tiere zu verkaufen. Dadurch hatten wir unseren gesamten Bestand an kaukasischen Pferden verloren. Ich wollte nun keine Pferde mehr züchten, sondern war nur noch an gewinnbringenden Unternehmungen interessiert. Mir lag sehr an der Schafzucht, denn das Land eignete sich ausgezeichnet dafür. Als ich im Jahre 1948 zum Militärdienst eingezogen wurde, hatte ich eine Herde von achthundert Schafen aufgebaut.

Ich war schon ziemlich alt für die Einberufung, als sie im Jahre 1947 eintraf. Als Student hatte ich mich jahrelang vom Militärdienst befreien lassen, aber schließlich hatte mich die Armee doch noch erwischt, und ich wurde aufgrund meiner Fähigkeiten als Reiter in die Kavallerie aufgenommen. Nach den türkischen Gesetzen mußte ich sechs Monate in der Kadettenschule verbringen und sechs Monate in der Armee, bevor ich ausgemustert würde. Wir mußten Lose ziehen, die darüber entschieden, an welchem Ort wir unsere Ausbildung beginnen würden. Unglücklicherweise zog ich ein Los, das mich an einen abgelegenen Ort an der russischen Grenze brachte, auf der unserem Wohnsitz genau entgegengesetzten Seite der Türkei. Mein Dienst in der Armee dauerte ein Jahr statt sechs Monate. Wegen eines Streits zwischen einem hohen Offizier und mir mußte ich drei Monate im Gefängnis verbringen, und anschließend wurde mein Militärdienst um weitere drei Monate verlängert. Weil ich unerwartet ein halbes Jahr länger von zu Hause fort war, wurde vieles von dem, was ich in Angriff genommen hatte, durch Mißwirtschaft wieder zerstört.

Es war eine Schande. Als ich nach Hause zurückkehrte, stellte ich fest, daß einige Felder nicht umgepflügt und bepflanzt worden waren. Auch die Schafe waren nicht richtig versorgt worden. Manche waren verschwunden, andere gestorben, und wieder andere waren verkauft worden.

Im Herbst des Jahres 1948 kehrte ich vom Militärdienst zurück, und ich konnte im laufenden Jahr nicht mehr viel tun. Den ganzen Winter verbrachte ich damit festzustellen, was verlorengegangen war und was repariert werden mußte, sowie allgemein die Dinge wieder in Ordnung zu bringen. Als erste Notmaßnahme pflanzte ich Zuckerrüben. Ich hatte geeignetes Land, und in der Nähe gab es eine regierungseigene Zuckerfabrik. Dies erwies sich als eine gute Entscheidung, die finanziell erfolgreich war. Nun konnte ich die notwendigen landwirtschaftlichen Maschinen kaufen. Der Marshall-Plan ermöglichte es mir, einen Traktor, einen Lastwagen, eine Packpresse, eine Erntemaschine, Pflüge, einen Kultivator und alle anderen notwendigen Maschinen anzuschaffen. Ich brauchte nur zehn bis fünfzehn Prozent der Kaufsumme anzuzahlen. Dieser Kredit wurde nach dem Zweiten Weltkrieg allen NATO-Ländern angeboten.

Die Landwirtschaft machte gute Fortschritte, und meine geschäftlichen Unternehmungen entwickelten sich ebenfalls gut. Dann kam meine Schwester plötzlich auf den Gedanken, daß sie ihren Anteil des Landes haben wollte.

Ihre Forderung kam für mich ziemlich unerwartet. Ich fragte sie, ob sie mir ein paar Jahre Zeit einräumen könne, damit ich zumindest einen Teil der Schulden abbezahlen könnte, mit denen ich mich belastet hatte, um unsere Verluste wettzumachen und um die Gütereien wieder zu einem einträglichen Betrieb zu machen. Es war für mich keine Frage, daß sie einen Anspruch auf ihren Anteil hatte, doch brauchte ich noch ein wenig Zeit. Sie und ihr Ehemann argumentierten, daß ich alle Ausgaben zu meinen eigenen Gunsten gemacht hätte und daß auch die Risiken, die ich eingegangen sei, meine Sache seien, weil ich dies nur um meines eigenen Vorteils willen getan hätte. Sie sahen keinen Grund, weshalb sie mir einen Ausgleich für das zahlen sollten, was ich angeschafft hatte, und für die Arbeit, die ich geleistet hatte. Sie wollten nicht sehen, daß das Ziel meiner Bemühungen das Wohl der ganzen Familie gewesen war, sondern beharrten darauf, daß ich nur meine persönlichen Ziele verfolgt hätte. Ich fragte sie dann, welchen Teil des Landes sie haben wollten, und sie sagten, ihre Vorstellung sei, das Land zwischen uns aufzuteilen und die separat liegenden Parzellen zusammenzufassen. Als ich sagte, sie sollten sich ihre Parzellen aussuchen und sie in Besitz nehmen, protestierten sie, sie wüßten nicht, was gutes und was schlechtes Land sei. Daraufhin schlug ich ihnen vor, sich einen Fachmann zu suchen, der sich in diesen Dingen auskenne, und dann auf dessen Rat hin ihre Wahl zu treffen. Ich überließ ihnen die Entscheidung.

Schließlich teilte ich das Land in zwei Hälften und bat sie dann, ihren Anteil auszuwählen. Nach all der Arbeit und Mühe fühlte ich mich durch diesen Mangel an Gemeinschaftssinn innerhalb meiner Familie entmutigt. Deshalb verkaufte ich innerhalb weniger Monate meinen Anteil. Weil ich es so eilig damit hatte, konnte ich keinen angemessenen Preis erzielen. Doch es waren mehrere Ereignisse zusammengekommen, die in meinem Leben zu Schwierigkeiten und Zwistigkeiten geführt hatten, besonders in der Beziehung zu meiner Frau. Eine andere Frau war in mein Leben getreten, und die Veränderung, die dieser Kontakt in mir bewirkte, hatte ebenfalls Einfluß auf meine Entscheidung. Die Geschichte der Begegnung zwischen dieser Frau und mir ist eine Geschichte von großer Schönheit, doch infolge der Reaktionen der übrigen Beteiligten entwickelte sie sich leider ziemlich unglücklich.

Meine landwirtschaftlichen Maschinen verkaufte ich nicht. Sie waren zum damaligen Zeitpunkt insgesamt ungefähr 150000 türkische Lira wert, und damals entsprach der Wert der türkischen Lira ungefähr dem eines US-Dollars. Der Dollar war damals wesentlich mehr wert als heute, und wenn ich versucht hätte, meine Maschinen zu verkaufen, hätte ich weit unter Preis verkaufen müssen. Niemand hätte Maschinen auch nur zu fünfundzwanzig oder dreißig Prozent ihres Neuwerts gekauft, weil man für fünfzehn Prozent neue Maschinen bekommen konnte. Maschinen waren damals keine Mangelware. Wenn ich sie hätte verkaufen können, hätte ich immer noch Kreditschulden gehabt. So stand ich also da mit meinen Maschinen und ohne Land. Ich lud alle unsere Habseligkeiten auf Anhänger und fuhr mit einem Konvoi, bestehend aus einem Jeep, einer deutschen Unimog-Zugmaschine, drei Anhängern und zwei weiteren, sehr großen Traktoren, weit nach Osten. Ich hatte keine genauen Pläne und wußte nicht, wohin ich fuhr, doch ich war entschlossen, so weit zu reisen, wie ich wollte, und anzuhalten, wo immer es mir gefiel. Außer von Mitgliedern meiner engeren Familie wurden einige der Fahrzeuge von Vettern gefahren. Innerhalb von zweiundzwanzig Tagen legten wir eine Strecke von insgesamt 1865 Kilometern zurück, wobei wir nachts irgendwo anhielten und im Freien unter dem Sternenhimmel schliefen.

Diese Reise war ziemlich anstrengend. Wir konnten nur so schnell reisen, wie die Traktoren es zuließen, und wir mußten einige gefährliche Gebiete durchqueren. Wir wurden angegriffen, doch darauf waren wir vorbereitet. Es kam einige Male zu Schußwechseln, doch glücklicherweise wurde keiner von unseren Leuten verletzt. Einmal mußte ich ein Loch in einem Reifen reparieren, doch dies war fast die einzige Unterbrechung, die durch die Feindseligkeiten entstand.

So kam unser Konvoi schließlich an den Berg Suphan. An klaren Tagen konnte man von einem günstigen Punkt des Suphan aus im Nordwesten den Ararat sehen. Wir lebten in diesem Gebiet sechs Jahre lang als Bauern. Ein Jahr verbrachten wir oben auf dem Berggipfel. Aber dort war es nicht möglich, die Ernte vor den vielen Bären zu schützen, die in der Umgebung lebten. So viele Bären ich auch erlegte, es gelang mir nie, die Population merklich zu reduzieren, weil es sich um eine wirklich sehr abgelegene Gegend handelte. Also zogen wir wieder an einen anderen Ort, diesmal ungefähr 85 Kilometer zurück in westliche Richtung. Wir siedelten uns in der Provinz Mush an und blieben dort fünf Jahre. Ich hatte sehr billig eine Menge Land kaufen können.

Dieses Gebiet, das lange Zeit zum Herrschaftsbereich der alten Nation Armenien gehört hatte, war eines der landwirtschaftlich wertvollsten Gebiete der Türkei. Es war das fruchtbarste Land der Welt. Doch die Kurden hatten die Armenier von ihrem Land vertrieben, und die Kurden selbst betrieben keine Landwirtschaft. Wenn man beispielsweise einen Kurden fragte, ob es möglich sei, auf diesem Boden Obstbäume anzupflanzen, so antwortete er: «Oh, als die Armenier hier waren, war das möglich, aber wir haben heutzutage keine Zeit mehr dafür.» Die Antwort lautete immer gleich, egal, nach welchen Anbaumöglichkeiten man sie fragte. Manchmal erzählten die Kurden, die Armenier hätten sich darauf spezialisiert, Rosengärten anzulegen; es hätten hier früher Fabriken zur Herstellung von Rosenwasser existiert. Doch wenn man jemanden fragte, warum sie dies heute nicht mehr täten, lautete die Antwort gewöhnlich: «Wir können das nicht. Wir wissen nicht, wie man so etwas macht.» Es war ein sehr schöner Teil der Welt, doch die Stammesfürsten der ansässigen Kurden verhielten sich sehr feindselig.

Mit den Bewohnern selbst kam ich im Gegensatz zu den Stammesfürsten sehr gut zurecht. Die Autorität der Stammesführer über ihr Volk basierte auf dessen Unwissenheit, und ich hatte dem entgegengearbeitet, indem ich junge kurdische Männer zu Mechanikern, Fahrern und Bedienern von landwirtschaftlichen Maschinen ausbildete. Weil die Stammesfürsten ihren Einfluß schwinden sahen, versuchten sie, das Volk gegen mich aufzubringen – angeblich, weil ich ein Heide war. Die Kurden sind sehr orthodoxe Anhänger des Islam, und ich war kein Anhänger der orthodoxen islamischen Lehre. Noch schlimmer war, daß meine Frau ständig Bluejeans und eine Pistole an der Hüfte trug. Derartige Abweichungen von den islamischen Gesetzen tolerierten sie nicht.

Die Stammesführer benutzten solche Gesetzesverletzungen als Argument, um die kurdische Bevölkerung gegen uns aufzuhetzen, und zwei Jahre, nachdem wir in dieses Gebiet gezogen waren, schwebte ich ständig in Lebensgefahr. Unser Leben in Mush wurde immer gefährlicher. Ich wurde oft überfallen, und unser Haus wurde immer wieder geplündert. Dreimal wurde ich angeschossen und verwundet, und einmal, im Jahre 1954, hatte ich ein Erlebnis, bei dem ich glaubte, ich sei schon tot.

Ich fuhr mit meinem Jeep durch die Berge und wurde überfallen und beschossen. Der Jeep kam auf der abschüssigen Seite des Berges vom Weg ab, so daß ich aus dem Fahrzeug geschleudert wurde. In einer blitzartigen Vision sah ich meinen eigenen Tod kommen, da ich auf einen riesigen Felsen zuflog. Ich wußte, daß ich sterben würde, und es kam mir so vor, als wäre ich aus einem zehnstöckigen Gebäude gesprungen. Es gab kein Zurück. Mir blieb nur der Bruchteil einer Sekunde, um meine plötzliche Freude über die Erkenntnis zu erfahren, daß ich ohne mein Zutun befreit worden war und nun mit Jesus eins werden konnte. Ich erinnere mich, daß ich, bevor ich auf den Fels aufschlug, sagte: «Ich habe es nicht getan, Herr. Du rufst mich, und ich komme.» Ich empfand nichts, weil der Aufprall zu hart gewesen war. Plötzlich spürte ich, wie eine starke Hand mich an der Schulter hochzog, so wie man ein Baby hochhebt. Ich schaute um mich, um herauszufinden, was da vor sich ging und wer mir half, und ich registrierte, daß nicht mehr geschossen wurde. Dann sah ich Jesus. Er war es gewesen, der mir wieder auf die Beine geholfen hatte. Dann sah ich einen Mann in der Nähe jenes Felsens liegen, der offenbar mit mir zusammen auf dem Felsen aufgeschlagen war. Ich konnte mich nicht mehr erinnern, wie er dorthin gekommen war. Als ich ihn mir genauer anschaute, stellte ich fest, daß er merkwürdigerweise so aussah wie ich bzw. so, wie ich mich auf Fotografien oder im Spiegel sehe. Ich verspürte ein starkes Bedürfnis, ihm zu helfen, sich aufzusetzen. Ich schlug ihm leicht ins Gesicht, um ihn zu wecken und ihn dazu zu bringen, seine Augen zu öffnen. Plötzlich tat er das. Sogleich spürte ich einen quälenden Schmerz in meiner Schulter, und als ich diesen Schmerz verspürte, war der Mann in meinen Armen verschwunden, und nur ich war noch da mit einer gebrochenen Schulter. Ich war nicht direkt auf den Felsen aufgeschlagen, sondern in ein Dickicht gefallen, das den Felsen umgab. Nun wußte ich, daß ich nicht gestorben, sondern nur infolge des Schocks ohnmächtig geworden war. Bald sahen meine Begleiter mich und kamen den Berghang hinuntergelaufen, um mir nach Hause zu helfen.

Ich haßte dieses Leben. Viele Jahre zuvor hatten mich die Ältesten meines Stammes zum Krieger ausgebildet, und ich wußte, daß ich ein guter Schütze unter guten Schützen war und daß ich mit tödlicher Genauigkeit vom galoppierenden Pferd aus schießen konnte. Ich konnte mich meinem Gegner stellen und ihn besiegen, doch diese Art des Kampfes hier war so unberechenbar, daß ich nicht die geringste Chance hatte. Ich wußte nie, ob sich hinter einem Felsbrocken jemand verbarg, um auf mich zu schießen, und mir war völlig klar, daß nur ein Wunder mich retten würde, wenn mich jemand träfe. Wie ich erzählt habe, hat ein Wunder der Vorsehung mich gerettet, als ich glaubte, es sei endgültig um mich geschehen. Doch den letzten Rest gab mir ein Ereignis im Jahre 1956.

Es war Ende August, und ich hatte auf allen meinen Feldern Weizen angebaut. Auf allen Hügeln wogte der Weizen, und es schien eine sehr reiche Ernte zu werden. Eines Nachts erwachte ich um zwei Uhr, weil ich irgend etwas gespürt hatte. Der Raum war taghell. Ich eilte ans Fenster und sah, daß die Kurden meine Weizenfelder angezündet hatten. Meine ganze materielle Existenz hing von dieser Ernte ab, und nun verbrannte sie dort vor meinen Augen infolge eines sinnlosen Gewaltaktes. Ich war wie versteinert. Was sollte ich tun? Ich bat unser Hausmädchen, Kaffee zu machen, und setzte mich dann ruhig hin und trank ihn, bevor ich aus dem Haus ging, um mir den Schaden anzusehen. Diese Kerle hatten ganze Arbeit geleistet! Sie hatten alle Wirtschaftsgebäude geplündert, die Räder meiner Traktoren mit Äxten abgehackt, und alles, was ihnen in die Hände gefallen war, beschädigt oder zerstört. Ich hatte in einer einzigen Nacht alles verloren. Als der Morgen kam, war ich völlig bankrott.

Nach diesem Vorfall blieb ich noch ein Jahr in der Gegend und versuchte, zu verkaufen, was zu verkaufen war. Immer noch wurde ich ständig beschossen und angegriffen. Schließlich rief ich einige meiner Verwandten herbei, damit sie bei meiner Frau und meinen Kindern blieben, und machte mich auf, um mich nach einer anderen Lösung umzusehen.

Während dieses letzten Jahres hatte einer meiner Schulfreunde von meinen Schwierigkeiten gehört. Er war stellvertretender Personalchef der Shell Oil Company. Er schrieb mir und machte mir ein Angebot. Seine Gesellschaft suchte angeblich dringend einen Mann wie mich. Er schrieb, man brauche einen Mann, der Englisch sprechen und Französisch lesen könne und der sich sehr gut im türkischen Landleben auskenne. Es ging um die Stelle eines Verkaufsvertreters für die Abteilung für landwirtschaftliche Pflanzenschutzmittel. Dieser Vertreter sollte Kontakt zu den türkischen Bauern und Obstzüchtern aufnehmen und ihnen die Pflanzenschutzmittel von Shell vorstellen. Der Betreffende müsse sich in den kleinen Dörfern wohl fühlen, denn er müsse dort schlafen, essen und mit der Landbevölkerung reden. Außerdem müsse er in der Lage sein, die Firma bei internationalen Industrie-Kongressen zu vertreten. Mein Freund drängte mich in seinem Brief, daß ich mich um diese Position bewerben solle, denn seiner Meinung nach sei nur ich dafür geeignet.

Ich entschloß mich, nach Istanbul zu reisen, um nähere Erkundigungen über das Angebot einzuziehen. Doch als ich mich vorstellte und sie herausfanden, daß ich 41 Jahre alt war, verbreitete sich zunächst eine gewisse Betretenheit. In der Shell Oil Company war es die Regel, niemanden einzustellen, der älter als 35 war. Der Leiter der Chemie-Abteilung, der auch Manager der Landwirtschafts- und Industrie-Abteilung war, wollte mich jedoch unbedingt haben.

Sein Name war Jensen, und ich war ihm offenbar auf Anhieb sympathisch. Er beschäftigte sich genau mit meinem bisherigen Leben, und er nahm mich innerhalb einer Woche zu drei Reisen mit: einer zur Ägäis-Küste, einer zur Mittelmeerküste und einer nach Zentral-Anatolien. Er wollte mir zeigen, was die Gesellschaft bereits aufgebaut hatte und was in nächster Zeit geschehen sollte. Im Verlauf dieser Reisen kam er zu der Überzeugung, daß ich genau der richtige Mann für diesen Posten sei. Deshalb schrieb er nach London, um die Genehmigung des Londoner Büros einzuholen, daß er mich anstellen dürfe, obwohl ich die betriebsinterne Altersgrenze bereits überschritten hatte. Die Genehmigung wurde erteilt, und so wurde ich als Vertreter der landwirtschaftlichen Abteilung eingestellt. Später wurde ich stellvertretender Leiter der Chemie-Abteilung und dann Leiter der landwirtschaftlichen Abteilung.

Zum erstenmal in meinem Leben arbeitete ich nun für ein Gehalt. Ich war das erste Mitglied meiner Familie sowohl väterlicher- als auch mütterlicherseits, das für Lohn arbeitete. Ich war 41 Jahre alt und gewohnt, ein freies Leben mit allem, was dazu gehört, zu führen. Diese Veränderung war ganz bestimmt nicht einfach für mich zu bewältigen, doch gewöhnte ich mich recht schnell an dieses neue Leben.

Ich arbeitete insgesamt nur ein Jahr lang für Shell, weil man mir bei der British Petroleum Company einen wesentlich besseren Posten anbot – eine ähnliche Arbeit, jedoch diesmal nicht im Pflanzenschutzbereich. Die neue Position war die eines Distrikt-Managers. Ich erhielt ein unabhängiges Büro an der Schwarzmeerküste in der Stadt *Trabzon* (Trapezunt). Achtzehn Angestellte arbeiteten unter meiner Leitung, und mein Gehalt war dreimal so hoch wie bei Shell. Außerdem stand mir nun ein Wagen mit Chauffeur zur Verfügung, und ich verfügte über ein Spesenkonto.

Es war wirklich keine schlechte Stellung, doch nach all den recht unglücklichen Erlebnissen beschloß ich, in einem anderen Land eine neue Heimat zu suchen. Ich wollte nicht mehr in der Türkei leben, und ich wußte, daß ich nicht in mein Heimatland zurückkehren konnte. Deshalb wanderte ich im Geiste um die Welt, um nach einem neuen Land Ausschau zu halten.

7

Auswanderung nach Kanada

Nachdem ich im Geiste um die ganze Welt gereist war, mit vielen Menschen gesprochen und viel über die Länder, die mich interessierten, gelesen hatte, fertigte ich eine Liste von achtzehn Ländern an, von denen ich mir vorstellen konnte, daß sie unsere neue Heimat werden könnten. Auf meiner Liste befanden sich die Vereinigten Staaten, Kanada, Australien, Neuseeland, alle afrikanischen Länder, Frankreich und Madagaskar. Ich sammelte weitere Informationen über diese Länder, und allmählich strich ich aus den unterschiedlichsten Gründen die meisten wieder von meiner Liste. Einmal erschien mir die Politik in diesen Ländern zu radikal, dann war sie mir wieder zu imperialistisch. Schließlich waren nur noch drei Länder übriggeblieben: Kanada, Australien und Neuseeland. Wenn ich auswandern würde, dann in eines dieser drei Länder.

Meine Verwandten und Freunde waren zutiefst beunruhigt wegen meines Vorhabens und taten alles, was in ihrer Macht stand, um mich davon abzubringen. Mir war klar, daß ich eine ausgezeichnete berufliche Position hatte, aber ich war nun einmal fest davon überzeugt, daß die Türkei nicht mehr das für mich geeignete Land war. Deshalb war ich von meinem Plan nicht abzubringen.

Unterdessen übte ich weiterhin meine Tätigkeit bei der British Petroleum Company aus und überlegte, nach welchem Kriterium ich mich für eines der drei verbliebenen Länder entscheiden sollte. Die Entscheidung fiel mir schwer, weil jedes der drei irgendeinen Vorteil gegenüber den anderen beiden hatte. Kanada sagte mir vor allem wegen seines Klimas zu, und tief in meinem Inneren verspürte ich eine besondere Vorliebe für Kanada. Aus irgendeinem Grunde sind mir der Name Kanada und die geographische Lage dieses Landes seit meiner Kindheit besonders sympathisch gewesen. Daß Kanada ein großer Kontinent war, erschien mir vorteilhaft. Man war dort weniger isoliert als in Australien und Neuseeland. Ich hatte in neuerer Zeit geschäftliche Kontakte zu Kanada gehabt, was zwar kein besonders wichtiger Punkt war, mir jedoch zusätzliche Möglichkeiten eröffnete, mich über das Land zu informieren. Als Präsident der türkischen Haselnußpflanzer der Schwarzmeerküste hatte ich für diese Gruppe den Schriftverkehr mit vielen englischsprachigen Ländern abgewickelt, und Kanada war eines dieser Länder gewesen. Die Kooperative der Haselnußpflanzer hatte ein Bankkonto bei der Bank von Montreal, und aus diesem Grunde hatte ich auch ein persönliches Konto bei der gleichen Bank eröffnet. So war eine Verbindung zwischen mir und dem Land entstanden.

Andererseits gefiel mir der Lebensstil von Australien und Neuseeland besonders gut. Er erschien mir konservativer als derjenige der Kanadier, und außerdem waren Australien und Neuseeland weiter von den Vereinigten Staaten entfernt, deren Einfluß auf andere Nationen mir nicht sonderlich behagte. Ich hatte die Vereinigten Staaten wegen der Rassendiskriminierung und der starken Begünstigung der Weißen in diesem Lande von meiner Liste gestrichen. Ich fragte mich, ob Kanada früher oder später unter den Einfluß dieser mächtigen Nation geraten und ihr ähnlich werden würde, doch ich wußte, daß die Situation in Kanada zumindest zum damaligen Zeitpunkt noch anders war als in den USA.

Da ich zu keinem Entschluß kommen konnte, bewarb ich mich in allen drei Ländern um die Einwanderung und wartete ab, wie sich die Dinge entwickeln würden. Schließlich schrieb ich noch an die Regierungen und bat um Zusendung von Informationsschriften über das jeweilige Land. Ich abonnierte kanadische Zeitungen und Zeitschriften – *Vancouver Sun, Le Devoir* und *MacLeans*. Als ich schließlich in Kanada ankam, war ich bereits besser über das Land informiert als der durchschnittliche Kanadier.

Bei dieser Suche war meine Verbindung zur Union Church in Istanbul eine große Hilfe. Ich war Mitglied dieser nichtkonfessionellen, englischsprachigen Kirche geworden. Sie befand sich im holländischen Konsulat in Istanbul, in einem wunderschönen kleinen Steingebäude, und es war eine sehr feine Kirche und eine sehr distinguierte Gemeinde. Einige Gemeindemitglieder hatten Verwandte in den Ländern, für die ich mich interessierte. Ich schrieb an diese Leute Briefe, um noch mehr Informationen über die Länder zu sammeln. So nutzte ich jede Gelegenheit, um zu einer fundierten Entscheidung zu gelangen.

Ein paar Wochen, nachdem ich meine Bewerbungsbriefe an die drei in Frage kommenden Länder abgeschickt hatte, erhielt ich von der australischen Regierung eine Antwort, in der man sich für meine Bewerbung bedankte, jedoch bedauernd mitteilte, das Land nehme keine türkischen Einwanderer auf. Obgleich ich Abchase war, war ich natürlich türkischer Staatsbürger und besaß einen türkischen Paß. Zwei Wochen, nachdem ich diesen Brief erhalten hatte, traf ein Schreiben aus Neuseeland ein, in dem man ebenfalls für meine Bewerbung dankte, jedoch bedauernd ablehnte, weil das Land keine Einwanderer der *gelben Rasse* aufnehme! Eine der Befürchtungen, die ich selbst wegen Neuseeland hegte, war die isolierte Lage des Landes und meine Angst, daß die größte zukünftige Gefahrenquelle für die Welt wahrscheinlich von der gelben Rasse ausgehen würde. Ein paar Weiße, die ein Land inmitten der größten Rasse der Welt bewohnen, befinden sich in einer sehr schwierigen Situation.

Andererseits erschien mir die Antwort aus Neuseeland völlig rätselhaft. Ich begriff ihren Sinn nicht. Deshalb ging ich zu Mr. Ratcliffe in Istanbul, der im britischen Konsulat das Ressort für neuseeländische Angelegenheiten leitete. Keines der drei Länder, die mich interessierten, hatte zu jener Zeit ein eigenes Konsulat in Istanbul.

«Ich habe diesen Brief hier aus Neuseeland erhalten», sagte ich zu ihm, «und ich verstehe nicht, was er bedeutet. Können Sie es mir erklären?»

Er schaute sich zuerst den Brief an, dann mich, und sagte anschließend: «Sind Sie zufällig selbst Mr. Yagan?»

Ich antwortete: «In der Tat bin ich das.»

Er war verblüfft und nicht in der Lage, mir eine Antwort zu geben. Ich fuhr fort: «Ich bin geborener Kaukasier, und ich bin stolz darauf, daß ich das bin. Sie nennen sich Kaukasier (*caucasian* bedeutet in englischsprachigen Ländern «Mensch weißer Rasse». Anm. d. Übers.), und Sie wissen nicht, warum Sie sich so nennen, außer, um darauf hinzuweisen, daß Sie der weißen Rasse angehören. Wie diese Leute mich als Mitglied der gelben Rasse bezeichnen können, ist mir rätselhaft.»

Er sagte: «Lassen Sie Ihre Bewerbung hier. Ich werde mich um die Sache kümmern.»

Ich tat dies und wartete, was sich daraus entwickeln würde.

Einige Zeit später rief er mich an und bat mich, ihn noch einmal im britischen Konsulat aufzusuchen. Er wirkte ein wenig betreten und sagte, er habe herausgefunden, warum ich als Mitglied der gelben Rasse bezeichnet worden sei. Die neuseeländische Einwanderungsbehörde habe Asien einschließlich der Türkei auf ihrer Länderkarte gelb gefärbt. Da ich im Besitz eines türkischen Passes sei, sei ich automatisch von dieser Regelung betroffen. Er sagte mir, er habe nach Neuseeland geschrieben und meine Situation erklärt.

Drei Wochen später fand ich zu Hause zwei Briefe vor, einen aus Kanada und einen aus Neuseeland. Ich öffnete zuerst den Brief aus Neuseeland und las: «Infolge weiterer Untersuchungen in Ihrem Fall sind wir zu der Überzeugung gekommen, daß Sie sich in Neuseeland erfolgreich ansiedeln könnten. Bitte senden Sie ein neues Gesuch an unsere Botschaft in Athen, wo man Ihnen mitteilen wird, welche weiteren Schritte Sie unternehmen müssen.»

Dann öffnete ich den Brief aus Kanada und las: «Vielen Dank für Ihren Brief, in dem Sie sich um einen ständigen Wohnsitz in Kanada bewerben. Nach Überprüfung Ihres Falles sind wir zu der Überzeugung gekommen, daß Sie Chancen haben, sich in Kanada erfolgreich anzusiedeln. Wir sind bereit, Sie und Ihre Familie in unserem Land willkommen zu heißen. Im Frühjahr wird ein Prüfungsteam die Türkei besuchen und sich mit Ihnen wegen eines Treffens in Verbindung setzen. Falls das Ergebnis dieser Prüfung positiv ausfällt, müssen Sie sich einer medizinischen Untersuchung unterziehen. Damit sind alle Formalitäten für Ihre Einwanderung erledigt. Bitte geben Sie vorläufig Ihre Arbeitsstelle nicht auf. Das Verfahren kann mehrere Monate dauern.»

Mir wurde sofort klar, daß meine Entscheidung damit gefallen war. Kanada hatte mich schon im ersten Brief akzeptiert, und Neuseeland war ein so unwissendes Land, daß man dort nicht einmal richtig über die Weltgeschichte informiert war. Warum hätte ich in ein Land übersiedeln sollen, das so von Ignoranz und Vorurteilen geprägt war? Meine Entscheidung stand fest: Ich würde nach Kanada gehen. Fortan interessierte ich mich nicht mehr für die übrigen Länder und fing an, Vorbereitungen für unsere Auswanderung nach Kanada zu treffen.

Ich beschloß, meine Stelle zu kündigen, obgleich die kanadische Einwanderungsbehörde mich genau davor gewarnt hatte. Ich hatte jedoch Probleme mit dem Verkauf meines persönlichen Besitzes in der Türkei. Drei Monate später hörte ich auf zu arbeiten und machte mich daran, meine persönlichen Angelegenheiten in Ordnung zu bringen. Es dauerte nicht lange, da erkannte ich, daß dies unmöglich war. Ich wurde in einen Prozeß gegen die türkische Regierung wegen gewisser mit Landbesitz zusammenhängender Probleme verwickelt. Ungefähr ein Jahr, bevor all dies sich anbahnte, war mir klargeworden, daß ich immer noch Land in der Türkei besaß, ein großes Areal am Rande der Stadt Chorlu. Die Familie hatte vergessen, daß dieses Gelände ihr gehörte, und die Situation dort ähnelte derjenigen, die ich angetroffen hatte, als ich die Ländereien in der Nähe von Chorlu übernommen hatte. Niemand hatte Widerspruch gegen die unrechtmäßige Besetzung dieses Landes eingelegt, und infolgedessen war auf dem Land gebaut worden. Es war bearbeitet und kultiviert worden, und nun befanden sich darauf Sachwerte im Gegenwert von 250 000 000 türkischen Lira – das sind nach heutigem Wert 12 000 000 Dollar. Als ich meinen Anspruch auf dieses Land erheben wollte, stellte ich fest, daß die Situation unlösbar kompliziert geworden war. Mir blieb nichts anderes übrig, als bei meinem Aufbruch nach Kanada meinem Schwager Jengis, einem Rechtsanwalt, die Vollmacht in dieser Angelegenheit zu übertragen.

Ich konnte also nichts tun, um meine persönlichen Angelegenheiten in Ordnung zu bringen, und ich hatte keine Arbeit mehr. Folglich blieb mir nichts übrig, als zu warten, bis wir aufbrechen würden. Eines Tages kehrte ich nach Hause zurück, und Maisie sagte, daß ein Mr. Jank angerufen habe. Als ich ihn zurückrief, stellte sich heraus, daß er Verkaufsleiter der Goodyear Company war. Die Gesellschaft hatte ihre Niederlassung in der Türkei gerade erst eröffnet und war dabei, eine Fabrik zu errichten und ein unabhängiges Händlernetz aufzubauen. Gesucht wurde jemand, der dieses Händlernetz in dem Distrikt aufbauen würde, in dem ich auch als Distrikt-Manager für die British Petroleum Company gearbeitet hatte. Die British Petroleum Company hatte mich empfohlen.

Als ich mit Mr. Jank sprach, sagte er, er wolle mich sofort treffen, und wenn ich kein eigenes Transportmittel hätte, würde er ein Fahrzeug mit Chauffeur schicken, um mich abholen zu lassen. Er sagte, er würde mich gerne als Distrikt-Manager für den gleichen Distrikt einstellen, den ich vorher für B. P. betreut hätte, und er würde mir mehr bezahlen als mein vorheriger Arbeitgeber. Ich protestierte, aber er hörte nicht zu.

Er sagte: «Wir wissen, daß Sie nach Kanada auswandern wollen, aber wir möchten gerne, daß Sie noch so lange wie möglich hierbleiben und für uns arbeiten. Es könnten sechs Monate sein, es könnten zehn Monate sein, es könnte auch ein Jahr sein. Das spielt keine Rolle. Lehnen Sie dieses Angebot nicht ab!»

«Also gut, wenn Sie über meine Situation Bescheid wissen», antwortete ich. Er fragte mich, ob ich ihn kennen würde, und ich antwortete, daß dies nicht der Fall sei.

«Ich habe am Sonntag vor zwei Wochen in der Kirche hinter Ihnen gesessen. Ich bin mir sicher, daß wir gut miteinander auskommen werden. Ich bin sehr erfreut darüber, daß Sie die Person sind, die man mir empfohlen hat.»

«Gelobt sei der Herr», sagte ich. Ich arbeitete noch elf Monate für Goodyear, bis zu dem Tag, an dem ich die Türkei verließ. Diesmal nahm ich meine Familie nicht mit zum Schwarzen Meer, sondern ließ sie in Istanbul zurück, während ich in einem Hotel lebte. Einmal im Monat reiste ich zu Konferenzen nach Ankara oder Istanbul, und bei diesen Gelegenheiten besuchte ich auch meine Familie.

Im Frühling wurden wir zu unserem Gespräch mit den Beamten der kanadischen Einwanderungsbehörde gebeten. Nachdem die medizinischen Untersuchungen abgeschlossen waren, brachen wir am 20. November 1963 auf. Ich verließ mit Maisie und den vier Kindern Istanbul mit dem Simplon-Express. Jeder von uns trug einen Koffer.

In München unterbrachen wir unsere Reise für zwei Tage, um eine Gruppe kaukasischer Immigranten zu besuchen, die gehört hatten, daß ich nach Kanada auswandern wollte. Sie hatten mich gebeten, sie zu besuchen und mit ihnen über die Möglichkeiten der Auswanderung nach Kanada zu sprechen. Im Anschluß an unseren Besuch fuhren uns sechs von ihnen in vier Autos nach Amsterdam. Von dort nahmen wir ein Flugzeug nach Montreal und landeten am 25. November auf dem Dorval-Airport.

Nachdem wir in das Land eingereist waren, wurden wir erneut von den Einwanderungsbehörden überprüft und ein zweites Mal medizinisch untersucht. Der Untersuchungsarzt war ein Franko-Kanadier, der mich fragte, ob ich Französisch oder Englisch spreche. Ich antwortete, ich spräche beide Sprachen, doch meine Kinder sprächen nur Englisch. Er zog es vor, Französisch mit mir zu reden, und ich fühlte mich von diesem ersten Kontakt an mit einem Kanadier in diesem Land zu Hause. Wir wurden auch von einem englischsprechenden Beamten der Einwanderungsbehörde befragt, der wie ein soeben pensionierter britischer Major aussah. Er war sehr höflich und fragte mich auch wieder, ob wir Französisch oder Englisch sprächen. Ich antwortete auch diesmal: «Ich spreche beide Sprachen, Sir, und meine Kinder sprechen Englisch.» Daraufhin meinte er, ich würde ein guter Kanadier werden. Während er sich meine Papiere anschaute, notierte er meinen Namen, Murat Yagan, und fragte mich, wie man diesen Namen ausspreche. In der Türkei, in Deutschland, in Frankreich und in Abchasien wird mein Name unterschiedlich ausgesprochen. Deshalb antwortete ich: «Wie ich meinen Namen ausspreche, ist unwichtig. Ich kann nicht 20 Millionen Kanadiern vorschreiben, wie sie meinen Namen aussprechen sollen.» Er sah sich den Namen genau an und sprach ihn dann so aus, wie er es als Kanadier für richtig hielt. Ich merkte mir diese Aussprache und übte dann drei Tage lang, meinen Namen auf diese Weise auszusprechen, und so wurde er später allgemein bekannt.

Wir waren um 6.00 Uhr morgens in Montreal angekommen, und unser Zug nach Vancouver sollte um 17.00 Uhr abfahren. Deshalb mußten wir, nachdem die Zollabfertigung und die Formalitäten bei der Einwanderungsbehörde erledigt waren, ziemlich lange warten. Wir waren alle sehr müde. In München waren wir die ganze Nacht wach geblieben, um mit unseren Freunden zu reden. Danach waren wir ohne Unterbrechung nach Amsterdam gefahren. Nach dem langen Flug über den Atlantik, den ich bei dieser Gelegenheit zum erstenmal in meinem Leben überquerte, spürten wir nun allmählich die ermüdenden Auswirkungen der langen Reise. Maisie schlug vor, daß wir in Montreal ein Zimmer in einem Motel mieten sollten, wo wir uns duschen und den Tag über ausruhen könnten und wo sie uns ein gutes Essen kochen könnte, denn während der Reise hatten wir nur Snacks und Sandwiches gegessen. Wir suchten also ein Motel und fanden schließlich ein Zimmer mit einer kleinen Küche. Ich zog mit Maisie los, um ein paar Lebensmittel zu kaufen. Dann bereitete sie das Essen für uns zu und deckte den Tisch. Als meine jüngste Tochter, die damals vierjährige Dal, dies sah, sagte sie: «Oh, wir sind arm gekommen, und plötzlich sind wir wieder reich.» Sie sagte das, weil sie so viele Tage lang beim Essen an keinem Tisch gesessen hatte.

Als das Essen fertig war, versuchte Maisie, den Vorhang zuzuziehen. Ich fragte sie, warum sie das tue. Sie antwortete: «Wir werden uns um den Tisch setzen, und wir werden beten, und dabei sollte uns niemand sehen.» Dieses Verhalten entsprach unserer Situation in Istanbul. Die religiöse Verfolgung dort war sehr subtil, und wir waren tatsächlich gezwungen gewesen, insgeheim zu beten. Ich sagte: «Nein, Liebling. Wir leben jetzt in einem freien Land, du brauchst die Vorhänge nicht mehr zuzuziehen. Wir werden beten, und wir werden Halleluja singen!»

So denkwürdig begann unser Leben in Kanada. Wir sagten Dank für unser erstes Essen in Kanada, und alle Welt konnte uns dabei zusehen.

Am Abend nahmen wir den «Continental»-Zug der kanadischen Eisenbahn, der uns in drei Tagen nach Vancouver brachte. Wir erreichten unser Ziel am 29. November. Nun waren wir eine brandneue Einwandererfamilie aus der Türkei, und wir hatten türkische Pässe und ein kanadisches Einwanderungsvisum. Unser Leben in Kanada konnte beginnen. Ich war damals ein Mann von 46 Jahren, der zukünftige Ernährer einer sechsköpfigen Familie. Unser jüngstes Kind, Dal, war vier Jahre alt. Unsere beiden Söhne waren im Alter von zwölf und vierzehn Jahren, und unsere älteste Tochter war sechzehn. Ich hatte alle vor unserer Abreise auf die Schule in einem englischsprachigen Land vorbereitet, indem ich ihnen ein ganzes Jahr lang Englischunterricht gegeben hatte. Außerdem hatten sie Gelegenheit gehabt, ihre Englischkenntnisse in einer Sonntagsschule in Istanbul zu verbessern. Unser jüngstes Kind konnte nicht so gut Englisch sprechen wie die drei älteren, und meine Frau sprach nur ein paar Wörter.

Mein erstes Problem war, eine Arbeitsstelle zu finden. Ich hatte in meinem bisherigen Leben in keinem Beruf gearbeitet, der mir in Kanada hätte von Nutzen sein können. Wie ich bereits erwähnt habe, habe ich mit 41 Jahren zum erstenmal für ein Gehalt gearbeitet. Vorher war ich trotz der vielen Aktivitäten, mit denen ich mein Leben ausgefüllt habe, stets als Arbeitgeber für andere Menschen aufgetreten. Einige von ihnen hatten schon im Dienste unserer Familie gearbeitet, als wir noch auf den Höhen des Kaukasus gelebt hatten, und andere, seit unsere Familie im Jahre 1918 in die Türkei immigriert war. Meine erste bezahlte Tätigkeit in der Türkei war eine Managerposition gewesen; hier in Kanada mußte ich bereit sein, jede Arbeit zu übernehmen, die mir angeboten wurde, und ich war dazu bereit. Ich betrachtete dieses Abenteuer als eine Gelegenheit, mich selbst zu testen. Ich war in meinem neuen Heimatland völlig unbekannt und bedeutungslos. Niemand hier würde mich als Absolventen einer berühmten Schule erkennen oder als Sohn eines berühmten Mannes. Ich war einfach irgendein männlicher Einwanderer, gesund, stark, körperlich in der Lage anzupacken, wo es erforderlich war. Ein neuer Horizont lockte mich. Ich war nun einfach Murray Yagan.

Wir hatten nur eine begrenzte Menge Geld aus der Türkei mitbringen dürfen, und so hatte ich nur 1500 Dollar zur Verfügung. Mehr besaß ich nicht, und ich trug stets das gesamte Geld in der Tasche bei mir. Trotzdem machte ich mir auch nicht einen Augenblick lang Sorgen. Ich war zu allem bereit.

Ich persönlich bin der Ansicht, daß wir im Grunde nicht arbeiten, um unseren Lebensunterhalt zu verdienen, sondern daß Arbeit unsere Verbindung zum Leben ist – das ist alles. Keine von Gottes übrigen Kreaturen sorgt sich wirklich um Nahrung oder Behausung, sondern nimmt einfach an den Aktivitäten des Lebens teil, und genauso verhält es sich auch beim Menschen. Wenn ein Mensch aktiv genug bleibt, stellt das Leben alles bereit, was er braucht. Mein Herz war von der Überzeugung erfüllt, daß ich nicht allein, sondern Teil eines Ganzen war und als Teil dieses Ganzen lebte. Wenn das, wozu ich gehörte, lebte, würde auch ich leben. Wenn es andererseits sterben würde, würde auch ich sterben. Doch ich wußte, daß das, wozu ich gehörte, unsterblich war, und deshalb mußte auch ich unsterblich sein. Es war kein rationales Wissen, das mir dieses Gefühl gab, und einige Leute beklagten sich, ich hätte eine fatalistische Einstellung. Doch so fühlte ich nun einmal, und es war mir nicht möglich, mein Gefühl zu verändern. Ob sie recht hatten oder ich, war nicht nachprüfbar, deshalb war es mir gleichgültig. Natürlich machte ich eine Menge Fehler, und der erste Fehler war die Unterkunft, die ich für uns in Vancouver wählte.

Statt meine derzeitige finanzielle Lage zu berücksichtigen, suchte ich mir ein Hotel der Art aus, wie ich sie von Istanbul und von meinen bisherigen Reisen gewohnt war. Früher hatte ich mir nie Gedanken über den Preis eines Hotelzimmers gemacht, sondern mir einfach irgendein Hotel ausgesucht, das meinem damaligen Lebensstil entsprach. Und diesmal hatte ich es genauso gemacht. Ich hielt auch nicht einen Augenblick lang inne, um mir darüber klarzuwerden, wieviel Geld wir hatten und wie lange es reichen würde, doch nach einer Woche stellte ich fest, daß 800 von unseren mageren 1500 Dollar bereits ausgegeben waren. Nun wurde mir klar, daß ich einen schweren Fehler gemacht hatte. Während der ganzen ersten Woche in Vancouver war mein Geist mit vielen verschiedenen Dingen beschäftigt, doch am allerwenigsten hatte ich mich um die Hotelrechnung gekümmert.

Wir waren mitten in der Woche in Vancouver angekommen, und das erste, was ich tat, war, zur Einwanderungsbehörde zu gehen, die zu jener Zeit ihren Sitz am Ende der Burrard Street hatte, um mich um eine Arbeit zu bewerben. Ich übergab dem Beamten an der Rezeption alle meine Papiere und Beglaubigungsschreiben, und nachdem er sie sich angeschaut hatte, sagte er, ich sollte einen Mr. Ross aufsuchen, der für mein Anliegen zuständig sei. Der Empfangsbeamte stellte mich Mr. Appleby vor, mit dem ich über meine Situation sprach, und dieser brachte mich zu Mr. Ross. Nachdem er sich meine Papiere angeschaut hatte, sagte er mir, aufgrund meines gesamten Werdegangs könne man mir nicht einfach irgendeine Arbeit geben, doch andererseits gebe es zu dieser Jahreszeit nicht viele Angebote. Sofort sagte ich, er solle sich durch all meine Diplome, Abschlüsse und bisherigen Tätigkeiten nicht abhalten lassen, mir einfach erst einmal irgendeine Arbeit zu vermitteln.

Ich sagte: «Mr. Ross, ich bin ein gesunder Mann, und ich kann gut mit meinen Händen arbeiten. Ich bin körperlich nicht nur bei guter Gesundheit, ich habe auch eine gewaltige physische Ausdauer. Ich kann jede Menge harte Arbeit aushalten. Aufgrund meines bisherigen Lebens und meiner gesammelten Erfahrungen bin ich ein guter Mechaniker für Landmaschinen; ich habe meine eigenen Maschinen sechzehn Jahre lang in Ordnung gehalten. Ich weiß, wie man mit Landmaschinen umgeht, und ich kann jedes Fahrzeug fahren, vom Taxi bis zum Bulldozer. Ich kann auch mit allen schweren Baumaschinen umgehen. Ich habe viel Erfahrung im Leben in freier Natur, ich bin auch ein guter Schütze, und ich habe seit meiner Kindheit geritten. Ich könnte bei jeder Arbeit in freier Natur behilflich sein, weil ich weiß, was man tun muß, um unter extremen Bedingungen zu überleben. Obgleich das kälteste Klima, in dem ich bisher gearbeitet habe, minus 28 Grad Celsius war, weiß ich, daß ich auch bei kälteren Temperaturen arbeiten kann. Ich kann an jeden beliebigen Ort in Kanada gehen, wo es kälter ist.

Ich habe in der Vergangenheit alle Zimmermannsarbeiten selbst erledigt – das macht mir großen Spaß, und ich habe ziemlich viel Erfahrung darin. Außerdem habe ich auch alle Hufschmiedearbeiten selbst erledigt, und ich habe meinen Pferden aus Roheisen auf dem Amboß Hufeisen gemacht. Ich könnte als Reitlehrer und als Ausbilder für Turnierreiter arbeiten. Mein Abteilungsleiter bei der Shell Oil Company in der Türkei hat mir gesagt, ich sei in der Lage, mich mit Eskimos in ihrer vertrauten Umgebung und in ihren Kleidern zum Essen hinzusetzen und ihre Werkzeuge zu benutzen, ohne mich ungeschickt dabei anzustellen. Ich kann mich in jede Situation hineinfinden, in die man mich versetzt, und ich kann mich ohne Schwierigkeiten von einer Rolle auf eine andere umstellen. Ich bin flexibel und zielbewußt. Denken Sie über dies alles nach, und versuchen Sie, einen Arbeitsplatz für mich zu finden.»

Mr. Ross dachte darüber nach und fragte mich, wenn ich bereit sei, jede Arbeit zu übernehmen, ob ich dann auch Hausmeisterarbeiten verrichten würde. Ich hatte diesen Ausdruck noch nie gehört und bat ihn, mir zu erklären, was das sei. Er sagte, dabei gehe es darum, z. B. Büros und Schulen zu reinigen. Ich sagte daraufhin: «Ich habe noch nie Reinigungsarbeiten verrichtet, aber wenn ich in einem Team arbeite und wenn jemand bereit ist, mir zu erklären, was ich tun soll, so übernehme ich auch eine solche Arbeit. Ich bin sehr geübt im Erlernen neuer Fertigkeiten, und besonders gut bin ich in der Lage, Anweisungen zu folgen. Darin bin ich sowohl durch meine traditionelle Erziehung im Rahmen unseres Stammes als auch durch den Armeedienst geschult worden.»

Mr. Ross blätterte in meinen Papieren und bemerkte, daß ich in Istanbul einen Abschluß als Französischlehrer gemacht hatte. Er fragte mich, ob ich interessiert sei, Französisch zu unterrichten. Ich erklärte ihm, daß Französischunterricht ein Privileg gewesen sei, das jedem, der am Lyzeum von Galatasaray seinen Abschluß gemacht hätte, zugestanden wurde, und daß es eine anerkannte Qualifikation sei. Ich hatte in der Türkei sechs Monate lang Französisch unterrichtet; doch ich besaß kein Zertifikat des türkischen Erziehungsministeriums. Wenn ein solches in Kanada erforderlich sei, so könnte ich damit leider nicht dienen. Er sagte: «Das muß geklärt werden. Überlassen Sie das mir. Ich werde sehen, was ich für Sie tun kann.»

Er fragte mich, wieviel Geld ich hätte, und ich antwortete, ich hätte bei meiner Ankunft nur 1500 Dollar bei mir gehabt. Dieses Gespräch fand am zweiten Tag meines Aufenthalts in Vancouver statt, und unglücklicherweise fragte er mich nicht, in welchem Hotel wir wohnten, denn dann hätte er mir sicherlich auf taktvolle Weise zu verstehen gegeben, daß dies für unsere Situation das falsche Hotel sei. Da er nicht fragte, war es mein Schicksal, meine ersten 800 Dollar in jenem teuren Hotel zu verschwenden.

Während wir warteten und die Arbeitsstellensuche Mr. Ross überließen, verbrachten wir viel Zeit damit, Vancouver zu erforschen. Wir hatten uns in Kanada und besonders in Vancouver von Anfang an verliebt. Wenn ich morgens aus dem Fenster schaute, konnte ich die Kirchturmspitzen sehen. Das war ein gutes Gefühl für mich. Ich spürte den Wind der Freiheit in jedem Atemzug. Kanada war damals ein wunderschönes Land, doch ich war oft erstaunt über die beschränkte Sicht und die geistige Enge, welche kennzeichnend für die Weltsicht der Kanadier waren. Die meisten von ihnen hielten die Türkei für ein ziemlich rückständiges und Kanada für ein sehr fortschrittliches Land. Ich hatte erwartet, daß viele Dinge in Kanada besser sein würden als in der Türkei, doch in verschiedener Hinsicht spürte ich eine gewisse Oberflächlichkeit in der Einstellung der Kanadier. Die Menschen in der Türkei haben gewöhnlich ein wesentlich tieferes Verständnis für das Leben entwickelt. Obwohl ich keineswegs darauf aus war, mein neues Heimatland zu kritisieren, drängten sich diese Beobachtungen überraschenderweise auf; deshalb behielt ich sie in Erinnerung. Immer, wenn ich etwas Derartiges bemerkte, pflegte ich zu sagen: «Nun, es ist ein wunderschönes Land mit einer großen Zukunft, doch wir sollten nicht vergessen, daß es noch ein sehr junges Land ist.» Ich war aus einem Land mit vielen alten Monumenten und Ruinen gekommen. Es gab in der Türkei viele Orte, an denen sich 4000 Jahre alte Ruinen befanden. Wohin man auch ging, überall wurde man an die Vergangenheit und an das Altertum der Menschheitsgeschichte erinnert. In den Bergen des Kaukasus waren überall Dolmen (vorgeschichtliche Steingrabmäler) und Höhlen zu finden, die von Legenden und Zeitgenossenschaft der Sintflut Zeugnis ablegten. Einige dieser Legenden gingen auf Menschen zurück, die vor 26 000 Jahren gelebt hatten. Ich war so sehr an solche Erinnerungen an die Geschichte der Menschheit gewöhnt, daß ich mir ständig sagen mußte, daß Kanada als Land noch in den Kinderschuhen steckte.

Am ersten Sonntag, den wir in Kanada verbrachten, beschlossen wir, zur Kirche zu gehen. Da wir nicht wußten, welche Kirche wir am besten besuchen sollten, machten wir uns nach dem Frühstück einfach auf den Weg und gingen vom Meer weg bergaufwärts, um eine Kirche zu suchen, die uns zusagte. Auf dem Weg sprachen die Kinder fröhlich miteinander, und alle Welt konnte sehen, daß wir Neuankömmlinge waren. Wir kamen zu zwei stattlichen Kirchen, die einander auf zwei Seiten einer Straße gegenüberlagen. Eine der beiden nannte sich die United Church of Canada. Ihr Name war demjenigen unserer Kirche in Istanbul, der Union Church, sehr ähnlich, und wegen dieser Namensähnlichkeit fühlten wir uns von dieser Kirche angezogen. Ich hatte aus der Türkei die Überzeugung mitgebracht, daß die älteren, etablierteren Kirchen selbstzufriedener seien und es nicht gerne sähen, durch irgendwelche fremden Eindringlinge gestört zu werden. Die missionierenden Kirchen schienen mir immer etwas näher am Geist des Christentums zu sein als die traditionalistischen.

Ich erinnere mich, daß der Pfarrer dieser Kirche ein Mr. Cunningham war, ein sehr großer Mann. Er ist mittlerweile gestorben, doch ein Jahr nach dieser ersten Begegnung, als wir schon in Vernon lebten, trafen wir noch einmal mit ihm zusammen. Zu jener Zeit war ich bereits Gemeindeältester der United Church von Vernon, und ich erinnerte ihn daran, daß die erste Kirche, die wir in Kanada aufgesucht hatten, seine Kirche gewesen war.

Als wir nach dem Gottesdienst ins Freie kamen, schien die Sonne, und es war ein wunderschöner Sonntag. Wir wurden erstmals Zeugen eines speziellen kanadischen Vergnügens: Wir sahen die Football-Parade des Grey Club. Bei dieser Parade zogen Cowboys auf Pferden mit und Mädchen in Bikinis, und alle Zuschauer waren ziemlich aus dem Häuschen – und all dies trotz des kalten Wetters.

Am Montag suchte ich wieder Mr. Ross auf, und er fragte mich sofort, ob ich interessiert sei, zum Yukon oder in die Nordwest-Gebiete zu ziehen. Ich sagte, ich sei bereit dazu, vorausgesetzt, ich käme an einen Ort, wo meine Kinder eine Schule besuchen könnten. Ich wäre aber auch bereit, meine Familie in Vancouver zurückzulassen. Ich sei darauf vorbereitet, meine Familie für zwei Jahre zu verlassen, selbst wenn ich sie während dieser Zeit nicht besuchen könnte, falls dies notwendig sei, um mir in Kanada eine neue Existenz aufzubauen. Er versicherte mir, es gebe keine Probleme, und er stehe mit der Einwandererbehörde per Telex in Verbindung. Er schien meinetwegen eine Menge unternommen zu haben.

Später tat es mir ehrlich leid, was ich diesem Mann angetan habe, doch wir alle sind nur Menschen, und wir alle machen Fehler. Man kann Demut nicht über Nacht erlernen, aber ich war entschlossen, Demut zu erlernen, und bei diesem Versuch passierten mir einige böse Schnitzer. Man kann alles in einem gewissen Maße lernen, selbst wenn man nicht gerade dazu prädestiniert ist.

Ich war montags bei Mr. Ross gewesen, und mittwochs hatte ich immer noch keine Nachricht von ihm erhalten. Allmählich wurde mir klar, daß ich in Kanada nicht so schnell eine Arbeit finden würde, wie ich gehofft hatte. Wir waren nun seit einer Woche in Vancouver. Maisie hatte inzwischen den Eindruck, es könnte ziemlich lange dauern, und sie fing an, sich wegen unserer Ausgaben Sorgen zu machen. Sie sagte: «Vancouver ist nicht wie Deutschland, wo man eine Arbeit bekommt, sobald man ein Visum hat. Wir sollten vorsichtig sein, und ich meine, du solltest einmal um die Hotelrechnung bitten.» Ich stimmte ihr zu und stellte fest, daß die Rechnung sich mittlerweile schon auf etwas mehr als 800 Dollar belief. Ich bezahlte sofort, was wir schuldig waren, sagte Maisie, sie solle die Koffer packen, und wir zogen aus dem Hotel aus. Wir waren uns nicht sicher, was wir als nächstes tun sollten, doch ich erinnerte mich, irgendwo ein Hinweisschild mit der Aufschrift «Möblierte Zimmer» gesehen zu haben. Wir beschlossen, der Sache nachzugehen.

Es stellte sich heraus, daß es Zimmer mit Kochgelegenheit waren, und statt täglich 36 Dollar allein für die Übernachtung zu zahlen, brauchten wir hier nur 4,75 Dollar pro Tag zu zahlen. Außerdem konnten wir uns selbst etwas zu essen kochen und dadurch die Essensausgaben senken. Unser neues Domizil lag ebenfalls im Geschäftsviertel von Vancouver, am Gresham Hotel an der Ecke von Smythe und Granville. Die Besitzerin war eine hysterische junge Frau, die ihre Angestellten anschrie und die versuchte, mir Avancen zu machen. Wenn man sich in einer besonders schwierigen Lage befindet, so wie es bei uns der Fall war, erscheint man skrupellosen Menschen leicht als Freiwild.

Am Donnerstag ging ich wieder zu Mr. Ross. Er empfing mich sehr herzlich. «Aha», dachte ich, «er hat etwas für mich, Halleluja!» Er lächelte mich an, bot mir einen Stuhl an und sagte: «Mr. Yagan – wir haben beschlossen, Ihnen eine Unterstützung zukommen zu lassen, bis wir Ihnen eine Arbeit beschaffen können. Uns ist klar, daß Sie möglichst bald eine Arbeitsstelle finden möchten. Bleiben Sie mit uns in Verbindung. Rufen Sie zweimal wöchentlich an; wir werden schon etwas Geeignetes für Sie finden. Es könnte allerdings eine Weile dauern. Wahrscheinlich wird es vor Mai nichts werden.»

Ich war wie vom Schlag getroffen. «Mai! Wie meinen Sie das? Noch sechs Monate soll ich warten?» Mr. Ross versuchte, mir die Situation verständlich zu machen. «Im Augenblick befindet sich Kanada in einer Wirtschaftsflaute, doch Sie werden genügend Geld von uns bekommen, um in der Zwischenzeit überleben zu können. Vielleicht ist es sogar mehr als genug, wenn ich sehe, wie sparsam Sie mit Ihrer Familie zu leben verstehen.» Er wußte nichts von unseren Ausgaben im ersten Hotel und glaubte, wir seien besonders sparsame Leute! Mir war nicht genau klar, worauf er hinauswollte. Ich dachte, er würde mir eine Art Vorschuß auf meine späteren Einkünfte anbieten, die ich zurückzahlen müßte, sobald ich eine Stellung bekommen hätte. Wenn ich ihn genauer ausgefragt hätte, hätte ich genug erfahren, um ganz einfach zu antworten: «Nein. Das akzeptiere ich nicht, Mr. Ross. Wir denken besser über eine andere Lösung nach.» Aber ich fragte eben nicht nach. Ich erging mich in Annahmen und sagte, ich sei mit der Lösung einverstanden. Er gab mir ein Blatt Papier in die Hand und sagte, wohin ich damit gehen sollte. Kurz darauf stand ich mit Leuten in einer Schlange, die entweder Krüppel, alt oder Alkoholiker waren; auch ein paar erbärmlich wirkende ehemalige Straßendirnen waren darunter. Plötzlich wurde mir klar, wo ich mich befand.

Ich fragte das Mädchen an der Rezeption: «Was ist das für ein Amt hier?» Sie antwortete: «Das Fürsorgeamt, Sir.» Ich dankte ihr, verließ das Gebäude und kehrte unverzüglich zu Mr. Ross zurück. Ungefähr fünfzehn Meter hinter mir versuchte der Körper von Murat, mit mir Schritt zu halten. Irgendwie gelangte ich in das Büro, und sobald Mr. Ross mich sah, stand er blitzschnell vom Schreibtisch auf und fragte: «Mr. Yagan, was ist passiert?» Ich war blaß vor Wut. Ich sagte: «Mr. Ross, gerade von Ihnen hätte ich eine solche Beleidigung nicht erwartet! Ich bin nicht nach Kanada gekommen, um zu betteln. Ich habe nicht genug Geld, um in die Türkei zurückzukehren, aber ich werde es schon irgendwie schaffen, wenn ich in diesem Land unerwünscht bin und es zu schwierig ist, eine Arbeit für mich zu finden. Ich werde eher wieder zurückkehren, als daß ich mich zur Fürsorge schicken lasse.»

Mr. Ross wurde wütend auf mich und sagte höflich, aber mit einem unüberhörbaren Unterton von Ärger: «Mr. Yagan, Sie werden nicht zurückgehen, ganz gleich, ob Sie das Geld dazu haben oder nicht. Sie werden in Kanada bleiben. Sie investieren eine sehr nette Familie in dieses Land. Ihre Kinder sind die zukünftigen Kanadier, auf die wir uns freuen. Wir wollen sie unterstützen. Wenn Sie so stolz sind, sollten Sie nicht die Verantwortung für Ihre Kinder übernehmen. Es sind unsere Kinder, und es ist unsere Familie, und wir werden alles tun, um ihnen entsprechend unseren Bestimmungen und den Gesetzen dieses Landes zu helfen.»

Ich versuchte mit ihm zu verhandeln. «Gibt es denn keine Möglichkeit für mich, einen Bankkredit aufzunehmen? Könnten Sie nicht als Bürge für mich auftreten, damit eine Bank mir einen Kredit gewährt?»

«Was Sie vorschlagen, ist nach unseren Bestimmungen nicht möglich», antwortete er. «Wir können nicht für Sie bürgen. Das ist bei uns nicht üblich, und es ist auch noch nie gemacht worden. Wir kennen Sie nicht, und die Bank kennt Sie nicht. Tut mir leid.» Er hatte dies sehr entschieden gesagt. «Wir haben das Recht, Ihrer Familie zu *helfen*», fuhr er fort.

Auf seinen Ärger reagierte ich mit noch größerer Wut. Ich explodierte: «Mr. Ross, ich weiß Ihre Gefühle zu schätzen, aber so lange Sie diesen störrischen Kopf hier auf meinen Schultern sehen, kann niemand meinen Kindern *helfen*. Wenn Sie darauf bestehen, ihnen auf diese Weise zu helfen, dann werde ich Ihnen eine Gelegenheit dazu geben.» Ich stand auf und ging zur Tür.

Er brüllte hinter mir her: «Was meinen Sie damit, daß Sie uns eine Gelegenheit geben werden? Wollen Sie weglaufen und sie alleine zurücklassen?»

Ich blieb stehen und sagte: «Ich werde nicht weglaufen, aber wenn Sie sagen, so sei das Gesetz in diesem Land, und Sie würden mich nicht dorthin zurückschicken, woher ich gekommen bin, dann möchte ich Ihnen sagen, daß ich immer noch genügend Geld habe, um mir ein paar Liter Benzin zu kaufen. Ich werde auf ein großes Stück Pappe den

Grund für meine Aktion schreiben und dann auf den belebtesten Platz in der Stadt gehen, direkt vor dem Gericht; dort werde ich mich mit meinem Plakat hinsetzen, mich mit dem Benzin übergießen und ein Streichholz anzünden. Wenn ich dann nicht mehr da bin, können Sie meiner Familie helfen, aber nicht, solange ich noch lebe!»

Mr. Ross war ein sehr geduldiger und reifer Mann. Er hatte mit Sicherheit eine gute Ausbildung genossen, und ich wußte zu jener Zeit nicht zu schätzen, was er gesagt hatte. Ich wußte nicht, was ich tat. Ich schreibe dies nur, um zu zeigen, welche Erfahrungen ein Neuankömmling in einem fremden Land machen kann. Es war kein Akt des Stolzes, sondern ich fühlte mich unfair behandelt und konnte dies nicht ertragen. In dieser Verfassung verließ ich das Büro. Draußen in der Halle stand eine Gruppe von Leuten. Wir hatten uns ziemlich laut angebrüllt, und offenbar hatte man uns draußen gehört. Ich bemerkte, daß einige Blitzlichter von Kameras aufleuchteten. Ich war entschlossen, das, was ich Mr. Ross angekündigt hatte, auszuführen. Diejenigen, die den Streit mitgehört hatten, glaubten offenbar, ich würde es tatsächlich tun. Deshalb ließen sie mich nicht durch. Sie wurden zu einer undurchdringlichen Menschenmauer, denn sie wollten nicht zulassen, daß ich meine Drohung in die Tat umsetzte.

Mr. Ross verhielt sich wirklich fabelhaft. «Mr. Yagan», sagte er geduldig und verständnisvoll, «Sie werden sich nicht durch eine Selbstverbrennung umbringen. Sie sind Christ. Sie wissen, daß das Ende Ihres Lebens auf Erden nicht das absolute Ende Ihres Lebens ist. Nach einer solchen Tat würde Ihnen klarwerden, daß Sie einen schrecklichen Fehler gemacht haben.» Er dirigierte mich zurück in sein Büro. Mittlerweile war dort auch Mr. Appleby aufgetaucht, und man servierte uns Kaffee und Tee. Mr. Ross sagte nun zu mir: «Es ist meine Pflicht, Sie mit Gewalt von einem so schrecklichen Vorhaben abzuhalten.»

«Es tut mir leid», sagte ich. «Ich verstehe jetzt, daß das, was Sie mir angeboten haben, nach den Regeln dieses Landes keine Beleidigung war.»

«Bitte verstehen Sie», sagte er, «daß viele Kanadier und Europäer ein solches Angebot gerne annehmen würden. Wir hatten nicht erwartet, daß Sie so auf diesen Vorschlag reagieren würden. Es war gar nicht so leicht, unsere Vorgesetzten dazu zu bewegen, Ihnen eine Unterstützung zu bezahlen. Ich glaubte, Ihrer wundervollen Familie einen großen Dienst zu erweisen. Da wir nun wissen, wie Sie ein solches Angebot auffassen, ziehen wir unseren Vorschlag zurück. Wir werden nicht mehr darüber sprechen, und wir werden versuchen herauszufinden, ob es irgendeine Möglichkeit gibt, Ihnen einen Bankkredit zu besorgen. Soweit mir allerdings bekannt ist, stehen die Chancen dafür schlecht.» Ich fragte ihn, wann sein Büro öffnen würde. Als er geantwortet hatte, es öffne um 8.30 Uhr morgens, sagte ich, ich würde um diese Zeit da sein.

Alles, was ich soeben beschrieben habe, fand am frühen Morgen statt. Um 16.30 Uhr des gleichen Tages rief Mr. Ross mich an und sagte: «Mr. Yagan, wären Sie bereit, eine Arbeit bei einem Milchbauern zu übernehmen? Sie müßten dort Ställe ausmisten und Kälber füttern.»

«Ja», sagte ich, «wenn es in der Nähe eine Schule für meine Kinder gibt.»

«Es gibt eine Schule», fuhr er fort, «und außerdem eine Kirche und eine Sonntagsschule. Die Arbeitsstelle befindet sich in einer Stadt, die 50 Meilen von Vancouver entfernt liegt. Sie heißt Mission City. Die Milchfarm liegt an der Landstraße Nummer 3. Der Besitzer ist Mr. Doug Anderson. Ihre Arbeit wird darin bestehen, die Kühe zu füttern und die Ställe zu säubern. Sie werden eine Wohnung bekommen und 200 Dollar Lohn im Monat. Wenn Ihre Frau bereit ist, Ihnen bei der Arbeit zu helfen, wird sie zusätzlich 60 Dollar im Monat verdienen, und Sie werden außerdem jeden Tag Milch für Ihre Kinder bekommen. Strom und Heizung brauchen Sie auch nicht zu bezahlen.»

Meine bisherige Erfahrung in Kanada war, daß ich innerhalb von einer Woche 800 Dollar ausgegeben hatte. Deshalb fragte ich, ob man von diesem Lohn leben könnte. «O ja», sagte er, «Sie können sogar sehr gut davon leben.»

«Danke», antwortete ich. «Dann werde ich die Arbeit annehmen.» Noch am gleichen Tag zogen wir nach Mission um. Doug Anderson kam mit einem Lastwagen und holte uns samt unserem Gepäck ab. In der Nacht schliefen wir schon in dem Haus, das man uns auf dieser Farm in Mission, B. C., zur Verfügung gestellt hatte.

Ich war sehr glücklich. Am nächsten Tag begannen wir, die Ställe auszumisten. Obgleich ich in meinen eigenen Ländereien Landarbeit verrichtet hatte, hatte ich noch nie zuvor in meinem Leben «niedere Arbeit» verrichtet, und mir war nicht klar, daß es nicht nur Reithandschuhe, sondern auch Arbeitshandschuhe gab. Deshalb entwickelten sich, weil ich viel mit Schaufeln, Mistgabeln und Besen arbeitete, an meinen Händen schon bald Blasen, die aufplatzten und zu bluten anfingen. Ich versuchte jedoch tapfer weiterzuarbeiten. Die Blutblasen an meinen Händen wurden so unerträglich, daß ich kaum noch arbeiten konnte. Doch nach einiger Zeit wurden meine Hände härter.

Wir verbrachten unser erstes Weihnachtsfest in diesem Haus, und wir fühlten uns alle wohl und glücklich. Maisie half mir sehr und war äußerst kooperativ, die Kinder besuchten die Schule, und wir gewöhnten uns allmählich an den Rhythmus unseres neuen Lebens. Mein Körper gewöhnte sich an die ungewohnten Arbeitsabläufe, und meine Rücken- und Muskelschmerzen nahmen nach und nach ab. Die Arbeit war ziemlich anstrengend. Körperlich, geistig und psychisch gewöhnte ich mich allmählich daran. Doch nach vier Wochen geschah etwas, das unsere Situation erneut veränderte.

Wir besuchten eine Kirche, die in der Nähe eines Orts lag, der Hatzic Lake hieß. Ich glaube, der Name der Kirche war Riverview Church. Nach dem Gottesdienst luden uns der junge Pfarrer und seine Frau zum Mittagessen ein. Während des Essens erkundigte er sich, aus welchem Land wir kämen und wie unsere Situation dort gewesen sei. Schließlich fragte er mich, welche persönliche Erfahrung mich zum Christentum gebracht hätte. Ich beantwortete seine Fragen. Dann stellte er mir weitere Fragen, deren Ziel nun nicht mehr war, uns näher kennenzulernen, sondern er suchte bei mir Antworten für seine Probleme. Ich antwortete ihm entsprechend meiner Eingebung sehr rasch auf seine Fragen, und der Geistliche reagierte ein paarmal im Verlauf dieses Gesprächs sehr emotional. So unterhielten wir uns, bis es Zeit für uns wurde zu gehen. Er sagte mir zum Abschied, er sei hocherfreut über unsere Unterhaltung, und es sei eine Verschwendung für das Land, einen Mann wie mich Ställe ausmisten und Kühe füttern zu lassen.

Am folgenden Dienstag besuchte uns eine vierköpfige Delegation der Einwanderungsbehörde, ein Ehepaar und zwei Männer. Als die Delegation ankam, war ich gerade dabei, Futter aus dem Silo zu holen, um die Kühe zu füttern. Die Neuankömmlinge entfernten sich für eine Weile und kehrten zurück, als ich im Stall bei den Kühen war. Ich hatte den Stall gesäubert, und nachdem ich die Kühe gefüttert hatte, beseitigte ich noch einmal die Fäkalien. Als ich zum Mittagessen zurück ins

Haus ging, tauchte die Delegation erneut auf. Zuerst hatte ich gedacht, es wären Beamte von der Milchbehörde, die die Sauberkeit der Milchtanks überprüfen wollten. Ich wußte zu diesem Zeitpunkt noch nicht, daß sie von der Einwanderungsbehörde kamen.

Sie waren gekommen, um zu überprüfen, was für eine Art von Arbeit ich verrichtete. Erst später fand ich heraus, daß der Geistliche, mit dem wir am Sonntag zu Mittag gegessen hatten, berichtet hatte, ich sei ein sehr außergewöhnlicher Mensch, der möglicherweise *incognito* dort sei, zumindest schiene es ihm so. Es sei eine Verschwendung, mich wie einen gewöhnlichen Arbeiter zu behandeln, da ich das nicht sei. Man solle mir eine bessere Stellung geben, eine, in der ich mit anderen Menschen zu tun hätte und wo ich ihnen helfen könnte.

Während des Essens sagte ein Mitglied der Delegation zu mir: «Ihre Arbeit auf diesem Hof ist hiermit beendet.»

«Ist Mr. Anderson nicht zufrieden mit mir?» fragte ich. «Er kann sicherlich jemanden finden, der diese Arbeit besser macht als ich. Jemand, der die Arbeit auf einer Milchfarm schon sein Leben lang kennt, wäre sicherlich besser für ihn.»

«Das ist nicht der Grund», versicherte man mir, «aber wir werden eine bessere Arbeit für Sie suchen. Mr. Anderson weiß Bescheid.»

Mr. Anderson kam später dazu und gab uns unseren Lohn, und obwohl das nicht üblich war, gab er uns auch noch Urlaubsgeld. Gewöhnlich bekommen Farmarbeiter kein Urlaubsgeld. Außerdem sagte er, meine Familie könne weiterhin in dem Haus wohnen, bis ich an meinem neuen Arbeitsplatz eine Wohnung für uns gefunden hätte.

Ich verstand das alles nicht. Deshalb reiste ich nach Vancouver und besuchte Mr. Ross. Ich wollte mir sicher sein, daß das, was man mir vorgeschlagen hatte, nichts mit der Fürsorge zu tun hatte. Ich wollte Klarheit haben. Heute ist mir klar, wie töricht ich damals reagiert habe. Ich hätte die Zahlungen der Fürsorge akzeptieren sollen. Einen Monat später, als ich im Norden arbeitete, zog man mir von meinem Jahresgehalt von 5000 Dollar 800 Dollar an Steuern ab. Und ich wußte, daß dieses Geld dazu verwendet wurde, Neuankömmlingen zu helfen oder Menschen zu unterstützen, die diese Hilfe brauchten, so wie es auch bei mir anfangs der Fall gewesen war. Warum also hätte ich das Geld nicht akzeptieren sollen? Früher oder später würde ich es ohnehin zurückbezahlen.

Doch zum Zeitpunkt des Geschehens wollte ich immer noch nichts von der Fürsorge wissen. Deshalb besuchte ich Mr. Ross, um mich zu vergewissern. Er sagte mir, daß ich meine Familie sofort mit zu meiner neuen Arbeitsstelle nach Vernon, B. C., nehmen könnte. Wir würden einige Nächte in Penticton bleiben, und das Hotel sei für uns bezahlt. Dort würde ein Beamter der Einwanderungsbehörde mit Namen Mr. Childerstone Kontakt zu uns aufnehmen.

Ich war nicht unglücklich darüber, daß wir Mission verlassen sollten, und Maisie ging es genauso. Man hatte mir eine bessere Arbeit in Aussicht gestellt, und wir waren gespannt, was nun geschehen würde. Mr. Ross hatte mir zu verstehen gegeben, daß Mr. Childerstone ein paar Angebote für mich hätte, die den Vorstellungen der Einwanderungsbehörde von einer für mich geeigneten Arbeit entsprächen. Als wir mit dem Bus in Penticton eintrafen, holte Mr. Childerstone uns am Busbahnhof ab. Er brachte uns in ein sehr schönes Motel, und er machte einen guten Eindruck auf uns. Mr. Childerstone war ein englischer Gentleman im vorgerückten Alter. Er war sehr gütig und väterlich und wie ein englischer Landedelmann gekleidet mit seiner Tweedjacke, seinen Sergehosen und festen, auf Hochglanz polierten Schuhen. Ich erinnere mich, daß er unter seinem Jackett eine gelbbraune Weste trug und auf dem Kopf einen Tweedhut. Er hatte einen ausgeprägten Sinn für Humor, und seine Manieren waren tadellos. Ich mochte ihn sehr, und er hat uns später oft in Vernon besucht.

Wir verbrachten also ein paar Tage in diesem Motel in Penticton und wurden dann nach Vernon gebracht. Ich erhielt eine Arbeit als technischer Zeichner für einen Subunternehmer, der an der Planung des neuen Erholungszentrums in Vernon mitarbeitete. Ich hatte noch nie in meinem Leben als Zeichner gearbeitet, doch in meiner Schulzeit hatte ich in der wissenschaftlichen und mathematischen Abteilung einmal einen Zeichenkurs belegt. Ich arbeitete hier vier Monate lang und erhielt als Lohn 350 Dollar im Monat sowie Urlaubsgeld. Meine Miete betrug 40 Dollar im Monat für ein Haus mit fünf Schlafzimmern, und wenn Maisie einmal in der Woche Lebensmittel einkaufte, brauchte sie für einen solchen Einkauf insgesamt 25 Dollar. Wir waren glücklich in unserer neuen Situation, doch ich hatte das Gefühl, daß ich mich bei dieser Art von Arbeit zuviel in geschlossenen Räumen aufhielt und zuviel mit Papier zu tun hatte. Ich bin an das Leben in freier Natur gewöhnt. Ich muß allerdings auch gestehen, daß mir aufgefallen war, daß die Zimmerleute, die bei diesem Projekt mitarbeiteten, 475

Dollar im Monat verdienten. Und ich war ein guter Zimmermann. Deshalb entschloß ich mich, eine Arbeit als Zimmermann anzunehmen.

Als ich dies meinem Chef sagte, antwortete dieser: «Machen Sie keinen Unsinn. Ihr Job ist besser. Er ist wesentlich sicherer. Sie werden auf längere Sicht und sogar schon in näherer Zukunft mehr Geld verdienen. Im Augenblick verdienen die Zimmerleute monatlich 125 Dollar mehr als Sie, aber Sie verdienen mindestens 75 Dollar weniger als die übrigen Zeichner, weil Sie noch neu sind. Zimmerleute arbeiten gewöhnlich nur sporadisch, und sie haben Glück, wenn sie insgesamt acht Monate im Jahr Arbeit haben.»

Ich erklärte ihm, was mir durch den Kopf gegangen war. «Als technischer Zeichner bin ich dazu verurteilt, mein Leben lang ein kleines Rad in der großen Firmenmaschinerie zu sein. Als Zimmermann hingegen kann ich, wenn ich nur acht Monate im Jahr beschäftigt bin, ein eigenes Geschäft aufbauen. Ich kann selbst Häuser bauen. Ich kann Häuser reparieren, und ich kann Häuser kaufen, sie wieder instand setzen und sie anschließend verkaufen. Ich kann immer etwas tun. Aber was kann ich schon als technischer Zeichner tun? Für mich ist wichtig, daß ich jetzt Geld verdiene, nicht in Zukunft. Die Zukunft gehört meinen Kindern, doch ich muß sie jetzt unterstützen.»

Der Name meines Chefs war Mr. Ericson. Als er merkte, daß ich entschlossen war, meinen Plan in die Tat umzusetzen, sagte er: «Also gut, aber ich werde Ihnen helfen, in die Gewerkschaft zu kommen, und ich werde Sie selbst einstellen.» Er hielt sein Wort und beschaffte mir eine Arbeitserlaubnis der Gewerkschaft. Allerdings wurde ich erst später in Prince Rupert Vollmitglied.

Mr. Ericson behielt mit seiner Prognose recht, denn schon einen Monat, nachdem ich angefangen hatte, als Zimmermann zu arbeiten, begann ein Streik. Einen Monat lang erhielt ich ein besseres Einkommen als ein Zeichner, doch dann bekam ich gar nichts mehr, und die Zeichner hatten weiterhin Arbeit. Mr. Ericson zeigte sich sehr verständnisvoll mir gegenüber und bot mir an, mich auf Honorarbasis zu beschäftigen, doch er sagte, er könne mich nicht ständig entlassen und dann wieder neu einstellen. Er könne mir nicht den gleichen Lohn anbieten, den ich zuvor erhalten hätte, aber zumindest sei dies ja eine vorübergehende Lösung. Ich lehnte ab. Er war überrascht. «Warum?» fragte er mich. «Sie haben eine Verantwortung gegenüber Ihrer Familie, und Sie brauchen Geld. Sie können nicht wissen, wie lang dieser Streik dauern wird.»

Ich antwortete: «Das haben Sie mir schon gesagt. Ich habe die Entscheidung getroffen, und nun werde ich die Konsequenzen tragen. Es war meine Wahl, und ich muß daraus lernen.»

Ich machte mich also auf die Suche nach einer Arbeit, doch ich brauchte Werkzeug im Werte von mindestens 600 Dollar, um als selbständiger Zimmermann halbwegs angemessen ausgerüstet zu sein. Bisher hatte ich mir nur ein paar Handwerkszeuge gekauft, und die hatten schon 80 Dollar gekostet. Ich besaß einen Hammer, eine Wasserwaage, ein Winkelmaß aus Stahl und einen Zimmermannsgürtel. Einen Kasten für mein Werkzeug baute ich mir selber. Doch wenn ich wirklich selbständig Zimmermannsarbeiten übernehmen wollte, brauchte ich eine tragbare Elektrosäge, ein paar Bohrer, ein paar Handsägen, eine Rahmensäge, ein Schleifgerät, eine Fräse und noch ein paar andere Geräte. Ich wußte nicht, was ich tun sollte, ging rastlos umher und dachte fieberhaft über die Lösung des Problems nach. Irgendwann traf ich Mr. Paul, den Postmeister. Er war bereit, mir zu helfen, doch ich lehnte das höflich, aber bestimmt ab. Ich wollte selbst etwas tun. Ich hatte ausgerechnet, daß wir mit dem Geld, das wir noch hatten, ungefähr einen Monat auskommen würden. Kurz darauf fand ich eine Arbeit in einer Obstplantage, wo ich die Bäume beschneiden mußte. Ich arbeitete länger als zwei Monate dort. Danach war der Streik der Zimmerleute zu Ende.

Insgesamt blieben wir vierzehn Monate in Vernon. Ich mochte diese schöne Stadt. Die Menschen waren sehr nett, freundlich und warmherzig, und das Leben dort ähnelte stark dem Landleben, das wir früher in der Türkei geführt hatten. Das Leben in dieser Stadt war schon immer stark vom Miteinanderteilen geprägt gewesen, von Interesse aneinander, von Nachbarschaftsgeist und von Freundschaft. Ich war sehr beeindruckt von all dem. Der Ort war wunderschön, und das Klima behagte uns sehr, doch das Gefühl, zu Hause zu sein, gaben uns besonders die Leute, die dort lebten.

Als wir aus Vancouver in Vernon ankamen, waren wir innerhalb von zwei Tagen in ein leerstehendes Haus gezogen. Abgesehen von ein paar Bettgestellen, Matratzen und zerbrochenen Stühlen war es völlig leer. Die Einwanderungsbehörde hatte uns ein paar Decken zur Verfügung gestellt, und wir aßen auf Zeitungspapier, das wir auf den nackten Boden legten. Dies war natürlich ein ungeheurer Kontrast zu unserem Leben in Istanbul. Am Tag nach unserem Einzug erschien eine sehr elegant gekleidete Dame von der Zeitung *Vernon News*. Sie stellte sich als Miss Ritchie vor. Sie erklärte, sie wolle uns seitens der Zeitung willkommen heißen und einen Artikel über unsere Ankunft sowie über unsere Herkunft schreiben. Sie sagte: «Wir haben gehört, daß Sie aus einer Herrscherfamilie stammen.» Ich erschrak zutiefst. Ich hatte geglaubt, daß dieser Punkt in Kanada nicht von Bedeutung wäre.

«Warum sollte das von Interesse sein?» fragte ich sie. «Jedenfalls stimmt es nicht. Die Antwort liegt wesentlich näher bei ‹nein› als bei ‹ja›.»

«Also gut», sagte sie, «ich werde diesen Punkt nicht besonders hervorheben. Jedenfalls sind Sie ein Neuankömmling aus einem Land, aus dem in dieser Gegend sonst niemand stammt. Wir glauben, daß dies für unsere Leser interessant ist, und möchten deshalb einen Artikel über Sie veröffentlichen.» Ich lud sie ein, mit uns Tee zu trinken. Wir unterhielten uns, sie machte sich ein paar Notizen, nahm ein Foto von der Familie auf und verabschiedete sich schließlich.

Am nächsten Tag erschien der Artikel in der Zeitung, und am folgenden Sonntag schien es, als hätte fast jeder in Vernon den Artikel gelesen und sei nun neugierig auf uns. Es hätte mich kaum überrascht, wenn jemand mein Jackett hinten hochgehoben hätte, um nachzuschauen, ob ich einen Schwanz hätte. Einige Leute sagten uns offen, sie wollten sehen, wie Menschen aus der Türkei aussähen, und ich bin mir sicher, daß sie halb erwartet hatten, einen großen dunklen Mann mit einem riesigen Schnurrbart und einem Vollbart zu sehen, der einen Turban und an der Seite einen gefährlich wirkenden Krummsäbel trug.

Mr. Pritchard war der Geistliche der United Church in Vernon. Er war ein sehr feiner Gentleman. Seine Frau war früher einmal Berufsmusikerin gewesen. Die Freundschaft mit diesen beiden war mir immer eine große Freude, und insbesondere gilt dies für Mr. Pritchards Aufrichtigkeit, Liebe und Gelassenheit.

Am Sonntag, nachdem der Artikel erschienen war, besuchten wir die Kirche. Anschließend wurden wir von dreißig Familien aufgesucht, die uns willkommen heißen und sich mit uns bekannt machen wollten. Diese Besucher waren nicht formell höflich, sondern sie kamen und umarmten meine Frau und mich und brachten auch ihre

Kinder mit, damit sie unsere Kinder kennenlernen konnten. Sie sprachen mit den Kindern, stellten ihnen Fragen und gingen durch das große, leere Haus, um sich die Schlafräume und die nicht existierenden Möbel anzuschauen. Mit ihrem Interesse und ihrer Direktheit wirkten sie ein wenig neugierig, aber sie waren auch rührend um unser Wohl besorgt. Später habe ich gehört, daß die Bewohner von Vernon für ihre Neugierde bekannt seien. Aufgrund meiner Herkunft hatte ich ihr Verhalten jedoch nicht als Aufdringlichkeit interpretiert. Für mich war dies ein Ausdruck echten Interesses. Nach diesen Besuchen trafen die verschiedensten Dinge vor unserer Haustür ein.

Unser Haus stand vier Meilen vor der Stadt in einer Obstplantage – deshalb war die Miete, die wir bezahlen mußten, so niedrig. Wir hatten eine Zentralheizung, die mit Sägespänen beheizt wurde. Im Keller stand ein spezieller Brenner für Sägespäne. Das Haus war solide gebaut und verputzt, aber nicht isoliert. Leider bewegte sich das Haus ein wenig im Wind. Wenn der Wind aus einer bestimmten Richtung blies, verzogen sich die Türen in diese Richtung, und wenn man dann die Tür öffnete, knirschte sie über den Boden. Wenn der Wind seine Richtung änderte, schürfte die Tür am oberen Balken der Türeinfassung entlang, und manchmal war es fast unmöglich, sie zu schließen. Das Haus war ein bißchen wacklig, aber trotz dieser Mängel war es ein sehr schönes Haus.

Die Leute aus der Stadt besuchten uns oft, und immer wieder kam eine Besucherin, die uns nützliche Haushaltsgegenstände mitbrachte. Sie erklärte, sie habe ihre Schränke aufgeräumt und ein paar Dinge gefunden, die sie selbst nicht mehr brauchte. Ob wir sie gebrauchen könnten? Auf diese Weise bekamen wir Bettlaken, Decken, Kleidungsstücke, ein paar Stühle, einen Tisch, Küchengeräte, Teller, Suppenschalen und alle möglichen anderen nützlichen Dinge. Bald hatten wir in Vernon viele gute Freunde.

Einen Monat nach unserer Ankunft in Vernon wurde ich vom Kiwanis Club zum Essen eingeladen. Man hatte mich gebeten, über die Türkei und über mich selbst zu sprechen. Bei dieser Gelegenheit lernte ich viele Leute kennen, die Freimaurerlogen angehörten, und ich wurde oft eingeladen, auch an den Treffen dieser Logen teilzunehmen. Nachdem ich drei oder vier Monate in Vernon war, wurde ich von Mr. Pritchard zum Ältesten der United Church ordiniert, und ich wurde eingeladen, an vielen Studien- und Diskussionsgruppen teilzunehmen, die in Vernon stattfanden. In der Stadt war vor kurzer Zeit eine kleine Theatergruppe gegründet worden, der ich mich ebenfalls anschloß. Ich beteiligte mich an den verschiedensten gesellschaftlichen Aktivitäten.

Während der Zeit in Vernon lernte ich viele Leute kennen, die ich als echte Wahrheitssucher bezeichnen möchte. Einige von ihnen waren religiös, andere waren Intellektuelle, und manche glaubten nicht einmal an Gott. Viele meiner Bekannten waren von der «Gott-ist-tot»-Idee besessen, und das Buch *The Comfortable Pew* von Pierre Berton war damals *en vogue*. Eines Abends diskutierten wir darüber, ob Gott tot sei oder nicht, und es geschah etwas sehr Interessantes.

Ich hatte dagesessen und mir die Definitionen von Gott, die die Anwesenden vortrugen, ziemlich unbewegt angehört. Sie hielten offenbar genau die Definition von Gott für richtig, die mich, siebzehnjährig, von Gott abgebracht hatte. Sie hatten sich in diese Vorstellung verbissen, und trotzdem versuchten sie, darüber zu diskutieren, ob Gott nun tot sei oder nicht. Alle Anwesenden waren der Meinung, Gott sei tot. Sie argumentierten, daß die Geheimnisse, die früher nicht erklärlich gewesen wären, mittlerweile durch die Wissenschaft aufgeklärt worden seien und daß die Wissenschaft in Zukunft noch viel mehr bisher unbeantwortbare Fragen beantworten werde. Sie sagten, deshalb sei Gott tot, und die Welt stünde an der Schwelle zu einem neuen Zeitalter, und etwas Neues und anderes breche über uns herein. Sie bekräftigten ihre Meinung, daß wir uns unseren menschlichen Fähigkeiten öffnen müßten, der menschlichen Kraft und der Macht des Verstandes, nicht der Macht Gottes.

Ich war ziemlich verwirrt. Mir schien, als hätten sie aufgehört, Wasser zu trinken, um nun «eau» (französisch: Wasser) zu trinken. Sie hatten ein Wort durch ein anderes ersetzt, obwohl beide die gleiche Bedeutung hatten. Eigenartigerweise war ihnen dies nicht klar. So saß ich da und hörte verwundert zu, bis der Diskussionsleiter mich fragte: «Mr. Yagan, was denken Sie über all dies?»

«Ich möchte etwas dazu sagen», antwortete ich, «und ich möchte dann die Reaktion der Anwesenden darauf hören.» Alle wandten mir ihre Aufmerksamkeit zu, und ich fuhr fort: «Wenn ich diese Aussage gemacht habe, soll mir jeder Anwesende sagen, ob er sie akzeptiert oder nicht, ob er das, was ich sage, bejahen kann oder ob er es verneinen muß – in Ordnung?» Alle stimmten zu, und ich sagte: «*Demir* ist tot. Was denken Sie darüber?»

Allgemeine Verblüffung war die Folge. «Was ist *demir*?» fragten sie.

«Oh, das ist nur ein türkisches Wort für Eisen», sagte ich. «Sie wissen jetzt, daß das Wort, das Sie nicht kannten und dessentwegen Sie gezögert haben, das Wort *demir* war. Ihre Aufmerksamkeit war von dem Wort ‹tot› auf das Wort *‹'demir›* abgelenkt worden. Wenn ich jedoch zu Ihnen sage, daß Gott tot ist, sind Sie sich so sicher zu wissen, was Gott ist, daß Sie sich in Ihrer Diskussion ausschließlich auf das Wort ‹tot› konzentrieren, darauf, ob Er tot ist oder nicht. Mir scheint, daß Sie nicht mehr über Gott wissen, als Sie über *‹demir›* gewußt haben.» Irgend etwas an dem, was ich gesagt hatte, berührte die Anwesenden, und von jenem Tag an kamen ständig Besucher in mein Haus. Der einzige Ort, an dem sie mich in Ruhe ließen, war die Toilette!

Ich wurde häufig eingeladen, in irgendwelchen Gremien mitzuwirken, die die Stadt repräsentierten, oder an wichtigen Versammlungen teilzunehmen. Wäre ich in Vernon geblieben, hätte es mich nicht überrascht, wenn man mich irgendwann zum städtischen Senator gemacht hätte. Ich merkte allmählich, daß es in Kanada viele Suchende gab, doch unglücklicherweise schienen die Kanadier durch gewisse Dinge einer Gehirnwäsche unterworfen zu sein. Ihre Nasen sind so groß, daß sie nicht sehen können, was sich direkt unterhalb der Nase befindet. Sie verbringen zuviel Zeit damit, nach weit entfernten Dingen zu greifen, und übersehen auf diese Weise das Naheliegendste.

Als ich nach Kanada gekommen war, war ich voller Hoffnung gewesen, dort eine echte christliche Bruderschaft zu finden, vom Geist der Freiheit geprägt, keine Bruderschaft, die durch Vorurteile, Fanatismus, Orthodoxie, Rigidität und Gehirnwäsche eingeschränkt war. In dieser Hinsicht wurde ich enttäuscht – nicht von einzelnen Menschen, sondern von den christlichen Institutionen. Ich wurde von den Kirchen enttäuscht. Doch selbst in den enttäuschendsten Kirchen findet man immer ein paar Heilige – allerdings müssen diese sich emanzipieren. Die Bedeutung des neuen Zeitalters muß voll und ganz begriffen werden. Wir müssen viele Dinge verlernen, damit wir uns öffnen können, um das Neue zu umarmen und um in jedem Aspekt unseres Lebens Raum in uns selbst zu finden, nicht nur im spirituellen oder im religiösen Bereich, sondern auch in allen gesellschaftlichen Bereichen. Unser Geist ist starr und voller Vorurteile. Um sich der neuen Entdeckungen und der großen Metamorphosen bewußt zu werden, die zur Zeit im Bereich der Wissenschaft stattfinden, müssen wir unser Haus säubern.

Wir stehen tatsächlich am Anfang einer Zeit, in welcher sich im Geiste der Menschen große Veränderungen vollziehen. Es handelt sich um eine wissenschaftliche Evolution, die vor langer Zeit begonnen hat und die uns durch die zeitgenössische Generation von Sufis wie Einstein zu Bewußtsein gebracht worden ist. Die Relativitätstheorie und die Quantenmechanik sind äußerst revolutionär, und die positive Wissenschaft, die so festgefahren und unflexibel war, ist in ihren Grundlagen erschüttert worden. Einstein war nicht darauf aus, irgendeine Revolution anzuzetteln. Er erklärte nur, daß es keine gerade Linie gebe. «Wenn das der Fall ist», sagten seine Gegner, «und wir haben die Wahrheit der geraden Linie in der Mathematik akzeptiert, wie können wir dann noch Mathematik betreiben?» Einsteins Antwort lautete: «Das ist eure Frage und euer Problem, nicht meins. Ich werde Mathematik betreiben mit dem, was ich als Realität ansehe. Genauso wie ich keinen unvorstellbaren, unsichtbaren und unberührbaren Gott verehren würde, würde ich auch nicht Wissenschaft betreiben mit etwas, das in Wirklichkeit nicht existiert. Eine gerade Linie existiert nicht.»

Wie viele Wissenschaftler können ihre Vorurteile aufgeben, können ein Vakuum schaffen, Raum für dieses Konzept, indem sie etwas so Starres verlernen und Platz für etwas anderes schaffen? Diejenigen, denen dies gelingt, werden die Begründer des neuen Zeitalters sein. Ich möchte so klar wie möglich sagen: Das neue Zeitalter leugnet weder Gott noch die Seele. Es verleugnet nicht die Gottheit, sondern es ist das Zeitalter, in dem sich Wissenschaft und Gottheit vereinigen. Es ist die Ehe der positiven Wissenschaft mit der Mystik, und Mystik beinhaltet nichts anderes, als Gott in jeder Hinsicht zu lieben. Es gab unter Tausenden und Abertausenden Christen nur einen einzigen, der mit mir bezüglich dieser Wahrheit einer Meinung war, und das war Jesus. Eine Person ist nicht gerade viel.

Von einem anderen Standpunkt aus betrachtet, könnte man sagen, daß der Reichtum des Christentums darin besteht, daß es in jeder Kirche einen Christus gibt, der die Wahrheit versteht. Er selbst hat gesagt: «Wo immer Menschen in meinem Namen beisammen sind, bin ich in ihrer Mitte.»

Ob es uns recht ist oder nicht, ob wir es begrüßen oder nicht, das neue Zeitalter ist angebrochen, und es wird fortbestehen.

Wie ich bereits erwähnt habe, verbrachten wir vierzehn Monate in Vernon. Als die Firma, für die ich arbeitete, nach Prince Rupert umsiedelte, zogen wir mit um. In Prince Rupert blieben wir zweieinhalb Jahre, und ich arbeitete während dieser Zeit als Zimmermann. Ich schloß mich der Gewerkschaft an und arbeitete zum gewerkschaftlich festgesetzten Lohn, manchmal auf Vertragsbasis und manchmal auch schwarz. Wir blieben in Prince Rupert bis Ende des Jahres 1967, und als das älteste meiner Kinder die High School abgeschlossen hatte, zogen wir um. Ich ging zuerst allein nach Vancouver, kaufte dort ein Haus und ließ dann meine Familie nachkommen.

In Vancouver verrichtete ich die unterschiedlichsten Arbeiten, jedoch meist Zimmermannsarbeiten. Ich spekulierte, kaufte Grundstücke und baute Häuser, verrichtete Lohnarbeit und baute später ein Restaurant. Es wurde «Istanbul Restaurant» genannt. Wegen dieses Restaurants kam es schließlich zu Konflikten zwischen meiner Frau und mir. Deshalb zog ich mich daraus zurück und übergab meinem ältesten Sohn die Leitung. Er war voller guten Willens, erlitt jedoch leider Schiffbruch.

Trotz scheinbarer Rückschläge begann in Vancouver ein neues Kapitel meines Lebens.

8

Entwicklungen in Vancouver

Der größte Sufi, der je auf Erden wandelte, war Jesus – da bin ich mir sicher. Ich möchte ein wenig ausführlicher über das Wort «Sufi» sprechen. Es stammt vom arabischen Wort *Saf,* was Essenz oder gereinigte Essenz bedeutet. Der Begriff «Sufi» läßt sich recht zutreffend durch den Begriff «Essentialist» übersetzen, was bedeutet, daß ein Mensch frei und unbeeinflußt von Formen und oberflächlichen Erscheinungen ist. Ein Sufi ist somit jemand, der den essentiellen Wert in allen Dingen sieht und der die Dinge nur nach ihrem essentiellen Wert beurteilt. War dies nicht der Grund, weshalb Jesus gekreuzigt wurde?

Ich machte mir viele Gedanken über das, was ich seit meiner Ankunft in Kanada gesehen hatte. Ich war sehr beunruhigt über die Realität des Christentums. In Vancouver gehörte ich zur Gemeinde der St. Margaret's Church. Regelmäßig und mit großem Enthusiasmus nahm ich viele Jahre lang an allen Aktivitäten teil. Doch im Laufe der Zeit stellte ich fest, daß der Geist der Gemeindemitglieder – ebenso wie in den meisten anderen Gemeinden, denen ich mich zeitweilig angeschlossen hatte – durch viele Dinge verwirrt war, obgleich ich damit keineswegs ihre Liebe zu Jesus anzweifeln möchte. Im Jahre 1976 fing ich an, mich von der christlichen Kirche zu lösen. Ich fühlte mich nicht mehr so stark zu den Gottesdiensten hingezogen wie vorher, und in den Diskussionsgruppen fühlte ich mich auch in zunehmendem Maße fehl am Platz. Ich wurde immer stärker zum Störfaktor der Gruppe, und die übrigen Anwesenden fühlten sich in meiner Gegenwart nicht mehr wohl. Als ich dies bemerkte, besuchte ich solche Versammlungen immer seltener. Nur wenige riefen mich an und fragten mich, warum ich nicht mehr käme. Den meisten war ich zu unbequem geworden, deshalb waren sie froh, daß der «Stachel im Fleisch» sie nicht mehr drückte.

Ich fühlte mich sehr allein. Ich vermißte das Gemeinschaftsgefühl, das ich in der Kirche erfahren hatte, und ich war wie ein Verliebter, der sich von seiner Geliebten getrennt hat, jedoch immer noch hören möchte, was andere Leute über sie erzählen. Die christlichen Kirchen schienen untereinander völlig uneins zu sein, nicht nur in ihrer äußeren Form, sondern auch in Glaubensfragen.

In manchen Kirchen ist es verboten, aktiv an der Erlangung der göttlichen Gnade zu arbeiten. Statt dessen wird man dazu angehalten, zu glauben und nichts weiter zu tun, als sich der Gnade zu öffnen. In einer anderen Kirche wird von den Gnadenmitteln gesprochen, und es wird gesagt, die Gnade sei überall, man müsse sie nur durch ein Gnadenmittel anziehen. Was das ist, wird nicht gesagt. Wieder eine andere Kirche lehrt, man brauche lediglich seine Arbeit zu verrichten. Über Gnade müsse nicht gesprochen werden, weil sie in Gottes Händen liege. Die Mitglieder dieser Kirche werden gelehrt: «Tut eure Arbeit und überlaßt alles andere Gott.» Es gilt als Blasphemie, über Gnade zu sprechen.

In der Lehre der Sufis ist Gnade so etwas wie Elektrizität, die uns umgibt und nur darauf wartet, genutzt zu werden. Die Voraussetzung dazu ist allerdings, daß wir für die uns umgebenden Ströme empfangsbereit sind. Ich bin selbst auch der Meinung, daß wir nicht alles ausschließlich durch unsere eigene Arbeit erreichen können, aber sicherlich senden wir unsere Einladung an die Gnade mit Hilfe unserer Arbeit aus. Und was sind die Gnadenmittel nach der Lehre? Es sind Gebet, Fasten, Lesen der Schriften, gute Werke, Gemeinschaft, Singen, Meditation, Kunst usw. Alle diese Dinge sind Bemühungen – also Arbeit.

Ich fand immer mehr Beispiele für den Verständnismangel der Christen bzw. der bekennenden Christen. Eines Tages hörte ich unfreiwillig im Bus ein Gespräch zweier respektabel wirkender Damen. Offenbar hatten sie gerade vorher an einem Gottesdienst teilgenommen, und die eine erzählte der anderen von einer schrecklichen Katastrophe, die einem Mitglied der Gemeinde widerfahren sei. Die Tochter dieser Person, die im Kirchenchor sang, hatte sich in einen jüdischen Jungen verliebt. Die beiden Frauen waren äußerst bekümmert über diese Entwicklung. Ein anderes Mal hörte ich zufällig eine Radiosendung, in der ein Geistlicher aus Mittelamerika sprach. Ich hatte die Sendung nicht von Anfang an gehört, doch der Tenor war: «Haben wir all dies getan, haben wir all diese Mühe aufgewendet, um diese Menschen aus der Dunkelheit des Katholizismus zu befreien, nur damit sie sich jetzt in die Dunkelheit des Kommunismus werfen?» Ich hörte nicht mehr weiter zu, doch das, was ich gehört hatte, war ein weiteres Beispiel für die Konfusion unter den bekennenden Christen.

Ich war sehr entmutigt. Jahrhundertelang hatte diese Einstellung der Menschheit Unwissenheit, Dunkelheit und Mangel an Liebe gebracht. Es war zwar nicht die offizielle christliche Sicht, doch habe ich diese Sicht in allen religiösen Organisationen gefunden, mit denen ich mich beschäftigt habe. Infolge dieser traurigen Beobachtung hatte ich mich von meiner eigenen Tradition, vom Islam und von der Bektashi-Form des islamischen Sufismus gelöst. Würde ich mich nun ebenso vom Christentum lösen? Ich war mir absolut sicher, daß ich niemals Jesus Christus und seine Botschaft ablehnen würde, denn diese ist die Essenz des reinen Sufismus. Wie ich bereits sagte, war Jesus der reinste und größte Sufi, der je auf Erden wandelte. Das wahre Christentum ist nicht auf die Christenheit beschränkt. Ich habe viele Christen unter Moslems und Buddhisten angetroffen. Ich habe sogar unter den Juden und in den christlichen Gemeinschaften viele wahre Christen getroffen, doch unter den reinen Sufis habe ich nur wahre Christen getroffen. Mir wurde klar, daß dies ein semantisches Problem war. Von der wahren Bedeutung des Christentums und vom wahren Christus hätte ich mich niemals abwenden können, hingegen verabschiedete ich mich von der Christenheit. Ich verabschiedete mich von dem, was die Essenz fast bis zur Unkenntlichkeit getrübt und verunreinigt hatte.

Hin und wieder besuchte ich noch in meiner alten Kirche Gottesdienste, weil ich mit Menschen zusammensein und mit ihnen zusammen singen wollte. Ich konnte es nicht lassen, gelegentlich Gottesdienste zu besuchen, weil ich sie vermißte und weil ich sie liebte. Ich brauchte ihren Atem – den Atem, durch den wir Jesus preisen. Ich achtete jedoch sorgsam darauf, niemanden zu beunruhigen, und ich sprach mit anderen Gemeindemitgliedern höchstens darüber, wie es ihnen ging. Ich war ziemlich reserviert und blieb möglichst unverbindlich.

Als ich erkannte, daß ich mich langsam, aber sicher vom Christentum entfernte, gewann in meinen Meditationen und in Augenblicken des Alleinseins und der Stille meine Verbindung zu Jesus an Intensität. Die innige Beziehung, die ich zu Jesus hatte, könnte man als «Heimsuchungen» bezeichnen. Ich wurde bei diesen Gelegenheiten auf völlig ungewohnte Art aus einem ungeschriebenen Buch gelehrt. Ich wurde in eine Schule aufgenommen, in der es Tradition war, daß die Schüler nicht viel sprachen. Da ich von Natur aus eher ein Großmaul bin, wußte ich nicht so genau, ob ich deshalb nicht ausgeschlossen würde. In meinen Meditationen und wenn ich allein war, wurde ich in den Geist eingestimmt, um Schwingungen zu empfangen und diese auf der Leinwand des Verstandes in Bilder, Wörter und Gedanken umzuwandeln. Zuallererst wurde mir gezeigt, daß ich mich nicht vom Christentum lösen könnte, solange Jesus für mich das Christentum repräsentierte. Ich erfuhr nun auf eher okkulte Weise das, was ich viele Jahre vorher in der alten Tradition meines Stammes und in der *Bektashi-Tekke* gelernt und dann abgelehnt hatte. Doch ich war mittlerweile «eingerostet». Ich hatte meine körperliche Geschmeidigkeit und meine Durchlässigkeit völlig verloren und war nun wie ein untrainiertes Pferd. Mein Körper war in seinem derzeitigen Zustand kein gutes Fahrzeug für mich; er war ganz und gar nicht kooperativ. Ich wurde allmählich älter; soeben hatte mein sechstes Lebensjahrzehnt begonnen. Meine Situation wurde zusätzlich dadurch erschwert, daß mir mein Beruf nicht genügend Zeit ließ, mich mit der Kraft und Intensität hinzugeben, die erforderlich gewesen wären und die ich als junger Mann hatte aufbringen können. Ich war zu empfindlich geworden und ließ mich zu leicht durch die Einstellung meiner Frau aus der Fassung bringen. Oder es passierte irgend etwas in meinem Berufsleben, mich störte die Art, wie ein Freund sich verhielt, oder etwas, das ich hörte und das mir nicht gefiel, brachte mich aus dem Konzept. Ich ließ mich viel zu leicht ablenken.

Mein Leben war nicht gerade einfach, und meine Arbeit beanspruchte meine gesamte Zeit. Zu jener Zeit entdeckten aber auch einige nordamerikanische Suchende etwas in mir und suchten mich auf, so oft sie konnten, zu Hause und bei der Arbeit. Sie taten dies aus einem sehr lächerlichen Grunde: Sie glaubten, ich könnte ihnen helfen, ihre Probleme zu lösen.

Ein türkisches Sprichwort lautet: «Wenn ein Kahlköpfiger das richtige Mittel findet, erprobt er es zuerst auf seinem eigenen Kopf.» Doch trotz meiner Armut, trotz meiner eigenen Schwierigkeiten und obwohl ich so viele Male religiöse Lehren und Strukturen verlassen hatte, sah ich, daß es etwas gab, was ich diesen Leuten geben konnte. Ich konnte ihnen zwar nicht alles geben, was sie brauchten, und nicht alles, was ich ihnen gerne gegeben hätte, doch immerhin etwas.

Ich hieß sie willkommen, wann immer sie zu mir kamen, und ich tat mein Bestes. Schon bald wollten sie mich zu ihrem Lehrer machen. Ich sagte ihnen sehr bestimmt, daß ich kein Lehrer sei, doch sie glaubten, ich wollte «mein Licht unter den Scheffel stellen». Sie sagten, trotz meines Protests würden sie etwas von mir lernen, und sie hätten das empfangen, wovon ich behaupten würde, ich könne es ihnen nicht geben. Ich versicherte ihnen, dies sei rein zufällig und nichts weiter als die spirituelle Energie, die sich von einem Menschen auf den anderen übertrage, da der Mensch die höchste Form der Zeugen Gottes sei. Ich versuchte, ihnen ein wenig zu erklären, daß der Mensch seine Funktion als Zeuge Gottes durch Übung und durch Gnade entwickeln kann. Einige Menschen, die sich zu einer gewissen Stufe des Zeugeseins entwickelt hätten, würden als Mittler gebraucht, und dies sei, was Jesus gemeint habe, als er seinen Jüngern aufgetragen habe, in die Welt hinauszuziehen und Zeugnis abzulegen. Um lehren zu können, müsse man die Aufforderung einer höheren Autorität erhalten haben. Solche höheren Autoritäten seien menschliche Wesen, die die Zeugenschaft erreicht hätten, und ich sei keiner von ihnen.

In der Zwischenzeit wurde ich, wenn ich allein war, durch meine Kontakte geleitet. Mein Kontaktpunkt war personifiziert in Jesus, doch der Kontakt erstreckte sich darüber hinaus bis zur Einheit. Wie die Frau in der Bibel, die an Blutfluß erkrankt war und die glaubte, sie würde geheilt werden, wenn sie nur den Saum Seines Gewandes berühren würde, war für mich Jesus meine Verbindung zur Quelle. Wenn ich meditierte und in den Zustand hoher Schwingungen versetzt wurde, wenn es mir gelang, mich auf die Ebene der kosmischen Schwingung einzustimmen, war meine Frage: «Warum kommen all diese Leute zu mir? Habe ich eine Mission zu erfüllen? Habe ich von irgendwoher die Erlaubnis dazu? Ich habe mich von so vielen Institutionen gelöst – wer bin ich, und was repräsentiere ich?» Menschen kamen von überall her zu mir, aus den verschiedensten spirituellen

Gruppen. Sie alle waren Suchende, ansonsten jedoch waren sie sehr verschieden.

Dies alles kam für mich völlig unerwartet. Wenn ich durch die Straßen von Vancouver ging, passierte es gelegentlich, daß ich jemanden traf, der ein Papier mit meinem Namen und meiner Adresse in der Hand hielt. Manchmal traf ich am Eingang einer Kirche jemanden, der prophezeite und merkwürdige Dinge zu mir sagte.

So war ich eines Abends allein zu Hause. Maisie war bei einer Freundin in Edmonton zu Besuch, und ich ging gegen 23.30 Uhr aus dem Haus, um mir im Laden an der Ecke etwas zu kaufen. Ich mußte vier Häuserblocks weit gehen. Nachdem ich eingekauft hatte und wieder auf dem Heimweg war, hielt plötzlich neben mir ein Auto, und drei Mädchen mit Rucksäcken stiegen aus. Sie dankten dem Fahrer, und nachdem das Auto weitergefahren war, bemerkten sie mich.

Eines der Mädchen sagte: «Entschuldigen Sie, ist hier in der Nähe die Point Grey Road?» Ich bestätigte das und sagte, wenn sie drei Blocks weiter in Richtung Meer gehen würden – so wie ich –, würden sie zur Point Grey Road kommen.

Nachdem wir ein Stück Wegs gemeinsam gegangen waren, sagte eines der Mädchen: «Wir suchen die Hausnummer 3696. Liegt sie in diesem Block oder ist es noch weiter?»

Ich antwortete: «Sie liegt direkt an der Ecke. Wen sucht ihr denn in diesem Haus? Ich wohne nämlich selbst dort.» Ich war nicht sonderlich überrascht, denn ich hatte in meinem Haus zwei Wohnungen vermietet, eine im Souterrain und eine im Dachgeschoß. Es hätte sein können, daß sie einen meiner Mieter besuchen wollten.

Sie sagten zu mir: «Wir suchen Murray Yagan.»

Ich lachte. «Ich bin Murray Yagan, und ich bin gerade auf dem Weg nach Hause.»

Die Mädchen waren hocherfreut und fragten: «Können wir mit Ihnen sprechen? Wir müssen morgen früh weiter zu einem christlichen Camp auf Vancouver Island, deshalb haben wir nur heute abend Zeit.»

«Natürlich, ihr redet ja schon mit mir», antwortete ich und nahm sie mit ins Haus.

Es stellte sich heraus, daß ein christlicher Schriftsteller aus Kalifornien sie zu mir geschickt hatte, der mich einige Monate vorher selbst besucht hatte. Er war Mitglied einer Gruppe, die sich mit Aufgaben im Bereich der christlichen Erziehung befaßte, und ein Teil seiner Gruppe arbeitete an Übersetzungen der Bibel in verschiedene Sprachen. Die drei Mädchen wollten mit mir sprechen, weil sie versuchten, das Neue Testament ins Abchasische zu übersetzen, und sie wollten mich bitten, ihnen einige damit zusammenhängende Fragen zu beantworten. Die drei jungen Frauen stammten aus völlig unterschiedlichen Milieus. Eine war in Ägypten als Mohammedanerin aufgewachsen und zum Christentum konvertiert, die zweite war Irin und stammte aus einem römisch-katholischen Milieu und die dritte war Jüdin. Es war eine wundervolle Begegnung.

Wir sprachen einige Stunden miteinander. Sie stellten mir ein paar Fragen, und mir wurde klar, daß sie an die Idee der Bekehrung glaubten. In der Tradition der Sufis gibt es keine Bekehrung, nur Vollendung. Jesus hat gesagt: «Ich bin nicht gekommen, um zu bekehren, sondern um zu vollenden», und ich persönlich bin der Meinung, daß ein Mensch, der sich von einer orthodoxen Lehre löst und sich einer esoterischen Lehre zuwendet, sich in Richtung Vollendung bewegt, nicht in Richtung Bekehrung. Der größte Teil des Gesprächs kreiste um diesen Punkt. Um zwei Uhr nachts legten sich die drei in einem Souterrain-Raum schlafen, und als ich morgens aufstand, waren sie verschwunden. So ging es immer wieder – zufällige Begegnungen, aber diese Begegnungen häuften sich mit der Zeit, sie kamen verdächtig oft vor. Zu viele Menschen klopften «rein zufällig» an meine Tür.

Ich stellte meinen spirituellen Kontakten in der unsichtbaren Welt weiter unentwegt Fragen: «Habe ich eine Mission? Soll ich eine Aufgabe erfüllen? Warum kommen all diese Leute mit ihren Fragen zu mir? Wer ist mir übergeordnet? Wer steckt hinter alldem? Habe ich die Autorität, irgend etwas zu sagen?» Ich hatte das Gefühl, zu oft «Aussteiger» gewesen zu sein. Ich war verwirrt. Ich glaubte nicht, daß ich die Lehrbefugnis hatte, und ich fragte mich, ob ich in irgendeiner Form die Quelle repräsentierte. Mein Kontakt in der unsichtbaren Welt war zu bedeutungsreich und zu vage, weil ich meine Leichtigkeit im Übergang von meinem gröberen Fahrzeug (dem physischen Körper) zu den feinstofflicheren Fahrzeugen nicht wiedererlangt hatte. Im Laufe der Zeit wurde mir in meinen Meditationen klar, daß die Tradition, die alte Tradition des abchasischen Volkes, die mir die Ältesten meines Volkes so geduldig vermittelt hatten und die ich als zu primitiv verschmäht hatte, die Essenz aller Lehren war!

In den Überlieferungen der Angehörigen meines Volkes, die ich als

Pferdediebe und Banditen aus den Bergen des Kaukasus bezeichnet hatte, verbarg sich eine tiefe Quelle. Ich erfuhr, daß die Bergbewohner zur Bewältigung ihres Alltagslebens von den Lehrern der Tradition in dieser Überlieferung unterwiesen worden waren. Die Lehrer ihrerseits waren von den Repräsentanten der Tradition selbst unterrichtet worden.

Während des Winters erlebte ich über drei bis vier Monate ein spirituelles Phänomen: Ich nahm während dieser Zeit regelmäßig jede Nacht an einer Art Schulung teil. Manchmal hielt diese Erfahrung länger an, manchmal kürzer, und manchmal dauerte sie die ganze Nacht. Ich weiß immer noch nicht, ob dies im Rahmen eines Traums oder einer Vision geschah. Was ich weiß, ist, daß ich regelmäßig an einer Art Unterricht teilnahm, in dem man mich ausschließlich Lieder lehrte. Als Erklärung könnte ich anführen, daß ich mich vielleicht an Lieder erinnerte, die ich als kleines Kind gehört hatte – alte abchasische Lieder –, doch ich merkte mit der Zeit, daß ich einige der Lieder, die man mich lehrte, nie gehört und auch nie gelernt hatte. Manchmal hörte ich Worte, die in unserer Heimatsprache gar nicht mehr benutzt werden, und ich verstand diese Worte. Doch wenn ich mich am nächsten Morgen an diese Worte zurückerinnerte, waren sie mir wieder völlig fremd.

Was es auch bedeuten mochte – Tatsache ist, daß ich dieses Phänomen erlebte. Es erinnerte mich daran, wie ich zum erstenmal die Bibel gelesen hatte und wie alles, was ich darin las, völlig neu für mich gewesen war. Die Erfahrung wirkte so, als hätte ich eine Geschichte gelesen, in der ich die Lieder der alten Zeiten kennenlernte, der Zeit vor 25 000 Jahren. Während ich die Schulung durchlief, wurden mir einige der Lieder vertraut, und ich erkannte, daß sie aus Schriften von Zoroaster und Buddha, aus dem Koran und aus der Bibel stammten. Einmal wurde mir ein halbes Dutzend Lieder über die Zeit Noahs vermittelt. Am Morgen prüfte ich in den Büchern, die ich zu Hause hatte, nach, was ich während der Nacht gelernt hatte – im Koran, in der Bibel und im *Mathnawi* von Jelalud'din Rumi. Als ich in der Bibel nachprüfte, was ich über Noah erfahren hatte, stellte ich fest, daß es sich nicht um das handelte, was in der Bibel beschrieben wird, sondern um eine Antwort zu einem Punkt, der im Bericht der Bibel unklar bleibt. Dies erschien mir sehr bedeutungsvoll.

Danach wurde ich einen Monat lang in der Geschichte Abrahams unterwiesen, hinsichtlich seiner Persönlichkeit, seiner Arbeit und seiner spirituellen Reise. Mit Abraham verbrachte ich während dieser spirituellen Schulung mehr Zeit als mit jedem anderen Thema. Ich erfuhr, wer der mysteriöse Melchisedek gewesen war, wie er zu Abraham geschickt worden war und was für eine Beziehung er zu Abraham unterhalten hatte. Als ich immer mehr über Abraham lernte, erzählte ich Freunden, die mich besuchten, sie sollten ihre Aufmerksamkeit Abraham zuwenden und sich ebenfalls mit ihm befassen.

Diese intensive nächtliche Schulung setzte sich über den ganzen Winter fort. Sie nahm meinen Geist völlig in Anspruch, was wiederum meine Stimmungslage völlig veränderte. So war ich, wenn in meinem Haus irgendwelche trivialen Probleme auftauchten, sehr reizbar und ungeduldig. Ich wollte einfach in Ruhe gelassen werden und wollte, daß die Menschen in meiner Umgebung anerkannten, daß ich Raum für mich selbst brauchte. Ich wollte mir die Welt, die ich kennengelernt hatte, völlig zu eigen machen. Manchmal kamen Besucher mit Problemen zu mir. Sie wollten ein wenig Zeit mit mir verbringen, doch oft hatten sie andere Ziele und Gefühle als ich, oder sie fühlten sich aus anderen Gründen als ich zu der Arbeit hingezogen. Ich hatte keine Lust, darüber zu diskutieren, ob eine bestimmte Idee auf eine andere Weise interpretiert werden müßte, als irgend jemand anders dies tat, oder darüber, wen eine solche Interpretation abstieß oder anzog. Das gehörte nicht mehr zu meinem Leben. Ich konnte mich mit solchen Dingen nicht aufhalten. Wenn Menschen kommen und mich sehen wollten, so konnten sie das tun, und wenn sie mich nicht treffen wollten, so war mir das auch recht. Was ich jedoch nicht wollte, war, mich ständig danach fragen zu lassen, was eigentlich los sei. Dies versetzte mich in einen sehr gereizten Zustand.

Natürlich hatten diejenigen, die mich mit ihren scheinbar trivialen Fragen peinigten – allen voran Maisie – im Grunde recht. Sie lebten in einer realen Welt, und ich befand mich in der Welt der Illusionen. Wenn achthundert oder tausend Menschen mein Leben als Illusion und das ihre als die Realität bezeichneten, dann war das die Wahrheit; dennoch verteidigte ich mich, manchmal sehr heftig. Unglücklicherweise konnte ich mich ihrer Sichtweise nicht anschließen.

Nach diesem langen Winter kam schließlich eine Zeit, in der ich erkannte, daß es nicht mein Schicksal war, aus allem «aussteigen» zu müssen. Jedesmal wenn ich mich wieder dem materiellen Bereich des

Lebens zuwendete, funktionierte etwas nicht. Ich mußte mich dem Leben hingeben und die Dinge geschehen lassen. Ich mußte wegen meiner spirituellen Entwicklung Schmerzen erdulden; deshalb suchte ich nicht mehr die Befreiung vom Schmerz und wurde geschmeidiger; ich akzeptierte, was geschah, und unterwarf mich meinem Schicksal – was es auch sein mochte. Ich sagte mir: «Wir werden sehen, was geschehen wird. Wir werden sehen, was Gottes Wille ist. Ich bin bereit, alles zu akzeptieren.» Ich nahm dem höheren Willen gegenüber eine demutsvolle Haltung an, und ich erkannte, daß mir aus einem bestimmten Grunde in meiner Traumschulung die Bedeutung meiner alten Tradition offenbart worden war. Dies war nun ich, und dies sollte mein religiöses Leben werden. Dies war meine spirituelle Reise. Hin und wieder ging ich zur Kirche und erfreute mich am Gottesdienst, und dann und wann betete ich still für mich. Dies alles war kein Problem mehr für mich. Ich war nach Hause gekommen.

Während dieser Zeit tiefer Einsicht kamen nicht nur viele Suchende mit ihren Fragen zu mir, sondern ich lernte auch ihre spirituellen Führer kennen. Als ich eines Sonntag nachmittags im Wohnzimmer meines Hauses in der Point Grey Road saß, kam ein großer, schlanker junger Mann an die Tür. Ich forderte ihn auf einzutreten, und er stellte sich als John Brozak vor. Er fragte mich, ob ich Murray Yagan oder Murat Yagan sei. Ich antwortete, daß wir ein und dieselbe Person seien. Er erklärte, er sei von der Türkisch-Kanadischen Gesellschaft von Vancouver zu mir geschickt worden. Er hatte bei der Gesellschaft angefragt, ob in Vancouver jemand aus der Türkei lebe, der Alttürkisch lesen und schreiben könne. Alttürkisch wird in arabischer Schrift geschrieben. Daraufhin hatte man ihm meinen Namen gegeben. Er fuhr fort, er habe einen Text, der mehrere Seiten lang sei und der vom Türkischen ins Englische übersetzt werden solle. Niemand unter den übrigen Türkisch sprechenden Bewohnern der Stadt könne diesen Text übersetzen, weil sie alle die alte Schrift nicht lesen könnten. Sie war im Jahre 1928 verboten worden, als Kemal Atatürk das lateinische Alphabet in der Türkei eingeführt hatte. Ich fragte den Besucher, wie viele Seiten übersetzt werden müßten, und er antwortete, es seien ungefähr zwanzig Seiten.

«Ich weiß nicht, ob ich soviel Zeit habe, aber wenn ich die Zeit habe, werde ich den Text gerne für Sie übersetzen», sagte ich. «Wenn Sie in Eile sind, dann lassen Sie den Text doch einfach hier, und ich werde sehen, was ich tun kann. Ich verspreche Ihnen, mich so schnell wie möglich darum zu kümmern.»

Er war sehr erfreut und sagte: «Wunderbar, ich danke Ihnen. Wir würden ihn natürlich gerne so schnell wie möglich übersetzt sehen, aber ich kann nicht behaupten, daß wir unter Zeitdruck stehen. Es gibt niemand außer Ihnen, der diesen Text übersetzen könnte. Wenn Sie nicht so bald dazu in der Lage sind, so bleibt mir nichts anderes übrig, als zu warten. Sie sind der einzige, der dies tun kann, und selbst wenn es mehrere Jahre dauern sollte, werde ich warten. Wir haben gar keine andere Wahl.»

Mir gefiel dieser junge Mann. Ich nahm den Text an mich und schaute ihn mir an. Zu meiner Überraschung stellte ich fest, daß der Text aus einem Buch über die Kleidung der *Mevlevis* stammte. Mein Besucher hatte einige Seiten daraus kopiert. *Mevlevi* ist der Name des Sufi-Ordens, der im 13. Jahrhundert von Mevlana Jelalud'din Rumi gegründet wurde. In der westlichen Welt ist dieser Orden als der islamische Sufi-Orden der Tanzenden Derwische bekannt. Ich fragte den Besucher, in welcher Verbindung er zu diesem Orden stehe, und er sagte mir, er gehöre dem *Mevlevi*-Zentrum in Vancouver an, das den Namen «The Vancouver Turning Society» trüge. Er erwähnte, daß seine Gruppe einen Shaikh habe, der in Boulder, Colorado, lebe und der mit dem *Mevlevi*-Zentrum in Konya in der Türkei durch den Shaikh Suleyman Dede in Verbindung stehe, der heute «auf dem Vlies» der *Mevlana* säße. Er sagte: «Wir sind seine Schüler.»

Ich erinnerte mich, davon gehört zu haben, und fragte John Brozak, ob dieser Shaikh vor kurzem in Vancouver gewesen sei. Er bestätigte dies. Ich erinnerte mich außerdem, daß mich ein Bekannter aus der Türkisch-Kanadischen Gesellschaft angerufen hatte, obwohl ich kein Mitglied dieser Gesellschaft war, und mir gesagt hatte, in der Stadt gäbe es eine Gruppe von Leuten, die einen Shaikh aus der Türkei nach Kanada eingeladen hätten. Ob der Shaikh, der kommen sollte, ein *Bektashi* war oder ob er einem anderen Orden angehörte, war nicht bekannt. Jedenfalls hieß es, daß diese Gruppe einen Übersetzer benötige, weil der Shaikh kein Englisch spräche. Die Gesellschaft hatte mich als Dolmetscher einsetzen wollen, und ich hatte dieses Angebot mit Vergnügen akzeptiert, doch hatte ich dann nichts mehr über die Sache gehört. Schließlich erfuhr ich, daß die Türken in Vancouver mich nicht als Übersetzer für solch einen Mann hatten haben wollen, sondern der

Ansicht waren, man solle dafür einen Türken suchen, der gläubiger Moslem und nicht so ein Häretiker und Heide wie ich sei. Da ich von mir behauptete, Christ zu sein, und weil dieser Shaikh offensichtlich ein Moslem war, hatten sie geglaubt, meine Gesellschaft würde dem Gast aus der Türkei nicht behagen. Deshalb hatten sie jemand anderen als Dolmetscher geschickt. Der Vorgang überraschte mich ganz und gar nicht. Mein ganzes Leben lang hatte ich in der Türkei den dummen türkischen Nationalismus miterlebt, und er war für mich so nichtig wie Eselsgeschrei im Vergleich zum Gesang der Nachtigall. Als ich hörte, was vorgefallen war, konstatierte ich lediglich, daß jene Leute von der Türkisch-Kanadischen Gesellschaft, die mir nicht wohlgesonnen waren, ihr Ziel erreicht hatten, und das war für mich in Ordnung. Dennoch hätte ich gerne jenen Shaikh aus Konya getroffen, und ich wußte in meinem Herzen, daß auch er mich höchstwahrscheinlich gerne getroffen hätte.

All dies ging mir durch den Kopf, während ich in meinem Haus mit dem jungen Mann sprach. Schließlich sagte ich zu ihm: «Ich vermute, daß dies die Person war, die zu Besuch gekommen ist.» John antwortete, er wisse es nicht genau, und als ich ihn fragte, wen die Türkisch-Kanadische Gesellschaft als Übersetzer geschickt hätte, sagte er, es sei ein Mann namens Judi Bey gewesen. Suleyman Dede, der Derwisch, der zu Besuch gewesen war, sei nicht besonders zufrieden gewesen, jedoch froh, daß überhaupt jemand da gewesen sei, der Türkisch sprach. «Sehr gut», sagte ich, «machen Sie sich wegen dieses Texts keine Sorgen. Ich werde ihn so bald wie möglich übersetzen.»

Der junge Mann erklärte, man habe ihn zu mir geschickt, weil ich angeblich ein gebildeter Mann sei und der einzige, der die alttürkische Schrift lesen könne. «Aber sind Sie an diesem Pfad interessiert?» fragte er.

«Ich könnte das nicht direkt bejahen», sagte ich. «Ich bin Christ, aber ich bin in der Türkei in dieser Lehre geschult worden, obgleich ich nichts mit dem Weg der *Mevlevis* zu tun habe.» Nachdem er sich verabschiedet hatte, verbrachte ich die ganze folgende Nacht damit, den Text zu übersetzen.

Als ich am Abend des nächsten Tages nach Hause kam, erzählte mir Maisie, jemand namens Wahid hätte angerufen und wollte mich mit seiner Frau besuchen, sobald ich mit der Übersetzung fertig sei. Sie hatte also eine Verabredung getroffen, und Wahid kam mit seiner Frau

Rahima. Sie brachten ein Geschenk mit, weil ich eine Bezahlung für die Übersetzung abgelehnt hatte. Es war ein hübsches, kostbares Spitzendeckchen. Doch das wichtigste Geschenk für mich war, daß ich das Zeichen des Lichts an diesem jungen Mann und seiner Frau sah. Was dies ist, kann ich nicht genau erklären.

Während ihres Besuchs fragte ich sie, was sie täten, wer ihr Lehrer sei und wie es käme, daß sie mit Konya in Verbindung stünden. Ich wußte nichts über diesen Shaikh aus Konya, doch aus dem, was sie mir erzählten, entnahm ich, daß sie wirklich ernsthaft versuchten, in Vancouver etwas auf die Beine zu stellen.

An früherer Stelle habe ich bereits geschrieben, daß ich seit meiner Kindheit nicht mehr in einer *Mevlevi-Tekke* gewesen war und daß ich mit den spezifischen Ritualen des *Mevlevi*-Pfades nicht vertraut bin. Doch was die essentiellen Lehren der *Mevlevis* anbetrifft, so weiß ich, daß ihre Kontaktpunkte – abgesehen von einigen grundlegenden Lehren, die mit ihrer Verpflichtung gegenüber der Quelle zu tun haben – sich von denen anderer Sufi-Orden in gewissem Maße unterscheiden. Ich erwähnte bereits, daß der Weg der *Bektashis* ein strengerer Weg ist als derjenige der *Mevlevis* und daß er niemandem offensteht, der nicht als *Bektashi* geboren ist. Der Weg der *Mevlevis* hingegen ist ein offener Sufi-Pfad, der jeden unterschiedslos willkommen heißt, ganz gleich, welchem Glauben, welcher Rasse und welcher Religion er angehört. Bei den *Mevlevis* ist bedingungsloses Akzeptieren oberstes Gebot, und es gibt keine Lehre wie *Tevella* oder *Teberra*. Der Weg der *Mevlevis* unterscheidet sich von den Wegen aller anderen Sufi-Orden.

Unter den *Bektashis* gibt es zwei Gruppen von Mitgliedern: die Initiierten und diejenigen unter den Initiierten, die für die *Chille*-Arbeit akzeptiert worden sind. Im *Mevlevi*-Orden gibt es drei Klassifikationen, und die dritte Gruppe ist die der *Muhips* – derjenigen, die den Pfad der *Mevlevis* lieben, die ihm nahestehen, ohne ihm zu folgen. Ein *Muhip* ist in jeder *Mevlevi-Tekke* willkommen, auch wenn er nicht initiiert ist. Es kann sein, daß einem solchen Menschen der Gottesdienst der *Mevlevis* gefällt oder ihre Musik und ihre Tänze, oder daß er einfach an ihren Zeremonien teilnehmen möchte. Die *Mevlevi-Tekkes* werden nicht durch Wachen abgeschirmt, obgleich ihre *Chille*-Arbeit, sobald die Derwische in ihren Zellen sind, ebenso im Geheimen stattfindet wie im *Bektashi*-Orden.

Die *Mevlevis* akzeptieren jeden Besucher sowie Liebende, hungrige

Menschen und müde Menschen, die die *Tekke* nur als Rasthaus benutzen wollen, als einen Ort, wo man schlafen und essen und dann einfach wieder gehen kann. Ich möchte gerne eine Sufi-Geschichte erzählen, um diesen Punkt zu illustrieren. Wie ich bereits erwähnt habe, wird im Sufismus in Form von Gleichnissen gelehrt.

Ein Derwisch kam in den Palast des Königs von Balkh. Der Name des Königs war Ibrahim Atem, der später einer der berühmtesten Sufis wurde und der seinen Thron aufgab, um den Umhang des Derwischs anzuziehen. Sobald der Derwisch vor dem König stand, legte er seinen Umhang ohne große Umstände auf den Boden. Der König geriet aus der Fassung. «Heh, was machst du da?» fragte er den Derwisch.

«Oh», sagte der Derwisch, «ich möchte nur heute nacht hier schlafen.»

«Aber das hier ist kein Gasthaus», protestierte der König. «Es ist mein Palast.»

«Wessen Palast war es denn, bevor es Euer Palast wurde?» fragte der Derwisch, und der König antwortete, vorher sei es der Palast seines Vaters gewesen. «Und bevor es der Palast Eures Vaters war?»

Der König antwortete: «Der Palast seines Vaters.» So fragte der Derwisch weiter, und schließlich sagte er zum König: «Wenn dieser Palast so viele Male von Vater zu Vater weitergegeben worden ist, was ist er dann anderes als ein Gasthaus? Er ist ein Gasthaus, und ich werde hier schlafen.» Der König war so beeindruckt von der Antwort des Derwischs, daß er selbst ein Derwisch wurde.

Genauso einfach kann man eine *Mevlevi-Tekke* betreten, doch wenn man das gleiche in einer *Bektashi-Tekke* versucht, so wird man in Schwierigkeiten geraten. Der *Sema* oder der Heilige Tanz unterscheidet sich bei beiden Orden sowohl hinsichtlich der Musik als auch hinsichtlich der Einstellung, doch beide Orden gleichen sich darin, daß die Grundlage ihrer Lehre die Liebe ist und nicht die Weisheit, die pragmatische Erfahrung und nicht die intellektuelle Unterweisung. In dieser Hinsicht stimmen beide Orden völlig überein; ihre Unterschiede liegen in ein paar Bereichen, die mit der Essenz und mit der Methode in Zusammenhang stehen.

Wahid erklärte mir, was die Gruppe, der er angehörte, in Vancouver tat und wie sie ihr *Sikr* und ihre Schulungen in bestimmten Disziplinen durchführten. Außerdem wurden sie auch im Derwischtanz unterrichtet. Ich war sehr erfreut, dies zu hören, und als ich ihm die Übersetzung gab, fragte er mich merkwürdigerweise, ob sie, wenn sie irgendwelche Schwierigkeiten hätten, zu mir kommen und mich um Rat bitten könnten.

«Woher wollt ihr wissen, ob ich in der Lage bin, euch eine Antwort zu geben?» fragte ich ihn.

«Oh, wir wissen, daß du eine Antwort haben wirst», sagte er. «Jeder intellektuelle und gebildete Mensch aus der Türkei in deinem Alter wäre in der Lage, eine solche Antwort zu geben. Außerdem scheint es, als ob du mit diesen Dingen zu tun hättest. Ist es in Ordnung, wenn wir dich fragen?»

Ich sagte ihm, es wäre nur dann in Ordnung, wenn sein Shaikh zustimmen würde. Dann würde ich alle Fragen beantworten, die sie mir stellen würden.

Ich beschloß, die Gruppe am folgenden Donnerstag anzurufen und an ihrem *Sikr*-Treffen teilzunehmen. Ich wollte mir einmal anschauen, was sie machten. Ich vergaß jedoch zu fragen, wann das *Sikr* anfinge. Deshalb rief ich am Donnerstag ein paar Minuten nach 20.00 Uhr an und fragte nach John Brozak. Eine junge Frau nahm den Anruf an und sagte, die Gruppe sei bereits zum *Sikr* versammelt. Ich sagte ihr, sie solle John sagen, Murat habe angerufen.

«Warten Sie einen Augenblick, warten Sie einen Augenblick», sagte das Mädchen, «ich werde ihn sofort holen.»

«Vielleicht sollten Sie ihn besser nicht stören», antwortete ich. «Sind Sie sicher, daß Sie ihn nicht stören?»

Sie antwortete: «Ich bin mir sicher, daß sie noch nicht angefangen haben.»

Dann kam John ans Telefon, und ich sagte ihm, es sei nicht wichtig, ich hätte nur wissen wollen, wann das *Sikr* anfinge. Ich sagte, ich hätte daran teilnehmen wollen, doch offenbar sei ich etwas spät dran, und ich würde ein anderes Mal kommen. Er protestierte: «Nein, komm, wir werden auf dich warten.»

«Aber ich brauche 35 Minuten, und du kannst die Leute nicht nur wegen mir warten lassen», sagte ich.

Er entgegnete: «Unser Treffen beginnt um 21.00 Uhr. Versuche, es bis dahin zu schaffen.» Dann legte er den Hörer auf. Er hatte mich vor vollendete Tatsachen gestellt.

Das *Sikr* der Gruppe verlief sehr einfach. Sie benutzten viele der zum Ritual gehörenden Elemente, doch nicht alle. Das *Sikr* war sicherlich nicht vollständig, doch es gefiel mir sehr gut. Ungefähr fünfundzwanzig oder dreißig Leute waren anwesend, die alle sehr eifrig und liebevoll wirkten, miteinander in Harmonie und wunderschön waren – sie leuchteten. Ich schwieg, weil ich ihren Shaikh nicht kannte, obwohl ich spürte, daß sie es gerne gesehen hätten, wenn ich gesprochen hätte. Dem *Sikr* folgte eine organisatorische Besprechung, an der ich schweigend teilnahm. Sie schienen einen Basar vorzubereiten, um Spenden zu sammeln und um den Weg der *Mevlevis* der Öffentlichkeit vorzustellen. Sie fragten mich, ob ich ihnen dabei behilflich sein könnte. Sie hatten mit ihrem Shaikh in Boulder gesprochen, dessen Name Reshad Feild war, und dieser hatte ihnen gesagt, sie sollten sich mit mir in Verbindung setzen und meinen Anweisungen folgen. Da ihr Shaikh eingewilligt hatte, erklärte ich mich nun bereit, auf alles zu antworten, was sie mich fragen würden, vorausgesetzt, ihre Fragen hätten nichts mit Dingen zu tun, die ihr Shaikh beantworten mußte. Ich wußte nicht, wie tief sie involviert waren. Einige der Fragen, die sie stellten, waren sehr tiefgehend, und diese Fragen beantwortete ich nicht.

Sie gaben mir auch einen Brief, den ihr Shaikh Reshad an Shaikh Suleyman Dede in Konya geschrieben hatte. Er ließ mich über sie bitten, diesen Brief für ihn zu übersetzen. Ich übersetzte den Brief also in arabische Schrift, und später, als die Antwort aus der Türkei kam, übersetzte ich diese wieder zurück ins Englische. Während der Besprechung über den Basar tauchte das Problem auf, daß ein Fahrzeug gebraucht wurde, um die *Sikkes*, die *Khirkas* und *Tenures,* die zur Kleidung der *Mevlevi*-Derwische gehören, zu dem Ort zu bringen, an dem der Basar stattfinden sollte. Ich bot ihnen an, sie könnten meinen Wagen benutzen, falls mich jemand nach Hause bringen würde. So begann unsere Beziehung.

Später informierten sie mich, daß ihr Shaikh nach Vancouver kommen und daß er mich gerne treffen würde. Ich lud ihn in mein Haus ein und sagte zu ihm: «Du bist ein *Mevlevi*-Shaikh, aber ich werde dir nach Art der *Bektashis* begegnen, weil ich den Weg und die Initiationen der *Mevlevis* nicht kenne.» Wir lernten uns bei einem Becher Wein kennen. Er war ein sehr netter Mann, voller Liebe, und ich mochte ihn sehr. Während er in Vancouver war, erhielt er einen Brief von Suleyman Dede, in dem auch ein an mich gerichteter Brief lag. In diesem Brief schrieb Dede mir, er sei sehr berührt und beeindruckt von dem, was er zwischen den Zeilen aus meiner Übersetzung ersehen habe. Aus einigen signalisierenden Wörtern, die er in seinem Brief an mich benutzte, konnte ich erkennen, daß eine Verbindung zwischen ihm und mir bestand. Ich konnte sehen, daß er wirklich ein Derwisch und nicht nur dem Namen nach ein Shaikh war; er war offensichtlich nicht in der Orthodoxie des Islam befangen. Er war ein echter Derwisch. Das war der Anfang unserer Beziehung – einer Beziehung zwischen dem Shaikh der *Mevlevis* in Konya und mir. Es entwickelte sich eine Korrespondenz zwischen uns, manchmal in Form von direkten Briefen, manchmal auch, indem ich Briefe übersetzte, die an ihn gerichtet waren oder die er an andere geschrieben hatte. Auf diese Weise lernten wir einander immer besser kennen.

Wenn ich hier Suleyman Dede erwähne, sollte ich vielleicht ein paar Worte über ihn sagen, doch damit dies in einem verständlicheren Zusammenhang möglich ist, möchte ich zunächst etwas näher auf die Geschichte der *Mevlevis* eingehen.

Der Islam geht auf das Jahr 610 n. Chr. zurück. Nicht ganz fünfhundert Jahre nach diesem Zeitpunkt gelangte die ursprüngliche Tradition und Lehre, aus der sich später der Sufismus entwickelte, direkt von einer Quelle zu den westlichen Ausläufern des Himalaya. Fünftausend Jahre vorher war ein Bote von einer Quelle der Wahrheit aus den Höhen des Kaukasus zu Abraham gekommen. Doch diesmal war es eine neue Botschaft, die nicht durch die Linie Abrahams übermittelt worden war. Der Kontakt war neu und unabhängig. Eine Gruppe von Menschen, die das Licht hatten, waren in bestimmten Gebieten zusammengekommen. Aus diesen Gebieten verbreiteten sich die Boten zwischen dem Aralsee und dem Kaspischen Meer. Viele Menschen aus den Gebieten des Altaigebirges, des Karakorum und des Hindukusch empfingen Erleuchtung von diesen Boten. Unter ihnen war ein Mann mit Namen Yusuf Hamadani. Er war Moslem, und er brachte dem Islam die neue Botschaft, die später den Namen Sufismus erhielt.

Mit der Zeit wurde die Gruppe, die unter Hamadani entstanden war, politisch, gesellschaftlich und in erzieherischer Hinsicht sehr einflußreich. Viele seltsame und mysteriöse Gestalten, die wichtige Rollen spielen sollten, traten in jener Zeit in Erscheinung, beeinflußten Ereignisse und verschwanden wieder. Außer dieser einflußreichen Sufi-Gruppe gab es auch die islamischen Gelehrten. Die Beziehung zwischen diesen beiden Gruppen war sehr explosiv. Doch jedesmal, wenn es zu einer Konfrontation zwischen ihnen kam, wechselten einige der islamischen Gelehrten zur Gruppe der Sufis über. Irgendwann in dieser Zeit sahen Hellsichtige aus Balkh, das im Gebiet von Samarkand, Bokhara und Chorasan (heute im nördlichen Teil des Iran) liegt, daß es eine wichtige Person gab, die einmal in diesem Gebiet gelebt hatte und die nun in der Hauptstadt des damaligen Seldschukenreiches wohnte. Das Ottomanenreich existierte damals noch nicht, und die Stadt war Konya. Die Person mit Namen Jelalud'din war ein Gelehrter, der an einer Universität in Konya unterrichtete. Die Hellseher sahen, daß die Zeit dieses Menschen gekommen war, um die Reihen der Gelehrten zu verlassen und in die Reihen der Bettelmönche der Liebe – so nannten sie sich selbst – überzuwechseln.

Der regierende Seldschukenherrscher Alaeddin Kay-Qubadh war ein sehr mächtiger Mann und fest entschlossen, sein Reich zu einem wichtigen Zentrum der Welt zu machen, von dem aus Kultur und Erleuchtung aller Art ausgehen und sich über die ganze Welt ergießen würde. Weil er ein Mensch mit einer Vision war, war er extrem eifersüchtig und besitzergreifend allem gegenüber, was eventuell seinem Ziel dienen könnte. Der Gelehrte Mevlana Jelalud'din Rumi war einer derjenigen, die der Herrscher besonders schätzte. Nichts und niemand sollte nach seinem Willen die Arbeit dieses Gelehrten stören. Deshalb war es nicht leicht für einen Boten, nach Konya zu kommen, *Baraka* (die Lichtsegnung) zu geben und den Schleier zu lüften. Da der Mann, der zur Erleuchtung bestimmt war, Rumi war – einer der Juwelen des Reiches und jemand, der unter dem persönlichen Schutz des Herrschers stand –, so konnte nur ein Niemand, ein schmutziger Derwisch in einem Flickengewand, namenlos und staubbedeckt vom Herumwandern, die spirituelle Öffnung bewirken.

Jener namenlose Derwisch erhielt später den Namen Shamsi Tabriz, was bedeutet «die Sonne der Stadt Tabriz» (Täbris). Er erhielt diesen Namen, weil er ein lichtspendender Mensch war, der angeblich aus Tabriz stammte. Seine wahre Herkunft liegt jedoch im Dunkeln. Vor seinem Auftauchen in Konya gibt es keinerlei Hinweise auf seine Existenz, und es heißt, er sei wie Melchisedek nicht von dieser Welt gewesen. Als dieser erleuchtete Wanderer, anonym unter Staub und Lumpen, auf Jelalud'din Rumi traf, reichte er diesem das Licht weiter, und Mevlana entwickelte die Lehre, die später zur Lehre des Ordens der *Mevlevi*-Derwische wurde.

Nach Rumis Übergang in die höhere Welt übernahm sein unmittelbarer Nachfolger, Chelebi Husameddin, der nicht sein direkter Nachkomme war, die Leitung der Mevlevis. Nach Chelebi Husameddin ging diese Position meist auf einen von Rumis Nachkommen über. Starb ein *Mevlevi*-Führer, nahm ein anderes Mitglied der direkten Familie Rumis seine Stelle ein. Manchmal wurde bei jemandem, der nicht zur Familie gehörte, die Fähigkeit erkannt, und der Betreffende übernahm mit Zustimmung der *Chelebis* die Leitung. Als *Chelebis* bezeichnet man die unmittelbaren Nachkommen *Mevlanas*. Diese Erbfolge setzte sich bis zum Jahre 1928 fort, in dem alle *Tekkes* und die meisten religiösen Einrichtungen in der Türkei vom türkischen Revolutionsführer Kemal Atatürk geschlossen und abgeschafft wurden.

Dies war nach so langer Zeit das Ende.

Nun war eine Funktion der *Tekkes* im Gemeinwesen die einer Art Wohlfahrtsdienst gewesen. Jeden Abend wurde in der Küche jeder *Tekke* Essen gekocht, das an die Armen und an alle verteilt wurde, die kamen. Selbst Leute, die sich eigentlich kein Essen schenken zu lassen brauchten, gingen abends zur *Tekke*, um sich dort etwas «*Imaret*-Suppe» (Wohlfahrtssuppe) zu holen. Diese Suppe war köstlich, doch besonders berühmt war das *Imaret*-Brot. Das Brot, das in der *Tekke* gebacken wurde, war sonst nirgendwo zu bekommen, und es hatte einen einzigartigen Geschmack. Manche besuchten die *Tekke* nur wegen dieses Brotes.

Zu jener Zeit gab es in der Türkei den Roten Halbmond, das türkische Äquivalent zum Roten Kreuz. Man beschloß, daß bestimmte *Tekkes* wieder geöffnet werden und die Küchen dieser *Tekkes* unter der Oberaufsicht des Roten Halbmonds wieder in Funktion treten sollten. Das *Mevlevi*-Zentrum in Konya hatte außerdem eine künstlerische und kulturelle Bedeutung. Die *Mevlevis* hatten eine Musikschule gegründet, die nicht ihresgleichen hatte, und später bildete die *Mevlevi*-Musik ein wichtiges Element der klassischen türkischen Musik. Sogar heute noch beschäftigt sich im Musikkonservatorium der Türkei eine Abteilung mit der Musik der *Mevlevis*. Die Literatur, die Poesie, die Philosophie und die spirituellen Werke der *Mevlevis* bildeten eine riesige Bibliothek, und die türkische Regierung versuchte wiederzubeleben, was sie zuvor hatte eliminieren wollen. Sie wollte es als ein kulturelles Element oder als ein Kuriositätenmuseum erhalten. Außerdem spielten auch kommerzielle Gesichtspunkte eine Rolle: Die Heiligen Tänze waren eine beliebte Touristenattraktion.

So wurden aus den unterschiedlichsten Gründen einige der *Tekkes* als Zeugen der alten Zeit wieder geöffnet. Doch gestattete man den *Mevlevi*-Shaikhs nicht, wieder vollständig ihre Arbeit aufzunehmen und *Murids* (Schüler) anzunehmen. Die *Tekkes* durften lediglich als Imitationen weiterexistieren. Doch selbst zu diesem Zweck brauchte man jemanden, der die Lehren der *Mevlevis* kannte, jemanden, der die notwendigen Kenntnisse und Fähigkeiten hatte. Schließlich fand man Suleyman Dede. Er wurde aufgefordert, die *Mevlevis* in Konya zu repräsentieren, und er tut dies noch heute. Weil die Lehre des Sufismus in der Türkei immer noch gesetzlich verboten ist, kann er dort seine Funktion als Shaikh nicht erfüllen. Doch als er merkte, daß Menschen aus anderen Ländern ihn in der Türkei besuchten – Menschen aus Europa und Nordamerika –, die in der Weisheit der Sufis unterwiesen werden wollten, beschloß er, einige Samenkörner dieses Wissens außerhalb der Türkei auszusäen. Als er eingeladen wurde, in andere Länder zu kommen, nahm er diese Einladung an und gab jedem, den er für fähig hielt, die Arbeit weiterzuführen, die Erlaubnis dazu und ernannte ihn zu seinem Repräsentanten oder Shaikh. Dies ist ein Aspekt von Suleyman Dede. Ein anderer ist, daß er Meister einer Wissenschaft ist, die *Mesleki Melamet* genannt wird – die Wissenschaft von *Melamet*. Wörtlich bedeutet *Melamet*: «Sorglosigkeit; sich über nichts Sorgen machen». Die Bedeutung von *Mesleki Melamet* jedoch ist: «Die Wissenschaft davon, wie man eine Brücke zwischen dem Menschen und Gott schlägt.»

Ich kann nicht sagen, wie dies gemacht wird – nicht, weil das ein Geheimnis wäre, sondern weil es etwas ist, worüber man nicht sprechen kann. Wenn jemand mich fragen würde, was Medizin ist, so würde ich sagen, daß es die Kunst ist, Menschen zu heilen, aber ich wüßte nicht zu sagen, wie dies gemacht wird. Will jemand mehr darüber erfahren, muß er Medizin studieren. Es gibt keinen verborgenen Sinn hinter dem, was ich soeben gesagt habe.

Jeder, der Suleyman Dede kennt, liebt ihn, weil er ein Mensch voller Liebe ist. Er ist ein Symbol der Demut, Bescheidenheit und Güte. Die Menschen, die ihm begegnen, wissen nicht, warum sie ihn lieben, aber der Grund liegt darin, daß er ein Meister des *Melamet* ist. Man sollte dies wissen und darum bitten, in dieser Kunst unterwiesen zu werden.

Im Jahre 1978 kam Suleyman Dede wieder nach Kanada. Diesmal

war er von Shaikh Reshad Feild eingeladen worden, die *Tekke* in Boulder zu besuchen. Anschließend sollte er in Hawaii Shaikh Yaksans Gruppe besuchen, deren Mitglieder *Murids* von Pir Vilayat Khan sind.

Ich flog im Juni nach Boulder zu meinem ersten Treffen mit ihm. Dede *Effendi* war ein sehr kleiner und fragiler Mensch, der sehr sanft sprach. Er war ohne jeden Zweifel in der feinen ottomanischen *Mevlevi*-Tradition erzogen worden, und er sprach ein sehr verfeinertes ottomanisches Türkisch. Ich wechselte sofort in diese Sprechweise über. Wir umarmten einander auf die traditionelle Art der *Mevlevis* und küßten einander gleichzeitig überkreuzt die Hände. Er war damals 76 Jahre alt. Es war eine sehr schöne, erfüllende und erleuchtende Begegnung, bei der ich ihm meine Lebensgeschichte erzählte. Er erklärte mir daraufhin, es sei ganz gleich, was ich ihm erzählte, er habe bereits im voraus beschlossen, mich zu akzeptieren. Seiner Meinung nach, so sagte er, hätte ich das Licht Christi, und er wisse, daß ich meine Initiation von *Meclis-i Ezel,* der Ursprünglichen Schöpfung, empfangen hätte. Während der gesamten Zeit, die wir in Boulder zusammen waren, betrachtete er mich als einen reinen, echten und vollendeten *Mevlevi,* obwohl ich immer wieder darauf beharrte, daß ich die Rituale und Gesetze der *Mevlevis* nicht kannte.

Er selbst ist ein wahrer Derwisch, ein wahrer Mystiker, nicht nur ein orthodoxer Ordensmann. Er ist im ursprünglichen Sinne der esoterischen Lehre eine Person. Während wir miteinander redeten, sagte ich, meiner Meinung nach sollte der Weg der *Mevlevis* wieder zu dem werden, was er zur Zeit von Sultan Veled, dem Sohn von Mevlana, gewesen sei, um ihn von den Verkrustungen zu befreien, die orthodoxe Gelehrte ihm auferlegt hätten. Als ich dies sagte, sprang Dede auf und erklärte: «Du hast völlig recht. Du hast völlig recht. Du bist derjenige, den ich brauche. Der Pfad braucht dich, unser *Pir* braucht dich auf diesem Kontinent. Du solltest alle deine beruflichen Verpflichtungen aufgeben und deine ganze Zeit Seinem Dienst widmen!» Ich blieb noch eine Weile in Boulder und traf noch ein paarmal mit Dede zusammen, und danach kehrte ich wieder nach Vancouver zurück. Ich wußte, daß Dede nach Hawaii fliegen würde, daß er jedoch beabsichtigte, seine Rückreise in Vancouver für ein paar Tage zu unterbrechen, und ich wollte mich darauf vorbereiten, ihn zu empfangen.

Am 19. Juni 1978 traf Dede in Vancouver ein und wohnte drei Tage lang in meinem Haus an der Point Grey Road, bevor er der *Mevlevi*-

Tekke in Nord-Vancouver einen Besuch abstattete. Während er bei mir wohnte, initiierte er mich als *Mevlevi*-Shaikh, indem er mich direkt unter die *Sikke* (konische Kopfbedeckung der *Mevlevis*) des Lichts von Mevlana stellte. «Gott helfe dir», sagte er.

Was für einen Wert dieser Mann in mir gesehen hat, weiß ich nicht, aber mit Sicherheit war er ein Mann von großer Vollkommenheit und von großer *Baraka*. Als er Kanada verließ, um nach Konya zurückzukehren, legte er eine ungeheure Verantwortung auf meine Schultern. Ich sollte hier in Kanada als sein Herz fungieren.

Im Jahre 1979 kam Suleyman Dede noch einmal nach Nordamerika, und diesmal blieb er ungefähr eine Woche. Unser Haus war während seines Besuchs ständig voller Menschen, Musik und Lachen. Ich vermisse ihn sehr.

9

Sufismus

Der Begriff Sufismus ist ein neuer Name für eine alte Lehre. Der Sufismus widmet sich der empirischen Arbeit an der Weiterentwicklung des Menschen. Im Laufe der Geschichte haben einige Traditionen, die sich die Weiterentwicklung des Menschen zum Ziel gesetzt haben, sich verschiedener Fahrzeuge bedient. Wenn sich der Sufismus mit dem Fahrzeug Islam verbindet, offenbart er die esoterische Wahrheit des Islam. Der Sufismus ist nicht, wie viele glauben, ein spirituelles Produkt der islamischen Religion. Der Islam ist nur 1400 Jahre alt. Von den übrigen auf Abraham zurückgehenden Religionen hat das Christentum eine 2000jährige Geschichte, das Judentum ist 5000 Jahre alt, und Abraham selbst lebte vor 6000 Jahren. Die essentielle Lehre des Sufismus hingegen kann 26 000 Jahre zurückverfolgt werden! Die Wahrheit stand der Menschheit zu allen Zeiten zur Verfügung, und sie hat sich verschiedener Fahrzeuge bedient, um sich zu manifestieren.

Die Konfusion zwischen Sufismus und Islam beruht darauf, daß das Wort *Sufismus* in einer Zeit aufkam, in der diese Lehre mit dem Islam verbunden war. Als die alten Traditionen anfingen, Form anzunehmen und sich zu institutionalisieren, wurden sie zu jenen formellen Sufi-Orden, die wir heute kennen. Der *Mevlevi*-Orden, der *Naqshibandi*-Orden, der *Halveti*-Orden und viele andere waren allesamt Adaptionen an die Tradition des Islam, wobei allerdings die verschiedenen Orden die islamische Lehre in unterschiedlich starkem Maße übernommen haben. Beispielsweise ist der *Naqshibandi*-Orden stärker vom Islam geprägt, während der *Mevlevi*-Orden wesentlich weniger orthodox ist.

Man könnte den Sufismus als einen Prozeß des Erweckens und Entwickelns latenter menschlicher Kräfte unter dem Einfluß göttlicher Gnade und Leitung bezeichnen. Der Sufismus ist keine Religion. Seinem innersten Wesen nach ist er auch nicht islamisch, obgleich die Lehre des Islam und die heilige Schrift des Islam (der Koran) zu einem sehr guten Medium für die Übermittlung der alten Tradition wurden. Der Sufismus ist ebensowenig eine Philosophie oder ein Denksystem. Er ist keine bestimmte Art zu leben – paradoxerweise ist er jedoch auch alle diese Dinge zugleich, wenn auch nicht ausschließlich eines dieser Dinge. Der Sufismus ist all dies und doch auch nichts von alldem. Dem Nichteingeweihten mag dies verwirrend erscheinen, doch wird er durch Beschäftigung mit dem Prozeß und durch Fortschritte auf dem Weg von dieser Konfusion befreit werden, und er wird zu verstehen beginnen. Niemand auf Erden kann auf der Stelle in wenigen Worten erklären, was den Sufismus ausmacht (so wie es gewöhnlich vor allem in Nordamerika erwartet wird). Bei dem, was ich im folgenden zu erklären versuche, wird es sicherlich zu Verwirrungen kommen. Es werden immer Paradoxe bestehen bleiben, und die Verwirrung wird sich erst im Laufe der Zeit auflösen, wenn ernsthaft Interessierte in ihrem Wissen und Verstehen fortschreiten.

Wenn wir unbedingt definieren müßten, was Sufismus ist, dann würde ich sagen, er ist ein Prozeß. Damit meine ich etwas, das dem Reifungsprozeß des Käses oder dem Gärungsprozeß des Weins ähnelt. Sufismus ist ein Prozeß, der Menschen hilft zu reifen. Ich könnte es so beschreiben: Es handelt sich um eine Arbeit, so wie man lernt zu schwimmen, ein Musikinstrument zu spielen, Fahrrad zu fahren, ein Pferd zu reiten oder ein Werkzeug zu benutzen. Alle diese Arten von Arbeit erfordern, daß man Verständnis und bestimmte Fertigkeiten entwickelt. Wenn man nichts weiter tut, als in einem Raum zu sitzen und tausend Bücher über das Schwimmen zu lesen, wird man nie schwimmen können. Selbst durch Zuhören, Lesen und Studieren kann ein Mensch nicht lernen zu schwimmen, solange er keine eigene Erfahrung mit dem Wasser macht. Erst wenn er sich selbst ins Wasser begibt, besteht die Chance, daß er schwimmen lernt.

Nach der Lehre der Sufis kann man Wissen oder Erfahrung auf verschiedene Arten erwerben. In Sufi-Kreisen in der Türkei unterscheidet man folgende Arten des Lernens: *Naklel yakin* (Lernen durch Hören), *Aklel yakin* (Lernen durch Verstehen), *Ilmel yakin* (Lernen durch Studieren und Denken) und *Filel yakin* (Lernen durch Tun). Bestimmte Arten von Wissen können jeweils nur durch eine dieser Arten des Lernens erworben werden, andere wieder kann man sich durch Kombination dieser Kategorien aneignen. Zum Beispiel kann man Kenntnisse in Geschichte, Philosophie und Literatur durch Hören und möglicherweise durch Denken erwerben. Manche Dinge werden einfach durch Erzählen vermittelt – damit ist der Lernprozeß in diesen Fällen abgeschlossen. Wenn ich Ihnen sage, daß Paris die Hauptstadt Frankreichs ist, dann ist die Sache damit erledigt; weiter ist nichts dazu zu sagen. Wenn Sie jedoch Paris genau kennenlernen wollen, dann genügt es nicht, wenn Sie nur den Namen kennen. Sie müssen die Stadt sehen, sie studieren und sich darin aufhalten; andernfalls werden Sie Paris nie richtig kennenlernen.

Nach der Definition des Sufismus findet dieser Prozeß des Erwerbens von Wissen unter Anleitung statt, und die Anleitung ist göttlicher Natur. Wenn der belesene Gelehrte, der alles weiß, was man über Schwimmen und Schwimmer wissen kann, ins Wasser springt, um das Schwimmen selbst zu erproben, läuft er Gefahr zu ertrinken. Ein Schwimmlehrer kann dem im Wasser zappelnden Anfänger helfen. Über den Sufismus wird der Mensch durch den Prozeß des Lebens unter göttlicher Anleitung belehrt.

Wenn von latenten menschlichen Kräften die Rede ist, so mag dies sehr nach Okkultismus klingen, doch der Sufismus ist der Ansicht, daß Menschen über latente Kräfte verfügen, schlummernde und schwelende menschliche Kräfte, die nur darauf warten, wiederbelebt zu werden. Im Laufe von Tausenden und Abertausenden von Jahren haben die Menschen viele Fähigkeiten verloren, die sie ursprünglich besaßen und die den Tieren immer noch zur Verfügung stehen. In einem heute wild lebenden Tier schlummert keine latente tierische Kraft. Man kann beispielsweise nicht sagen, daß ein Tiger latente Tigerkräfte oder ein Löwe latente Löwenkräfte hätte. Die Kräfte dieser Tiere sind nie verkümmert. Hingegen sind viele der ursprünglich vorhandenen Fähigkeiten des Menschen verkümmert, und wir haben verlernt, sie zu benutzen. Jede Katze auf der ganzen Welt kann mit jeder anderen Katze kommunizieren, doch ein Mensch aus einem Teil der Welt kann nicht unbedingt mit einem Menschen aus einem anderen Teil der Welt kommunizieren, wenn beide nicht über eine gemeinsame Sprache verfügen.

Diese Fähigkeiten sind nicht durch die Evolution verkümmert. Die Evolution fand im Kosmos statt, nicht in den Menschen. Die Evolution fand in der chromosomischen Existenz der Menschen statt, die von ihrer kosmischen Existenz auf sie reflektiert wurde. Verkümmert sind diese Kräfte, nachdem die kosmische Evolution abgeschlossen war. Als der Mensch seine endgültige Form annahm, die wir Adam nennen, hatte er keine latenten adamischen Kräfte. Er war einfach Adam. Doch im Laufe der Zeit, nachdem die Menschheit – die adamische Menschheit – die Früchte des Wissens von Gut und Böse gekostet hatte, öffnete der Mensch der Verkümmerung einiger seiner Fähigkeiten die Tür, indem er seinen Intellekt dazu benutzte, nützliche und leichtere Möglichkeiten zu finden, sein Überleben zu sichern und zu seiner Umgebung und anderen menschlichen Wesen in Beziehung zu treten. Folgen dieser Entwicklung sind die Entstehung der Sprache, die Erfindung von Werkzeugen, der Kleidung, die Entwicklung von Fertigkeiten bei bestimmten Arbeiten, bei der Jagd, in der Landwirtschaft bis hin zu all den Erfindungen unserer Zeit wie den komplizierten elektronischen Maschinen, Computern, Raumschiffen und vielen anderen Dingen. Dies alles ist zusammengefaßt in dem Ausdruck «die Kenntnis von Gut und Böse». Ein Beispiel aus unserer Zeit: Heutige *) Kapitäne können das Wetter nicht mehr richtig deuten, sie können keine herannahenden Gefahren erkennen, beispielsweise andere Schiffe oder Felsformationen, so wie es ihre Vorgänger noch vor fünfzig Jahren können mußten. Die Entwicklung von Radargeräten, Barometern, Kompassen und ähnlichen Hilfsmitteln hat zu einer Rückentwicklung menschlicher Fähigkeiten geführt, die früher einmal unverzichtbar waren. Aber solche latenten, verkümmerten Fähigkeiten können zu jeder Zeit wiederbelebt werden, und diesem Prozeß der Wiederbelebung widmet sich der Sufismus.

Wenn man sich jenem Prozeß ohne göttliche Gnade und Anleitung widmet, so kommt dies der Definition des Okkultismus sehr nahe, und obgleich der Sufismus nicht mit dem Okkulten identisch ist, ist er doch gleichzeitig auch okkult – wieder eine paradoxe Aussage. Sich unter göttlicher Gnade und Anleitung zu befinden bedeutet, die Verbindung zur Essenz herzustellen, die die Emanation allen Lebens bewirkte. Wer diese Verbindung nicht erkennt, dessen Bemühungen sind auf die eigene individuelle Existenz begrenzt, die als abgetrennt vom kosmischen Ganzen verstanden wird, und das ist Okkultismus.

*) Wurzelziehen, Dividieren, Kopfrechnen!

Man kann sich die göttliche Gnade und Anleitung als ein Glas Wein vorstellen; wenn man eine Prise Salz hinzufügt, hat man nicht salzigen Wein, sondern der Wein wird zu Essig.

Alle Arbeit in jeder *Tekke,* alle Belehrungen und Aktivitäten stehen in Zusammenhang mit dem Prozeß des Erweckens und Entwickelns der latenten menschlichen Kräfte des Suchenden. Außerdem sind sehr umfangreiche intellektuelle Bemühungen erforderlich, denn der Intellekt öffnet dem Suchenden die Tür. Der Intellekt führt zum Tor des Gartens und er öffnet dieses Tor, aber er bringt niemanden in den Garten. Wenn das einzige Lebensziel eines Menschen ist, andere Menschen in Staunen zu versetzen und dies zum eigenen Vorteil zu nutzen, dann ist das geeignete Mittel dazu der Okkultismus – aber er führt eben auch nur zu diesem Ziel. (Man vergleiche die Geschichte von Simon dem Magier in der Apostelgeschichte, Kapitel 8, Vers 9–24.)

Die Definition des Sufismus, die ich hier wiedergegeben habe, erhielten in früheren Zeiten nur die Eingeweihten; sie war nicht jedermann zugänglich. Es gab damals keine Bücher über den Sufismus. In letzter Zeit haben einige Sufis Bücher verfaßt, von denen manche wirklich wertvoll sind. Früher gab es nicht viele, die über das schrieben, was sie im Verlaufe ihrer Suche entdeckten und beispielsweise darüber, wie sie in *Tekkes* empfangen worden waren. Menschen wie John G. Bennett und Gurdjieff haben dies getan, doch sie haben nur das aufgeschrieben, was sie verstanden hatten – und sie hatten keineswegs alles verstanden. Doch sie haben sich geäußert und sie haben nichts verheimlicht.

Es gibt hier auf dem amerikanischen Kontinent wirklich Menschen, die etwas über Sufismus erfahren möchten. Sie sind interessiert, und sie glauben, wenn sie sich mit dem Sufismus vertraut machen, würden sie alle Antworten auf ihre Fragen finden. Das Traurige ist nur, daß sie versuchen, den Sufismus viele tausend Meilen weit entfernt zu finden. Dies muß an der Größe ihrer Nasen liegen: Der Sufismus, der ihnen so nahe ist, entzieht sich ihrem Blick.

Mich erinnern diese Menschen, die den Sufismus im Orient oder im Mittleren Osten suchen, an die Geschichte von den beiden kleinen Fischen, die umherschwammen, miteinander spielten und sich ihres Lebens erfreuten, bis eines Tages ein großer Fisch daherkam. Dieser Fisch war ein freundlicher Riese, aber auch ein Witzbold, und er sagte zu den kleinen Fischen: «Heh, ihr kleinen Fische! Ihr schwimmt da so unbekümmert und spielt, aber wißt ihr eigentlich, daß ihr, wenn ihr kein Wasser bekommt, sehr bald sterben werdet?»

Die kleinen Fische wurden sehr bekümmert und sagten: «Wasser? Was ist Wasser? Wir müssen unbedingt irgendwo Wasser finden.»

Dann schwammen sie in großer Aufregung zu ihrer Mutter und sagten: «Wir sind in großer Gefahr. Der große Fisch hat uns gesagt, wenn wir nicht bald Wasser finden, werden wir sterben. Was ist Wasser? Und wo können wir es finden?» Die Mutter war ebenfalls ziemlich verstört und sagte, sie wüßte nicht, was Wasser sei, und sie schlug vor, sie sollten einen anderen großen Fisch fragen, einen, der mehr wüßte als sie.

Also suchten sie einen weisen Fisch auf und fragten ihn: «Was ist Wasser, und wo können wir es finden?»

Der weise Fisch antwortete: «Wasser, meine Lieben, ist das, worin ihr schwimmt.»

Wenn die Menschen nur Jesus verstehen würden, wenn sie nur das Buch verstehen würden, das ihnen vor zweitausend Jahren gegeben wurde und das Licht auf alle früheren heiligen Bücher wirft, dann würden die Menschen Sufis werden. Der Sufismus ist nicht in der Unitarierkirche oder in der United Church oder in der Presbyterianerkirche oder der römisch-katholischen Kirche zu finden. Ich will damit nicht sagen, daß in diesen Kirchen keine Sufis sein können. Jede dieser Kirchen braucht ein paar Sufis. Sie alle brauchen Menschen, die direkten Kontakt zu Jesus gehabt haben, und zwar in Wirklichkeit, nicht im Traum. Ihr Kontakt zu Jesus wird nicht durch die Gabe des Zungenredens hergestellt, sondern indem die Betreffenden sich so entwickeln, daß sie auf einer Ebene mit Ihm stehen, weil sie Seine Miterben sind. Jesus ist ihr älterer Bruder, und sie sollten Ihm als solchem begegnen, nicht als einer unerreichbaren Gottheit. Jesus hat nicht mehr Gottheit als jeder Mensch in sich. Während die Gottheit bei den meisten Menschen aber nur eine latente Möglichkeit ist, ist sie bei Jesus zur manifesten Tatsache geworden. Jesus war Christus. Christus zu sein bedeutet im Sufismus: «Gott im Menschen ist vollständig aktiviert.» Jesus hat nie gesagt, daß er der einzige Christus sei. Er sagte: «Jeder kann dies tun, auch ihr könnt es, sogar größere Dinge, als ich sie vollbracht habe, wenn ihr euch hingebt, wenn ihr euch überantwortet, wenn ihr akzeptiert.»

wo?

Das ist Sufismus, ob es den Leuten gefällt oder nicht, ob sie es glauben wollen oder nicht. Darin liegt die Wahrheit.

Oft höre ich Menschen sagen, sie wollen diese Wahrheit nicht; sie wollen die Wahrheit von Jelalud'din Rumi oder von Muhyudden Ibnel-Arabi oder von Buddha oder von Guru Nanak. Sie wollen sie von Haji Bektashi Wali oder von Zoroaster. Ich sage dann, das sei in Ordnung, und es sei nichts dagegen einzuwenden, die Wahrheit bei diesen Leuten zu suchen, aber sie werden nur ein wenig mehr über Jesus enthüllen. Ein wenig mehr über Jesus zu erfahren bedeutet, daß man alle kennenlernt, angefangen bei Abraham. Man wird ihnen allen begegnen. Wo die Suchenden auch suchen mögen, laßt sie suchen. Wie meine Mutter mir schon sagte: «Suche die Wahrheit in den Wirtshäusern, in den Kirchen, in den Schriften; suche sie überall.»

Wer Jesus richtig versteht, braucht nicht in den Mittleren Osten zu reisen oder in den Himalaya oder in das Altaigebirge. Die Weisen des Kaukasus haben schon gesagt, daß sie uns Jesus gaben. Doch das Problem hat auch einen politischen Aspekt, denn wenn jeder etwas über Jesus oder die wahre Lehre Jesu lernen würde, wenn jeder die *wahre Liebe* verstehen würde, so gäbe es *keine* Presbyterianer, *keine* Zeugen Jehovas und *keine* römisch-katholischen Christen mehr. Sie alle wären dann einfach Christen. Es gäbe überhaupt keine Bezeichnungen mehr, und es gäbe dann auch keine Konkurrenz und keine Kritik mehr zwischen all diesen Gruppen, keine Bekehrungen und auch nicht mehr den Anspruch auf den einzig wahren Weg, demgegenüber sich alle übrigen in der Dunkelheit befinden.

Dies ist eine große ökonomische und politische Herausforderung, doch es ist nicht sehr wahrscheinlich, daß diese Herausforderung angenommen wird. Vielleicht wird man noch ein paar Jahrhunderte lang mit dem spirituellen Wohl der Menschen herumspielen, doch die zweite Ankunft des Herrn ist sehr nahe, und schließlich wird jeder die Wahrheit kennen, welche lautet, daß der Messias in das Herz jedes Menschen kommt, ihn «re-adamisiert», um ihn wieder in den Zustand zu versetzen, in dem er vor dem Sündenfall war, wenn die verbotene Frucht vom Baum der Erkenntnis dem Baum wieder zurückgegeben wird. Verstand und Intuition werden dann wieder miteinander versöhnt werden, und das, was wir das Neue Zeitalter nennen – das Hochzeitsfest der positiven Wissenschaft und der Mystik – wird anbrechen. Dann wird das Christentum vergehen, und ebenso der Islam und das Judentum, doch Christentum, Islam und Judentum werden zu einer Einheit verschmelzen. In meinem Herzen ist dies bereits geschehen, doch wann es auf der ganzen Welt geschehen wird, vermag ich mir nur vorzustellen.

Seit der alten Zeit, seit dem Anfang des Sufismus, war die Lehre und das Thema der *Chille* – der Fermentationsprozeß der Sufis – von einem großen Geheimnis umgeben. Es ist in Sufi-Kreisen nicht üblich, irgendwelche Erklärungen über die *Chille* zu geben, weil alles, was damit zusammenhängt, geheim bleiben soll. Wer nicht initiiert ist, erfährt nichts darüber. Man erwähnt es nicht einmal. Meist beginnt der Derwisch sein *Chille*-Training, ohne zu wissen, was er tut oder warum er es tut oder was er davon erwarten kann. Doch wenn die Zeit gekommen ist, und er versteht, was es ist und welchen Zweck es erfüllt, wird er sogar noch verschwiegener als zuvor. Durch das *Chille*-Training müssen wir so weit reifen und fermentieren, daß wir das menschenähnliche Element in der Lehre Jesu erkennen und empfangen. Das «Geheimnis», das die Eingeweihten nicht enthüllen wollen, ist dieser anthropomorphe Charakter der Natur der Wahrheit. Es ist keine Blasphemie zu sagen, daß unser Körper der Tempel Gottes ist, doch trotz der Loblieder, die dies ausdrücken und die in allen Kirchen gesungen werden, bleiben die Orthodoxen bei der Auffassung, daß die Übertragung menschlicher Züge auf Gott (Anthropomorphismus) Blasphemie sei. Es ist ihr Problem, wenn sie nicht wissen, was sie sagen, aber ich muß erklären dürfen, was das Wesen des Sufismus ist, was dahinter steckt. Jesus sagte: «Wer die Wahrheit kennt, den wird sie befreien.» Und jeder, der seine Freiheit nur innerhalb des Verständnisvermögens seiner irdischen Existenz sieht, der ist nicht emanzipiert, und was diese Menschen Freiheit nennen, ist nach meinem Verständnis Sklaverei.

Wahrscheinlich werden viele «alte» Sufis mir übelnehmen, daß ich hier über die «Geheimnisse» und über die *Chille*-Arbeit spreche, doch ich verrate nichts. Der Grund, weshalb früher soviel geheimgehalten wurde, war, daß die praktizierenden Sufis nicht wollten, daß ihre Häuser von wertlosen Menschen überschwemmt würden – von den orthodoxen Gläubigen aller Religionen. Die Tumulte, die fanatische Orthodoxe in allen Ländern heraufbeschworen haben, gehören zu den blutigsten Kapiteln der Menschheitsgeschichte.

Beispielsweise herrscht unter Christen die Vorstellung, daß Moslems blutrünstig seien und daß ihre Religion zum Blutvergießen auffordere und ermutige. Dieser Ansicht liegt zugrunde, daß die Mohammedaner christliche Länder überfallen und dabei eine Menge Christenblut vergossen haben. Doch wenn man die Geschichte des Christentums studiert, wird man feststellen, daß das meiste Christenblut durch Christen vergossen worden ist. Die Geschichte der Inquisition, das Heilige Römische Reich, die Hexenverfolgungen und die Reformation sind besonders schwarze Kapitel der Verbreitung der Liebesbotschaft Christi. Doch all dies ist weder die Schuld der Christenheit noch die des Islam. Es sind die Früchte des Fanatismus und der Orthodoxie, die uns noch heute zu schaffen machen. Wenn es keine Menschen anderen Glaubens gibt, die man kritisieren könnte, dann kommt es zum Streit zwischen verschiedenen Konfessionen des gleichen Glaubens. Dies ist wirklich dumm und kindisch, doch in früheren Zeiten manifestierte sich diese Dummheit in physischem Leid. In den Zeiten, als die Dinge geheimgehalten wurden, tat man dies, weil es lebensgefährlich gewesen wäre, es nicht zu tun.

Damals wurde die Geheimhaltung eingeführt, doch heute sind die Menschen bereit, ihren Geist allen Lehren der Welt zu öffnen. Deshalb glaube ich, daß ihre innere Suche und ihre Neugierde befriedigt werden sollten. Wenn also in irgendeiner Hinsicht der Eindruck entsteht, daß ich gegen die Geheimhaltung alter Traditionen verstoße, so übernehme ich dafür die volle Verantwortung. Ich werde keine Perlen vor die Säue werfen, aber ich werde zumindest über die Natur der Perlen sprechen. Ich muß gestehen, daß ich nicht alles offenlegen werde, aber der Grund dafür ist nicht, daß ich mich der Tradition der Geheimhaltung anschließe, sondern daß ich glaube, daß vieles davon nur weitere Verwirrung stiften würde, statt irgendeinem sinnvollen Zweck zu dienen. Einiges kann nur Initiierten offenbart werden, wenn sie das notwendige Verständnis entwickelt haben, und wenn die Nichteingeweihten nicht alles sofort erfahren, so geschieht dies nur zu ihrem eigenen Schutz. Außerdem gibt es Dinge, die man nicht beschreiben, sondern nur erfahren kann. Ich werde also versuchen, mein Bestes zu tun.

Es wird helfen zu begreifen, was die *Chille* ist, wenn ich die verschiedenen Aktivitäten der *Chille* beschreibe. Ich kann nur aus meiner eigenen Erfahrung in einer *Bektashi-Tekke* sprechen, obgleich ich später auch viele andere Formen und Pfade kennengelernt habe. In den *Tekkes* anderer Sufi-Orden werden zwar ein paar Dinge anders gemacht, aber es gibt im wesentlichen keine großen Unterschiede. *Es mangelt nicht an Liebe und Achtung zwischen diesen verschiedenen Orden.* Sie lehnen einander nicht ab und sie kritisieren einander nicht, wie es so viele christliche Konfessionen tun. Ebensowenig behauptet einer dieser Orden, der Wahrheit näher zu sein als die übrigen. Sie sagen nur: «Nun, mein *Nasip* stammt von hier.» *Nasip* bedeutet «Anteil der Gaben» oder «Anteil der Segnungen». Manchmal heißt es: «Die Quelle, aus der ich getrunken habe, war hier, und es gibt noch viele andere Quellen, wenn du durstig bist.» Es gibt keine Widersprüche zwischen den Lehren der verschiedenen Orden, und niemand kann unterscheiden zwischen Haji Bektashi Wali, Mevlana Jelalud'din Rumi, Abdul Qadir Gilani, Halveti Shabani oder Imam Naqshbandi. Wenn es zu Zwistigkeiten zwischen den Orden kommt, so liegen diese mehr im administrativen Bereich, was mit der falschen Einstellung des Shaikhs oder Verwalters einer *Tekke* zusammenhängen kann. Doch im Licht der Lehre werden solche Mißstände im Laufe der Zeit wieder in Ordnung gebracht.

Wenn der Derwisch seine Schulung in der *Tekke* absolviert, muß er am Unterricht und an den Vorträgen teilnehmen, wobei er die Lehren seines Ordens kennenlernt. Man wird ihm außerdem physische und geistige Übungen auftragen. Einige dieser Übungen werden alleine praktiziert, andere in der Gruppe. Jeder erhält ein *Sikr,* das er am Morgen üben muß. Wenn am Morgen keine Zeit dafür da ist, so kann das *Sikr* auch zu jedem anderen Zeitpunkt des Tages praktiziert werden, beispielsweise am Steuer eines Autos. Der Lehrer ermittelt die speziellen Fähigkeiten und Eigenschaften jedes *Murid,* und wenn dies geschehen ist, wird der Shaikh ihn dazu anleiten, sich in diesem Bereich zu spezialisieren. Dieser wird dann ebenfalls zu einem Bereich des Lehrens und Lernens.

Im Rahmen der intellektuellen Schulung wird der Shaikh ein *Sohbet* veranstalten, ein Gespräch über den Sufismus. Es handelt sich dabei um ein sehr freies und in freundlicher Atmosphäre stattfindendes Gespräch, das allerdings einem ganz bestimmten Zweck dient. Bei einem typischen *Sohbet* nimmt das Gespräch viel Raum ein; außerdem werden Geschichten erzählt, die mit Lehren der Sufis in Zusammenhang stehen, es werden Hymnen und Lieder gesungen, die Sufi-Poeten geschrieben haben, und es wird Musik gemacht. Die Musikinstrumente, die in einer *Bektashi-Tekke* benutzt werden, sind langhalsige Saiteninstrumente, die *Saz* oder *Baghlama* genannt werden. Sie haben so lange Hälse, daß man manchmal den Arm ganz ausstrecken muß, um das obere Ende zu erreichen. Das Instrument hat drei Saiten, doch es gibt auch kompliziertere Versionen mit mehr Saiten. Es wird mit einer Vogelfeder angerissen. Gewöhnlich singen die Musiker, während sie spielen.

Manchmal besucht ein Poet eine *Tekke*. Poeten tragen gewöhnlich den Titel *Ashuk*, was «Verliebter» bedeutet. Wenn ein Name das Wort Ashuk enthält, so wird damit auf diese besondere Fähigkeit des Betreffenden hingewiesen. In der Sufi-Literatur wird z. B. Kabir als *Ashuk Kabir* bezeichnet. Der zu Besuch weilende *Ashuk* wird seine Lieder vortragen, und wenn er nicht selbst *Saz* spielt, begleitet ihn einer der Anwesenden. Gewöhnlich gibt es keine ausschließlichen Instrumentalisten. Jeder Spieler ist gleichzeitig ein Sänger. Die Musik der *Bektashis* ist sehr volkstümlich; sie sind auf diesem Gebiet im allgemeinen nicht so kultiviert wie die *Mevlevis*. Die *Bektashis* scheinen volksnäher eingestellt zu sein.

Außer den *Sohbets* gibt es auch die *Ayens*, Versammlungen, die etwas zeremonieller und ritueller sind. Bei den *Ayens* tanzen die Teilnehmer, sie musizieren, sie singen, und in der *Bektashi-Tekke* trinken sie auch Alkohol. Wir nannten diese Feiern *Ayenidem*, was «die Zeremonie der Augenblicke» bedeutet. Die einzelnen Augenblicke reihen sich wie die Perlen eines Rosenkranzes aneinander.

Es finden auch Vorträge statt, die *Ders* genannt werden, und es gibt zwei Formen des *Sikr*: Das Gruppen-*Sikr* und das persönliche *Sikr*. Meist ist das *Sikr* am Morgen sehr kurz und wird in der Gruppe praktiziert, doch jeder kann sein persönliches *Sikr* seinen täglichen Pflichten anpassen. Am Donnerstagabend findet gewöhnlich eine große Versammlung anläßlich des Gruppen-*Sikr* statt, aber das hat nichts damit zu tun, daß der Donnerstag ein besonderer Tag wäre. Es hängt nur damit zusammen, daß in den Moslem-Ländern der Donnerstag und der Freitag das Wochenende sind – der Freitag war der freie Tag der Moslems. Das Gruppen-*Sikr* fand am Donnerstagabend statt, damit alle, die wollten, daran teilnehmen konnten. Als die Türkei säkularisiert und den Standards der westlichen Welt angepaßt wurde, wurde das Wochenende auf den Samstag und Sonntag verlegt. Trotzdem hat man den Zeitpunkt des *Sikr* beibehalten. Wenn die *Tekkes* nicht vom türkischen Staat geschlossen worden und sie noch aktiv wären, wäre der Abend des *Sikr* vielleicht entsprechend der neuen Wochenendregelung verlegt worden. Allerdings wurde auch der Gebetstag der orthodoxen Moslems, der Freitag, nicht auf den Sonntag verlegt.

In der *Tekke* befinden sich kleine Zellen für die Derwische, und jeder, der unter *Chille* (Klausur) steht, bekommt eine solche Zelle zugewiesen. Die *Tekke* ist ein Haus, in dem Menschen leben. Deshalb gibt es dort die gleichen Einrichtungen, und es müssen dort die gleichen Dinge getan werden wie in jedem anderen großen Haus. Wie in jeder Gemeinschaft werden auch hier die Alltagsarbeiten unter den Bewohnern aufgeteilt. Es wird gekocht, die Mahlzeiten müssen vorbereitet werden, die *Tekke* muß gereinigt werden, und es muß immer genügend Feuerholz vorhanden sein. Viele Tiere garantieren der *Tekke* die notwendige Nahrung und Milch, und diese Tiere müssen ebenfalls versorgt werden. Die Gärten müssen bearbeitet werden, und das Korn muß zur Mühle gebracht und zu Mehl gemahlen werden. Jemand muß Lebensmittel einkaufen und auch sonstige Einkäufe erledigen, und ein anderer muß die Buchführung erledigen und die Bücher betreuen. Es muß jemand da sein, der Instandhaltungsarbeiten und Reparaturen übernimmt, und jemand (der *Mihmandar*) muß sich um die Gäste und Besucher kümmern, die von weit her kommen. Außerdem finden gelegentlich Hochzeitszeremonien, Begräbnisse, Abschiedsfeiern und allgemeine Versammlungen statt, an denen alle Derwische teilnehmen. Alle diese Aufgaben sind eine weitere Facette des Lebens in der *Tekke* und des *Chille*-Trainings.

Abgesehen von den *Sohbets* und speziellen Unterrichtsstunden werden auch bestimmte Fertigkeiten vermittelt, beispielsweise Nähen, Tanzen, Musizieren und ähnliches. Die Lehrer der *Bektashi-Tekke* werden *Baba* genannt, was «Vater» heißt. In einer *Mevlevi-Tekke* werden sie *Dede* oder «Großvater» genannt. Jeder *Baba* hat *Chille*-Schüler, und jeder *Chillakesh* oder Absolvent des *Chille*-Trainings befindet sich unter der Obhut eines *Baba*. Ob ein *Baba* mit einem, drei oder mehr Schülern arbeitet, ist gleichgültig. Das Vertrackte ist, daß der Schüler am Anfang nicht weiß, daß der *Baba* mit ihm arbeitet. Es kann sein, daß ein *Baba* einen Derwisch beobachtet, ohne daß dieser es weiß; er fühlt sich deshalb mitunter ziemlich fehl am Platz. Wenn Versammlungen stattfinden, sagt man dem Derwisch nicht, wohin er gehen soll, und am Abend sagt man ihm nicht, wo er schlafen soll. Es kann sein, daß der Derwisch nach einer Weile denkt, niemand nähme auch nur wahr, daß er da sei. Es kann sechs Monate dauern, bevor jemand ihn auch nur nach seinem Namen fragt.

Manchmal scheint das, was in der *Tekke* getan wird, völlig irrelevant für den Prozeß zu sein. Der neue *Murid* wird beispielsweise gebeten, Feuerholz zu spalten, die Waschräume zu säubern, Berge von Geschirr zu spülen oder viele andere Aufgaben zu übernehmen, und weiter erfährt er nichts. In diesem Stadium wird man alles tun, um ihn zu entmutigen und ihn dazu zu bringen, fortzugehen. Bald wird ihm klar werden, warum die Arbeit in der Tekke *Chille* genannt wird, denn das Wort bedeutet «schwere Prüfung, Feuerprobe».

Wenn der Derwisch weiß, wer sein *Baba* ist, kann es sein, daß er anfängt, ihm Fragen zu stellen. Dies hat oft zur Folge, daß er irgendwohin geschickt wird, um dort etwas zu tun, was ihm das Gefühl geben kann, gezüchtigt zu werden. Bald wird er merken, daß der Grund für diesen unangenehmen Auftrag sein Fragen war.

Wenn er bittet, ihm die Bedeutung der Liebe zu erklären, so wird man ihm dies nicht abstrakt erklären. Man wird ihn in eine Lernsituation bringen, in der er das Gefühl entwickeln muß, daß es unmöglich ist, Liebe zu empfinden. Der *Baba* wird nicht für den Kaffee danken, den ihm sein *Murid* gebracht hat, sondern ihm statt dessen Vorwürfe machen. Dahinter steht das Wissen, daß man, um jemanden dazu zu bringen, das Wasser zu lieben, ihn mitten in die Wüste stellen muß. Es ist besser, ihm Abwasser zum Trinken zu geben als reines Wasser. Nur so wird er lernen, Wasser zu lieben. Wenn der *Baba* irgendwelche Hoffnung in seinen *Murid* setzt, wird er anfangen, ihn sehr schlecht zu behandeln, und der *Murid* wird erkennen, daß er kein Mitgefühl erwarten kann. Alle diese Hilfsmittel haben nichts mit «Liebe» zu tun, sondern sie dienen dazu, den Derwisch zu lehren und ihn zur wahren Liebe zu erwecken.

Manche Schüler werden jedoch auf dieser ersten Stufe des *Chille*-Trainings, die dazu dient, den Schüler aufzuwecken, anders behandelt. Es gibt Ausnahmen. Es ist ganz und gar kein Zuckerschlecken, ein Derwisch zu sein!

Beim *Chille*-Training gibt es Dinge, die der Suchende durch Erfahrung erlernen muß sowie durch die trivialen Tatsachen des Alltagslebens. Der *Baba* erkennt die Schwächen seines Schülers gewöhnlich sehr schnell. Wenn er merkt, daß sich der *Murid* davor fürchtet, «sündige» Dinge zu tun (in einem Moslem-Land), kann es sein, daß der

Baba ihn auf einen öffentlichen Platz schickt, um einen Krug Wein zu kaufen. Oder, wenn er jemand ist, der besonders reinlich und mäkelig ist, wird er oft die Toiletten sauber machen müssen. Der Derwisch wird dazu gezwungen, seine Konditionierung zu überwinden. Niemand lacht ihn deswegen aus. Es wird anerkannt, daß er eine wichtige Arbeit tut, und daß dies Stufen auf dem Weg seines Erwachens sind. Die Hälfte der Arbeit besteht darin, ihn dazu zu bringen, aufgeben zu wollen, weil er genug hat.

Läßt sich der Derwisch nicht von seinem Vorhaben abbringen, wird ihm mehr aufgetragen, und er wird in größerem Maße erwachen. Und wenn dieses Erwachen eingetreten ist, gibt es zwei Dinge, zu denen er erweckt werden kann. Für den *Baba* besteht die Aufgabe von Anfang an darin, den *Murid* Liebe und Demut zu lehren. Bevor er dies nicht gelernt hat, wird der *Murid* nichts anderes lernen. Wenn er Demut erfährt, so wird er sich seiner Abhängigkeit von Gott und vom Selbst gewahr, und er fängt an, Gott in der Bruderschaft, die ihn umgibt, zu sehen. Der Geist des *Baba* ist ständig auf dieses Ziel hin ausgerichtet, und wenn er irgend etwas hinsichtlich des Fortschritts seines *Murid* überprüft, so ist es dies: Erfährt der Derwisch in irgendeiner Form Liebe, und wird er demütig genug?

Der Derwisch, der sich mit dieser Prüfung abplagt, bemerkt niemals die Aufmerksamkeit seines *Baba,* und er entdeckt auch kein Anzeichen seines Mitgefühls. Nur insgeheim hat der *Baba* Mitgefühl für seinen *Murid.* Wenn er in seiner Zelle schläft, wird der *Baba* ihn, ohne daß er es merkt, prüfen, über ihn wachen, sich um ihn sorgen und ihm helfen. Doch im direkten Kontakt wird er den Derwisch tadeln, schelten und sich über ihn beklagen. Ein gereifter Derwisch, der die Kämpfe seines Bruders sieht, wird ihm niemals erzählen, daß er selbst das gleiche erlebt hat.

Statt dessen hört er Dinge wie: «Jeder bekommt das, was ihm zusteht – das ist dein Problem. Warum gehst du nicht wieder nach Hause?» Scheinbar fühlt sich niemand betroffen.

Diese Art der Behandlung kann schließlich dazu führen, daß im *Murid* Wut und Haß zutage treten und er sehr grob reagiert. Oder aber er erwacht plötzlich, und die Bemühungen des *Baba* fangen an, Früchte zu tragen. Statt mürrischer, verwirrter und schmerzgequälter Blicke wird der Derwisch dann anfangen, zu lächeln und bei der Arbeit zu singen. Aller Groll verschwindet, Freude und Liebe leuchten auf seinem Gesicht. Wenn der *Baba* dies sieht, wird er allmählich anfangen, seinen *Murid* weniger hart zu behandeln. Er wird öfter mit ihm sprechen und ihn bitten, Kleinigkeiten für ihn zu erledigen. Zu diesem Zeitpunkt ist der *Murid* so demütig geworden, daß er es als besondere Gunst ansieht, wenn er gebeten wird, das Wasser seines *Baba* für die Waschung einzugießen oder beim Einkauf auf dem Markt seinen Sack für ihn zu tragen; er versteht dies alles nun nicht mehr als Dienst, den er seinem *Baba* tun muß. Eines Tages sagt dann der *Baba* zu seinem Derwisch: «Setz dich zu mir.» Damit beginnt die zweite Phase des Prozesses, der zum Erwachen führt.

Es kann sein, daß dem Derwisch aufgetragen wird, einem neuen *Murid* zu helfen. Ihm wird aufgetragen: «Beobachte diesen Jungen», und während er die Kämpfe des Neuen beobachtet, werden ihm selbst gewisse Dinge klar. Seine Perspektive wird klarer, und Mitgefühl und Liebe wachsen in seinem Herzen gegenüber der Person, der er hilft.

Zu einem späteren Zeitpunkt, keineswegs früher, wird er möglicherweise zu den besonderen *Sohbets* des Shaikhs eingeladen. Zuerst muß er an der Tür stehen und darf sich nicht unter die übrigen Derwische mischen, die in einem Kreis sitzen. Es kann sein, daß er sehr lange stehen muß, ohne irgendwelche Anzeichen von Ermüdung oder Unbequemlichkeit zu zeigen. Wenn er fast nicht mehr stehen kann, schickt ihn sein *Baba* beispielsweise in die Küche, um ein Glas Wasser zu holen, und befreit ihn auf diese Weise von seiner Anspannung, so daß er seine schmerzenden Muskeln strecken und entspannen kann. Der *Baba* hat das Unbehagen seines *Murid* registriert, und er hat ihm diesen Auftrag gegeben, um seinen Schmerz zu lindern, doch dem *Murid* ist dies nicht klar. Schließlich empfängt der *Murid* immer mehr Unterweisungen, bis er zum inneren Kreis des Shaikhs gehört und in der Lage ist, von ihm zu empfangen.

Die Beziehung zwischen dem *Baba* und seinem *Murid* wird dann sehr stark, und manchmal kann man in einer *Tekke* beobachten, daß ein Derwisch an der Tür sitzt und stundenlang einem *Baba* in die Augen schaut, ohne auch nur ein einziges Mal zu blinzeln.

In der *Tekke* gibt es auch einen Platz für Kinder. Sie haben eine Schule und nehmen an einer *Sohbet*-Sitzung speziell für Kinder teil, die je nach Jahreszeit um zehn oder elf Uhr vormittags stattfindet, weil das Mittags-*Namaz* sich nach der Länge des Tageslichts richtet und die Kindersitzung anderthalb Stunden vor dem Mittags-*Namaz* stattfindet.

Wenn die Kinder zusammenkommen, so singen und spielen sie, und an schönen Tagen geht man mit ihnen in den Garten der *Tekke*. Die *Sohbets* ähneln einer Art Sonntagsschule, doch weil die Kinder in der *Tekke* wohnen, findet der Unterricht täglich statt.

Körperübung ist ein wichtiger Teil des Lebens in der *Tekke,* und es gibt ein Gelände für die verschiedensten Sportarten, das jedoch nicht für die Kinder bestimmt ist. Die Männer üben sich im Bogenschießen, im Reiten und im Schwertkampf. Es gibt Spiele wie Steinewerfen, Speerwerfen und Schleudern sowie das Spiel des Pfahlkletterns. An jedem Festtag findet ein Wettbewerb im Pfahlklettern statt. Zum Beispiel gibt es einen Feiertag, der Eliastag heißt, was für *Khidr Elias* steht. Wenn dieses Fest auf den 21. März fällt, trägt es den Namen *Navruz*. Wenn es am 6. Mai gefeiert wird, wird es *Hedrelles* genannt. Die Feier am 21. März ist im östlichen Teil der Türkei wie auch im Irak und im Iran üblich. In Zentral-Anatolien und in der West-Türkei wird das Fest am 6. Mai gefeiert. Der Grund für diese unterschiedlichen Termine liegt darin, daß in der West-Türkei die Gutwetter-Periode erst später beginnt.

Jeder Teilnehmer bringt zu diesem Fest einen Ochsen, einen Hammel oder irgendein anderes Tier mit, das dann geschlachtet wird. Überall wird über offenen Feuern auf Spießen gebraten. Beim Fest wird viel gegessen und getrunken, und später kommen die Köche mit Behältern voller Tierfett, mit dem sie die Pfähle bestreichen, damit diese glitschig werden. Dann ziehen die Männer Ringerhosen an und klettern mit entblößter Brust an den Pfählen hoch, oder vielmehr versuchen sie dies – es ist nämlich so gut wie unmöglich. Am oberen Ende der Pfähle sind Preise befestigt, gewöhnlich eine Goldmünze, die in ein farbiges Stück Gaze gewickelt ist. Wenn es jemandem gelingt, die Spitze eines Pfahles zu erreichen, gehört der Preis ihm.

Sport ist kein gelegentlicher Zeitvertreib, sondern er wird regelmäßig gepflegt, und zwar meist freitags. Manchmal finden auch sportliche Wettkämpfe zwischen verschiedenen *Tekkes* statt.

Als nach 1864 so viele Kaukasier in die Türkei einwanderten, brachten sie den Sport *Jirit* mit. Er wurde von den Türken begeistert aufgenommen, und viele wohlhabende türkische Familien ließen ihre Kinder von Tscherkessen in deren Sitten und Gebräuchen unterrichten. Wegen der starken Assimilation des Kleidungsstils und der Lebensweise der Tscherkessen wurde *Jirit* während der letzten fünfzig Jahre des aktiven Derwischlebens in der Türkei (vor dem Verbot) sogar zum Sport der Derwische. Die *Bektashis* hatten, weil es in der Dorfstruktur, in der sie lebten, nicht schwierig war, sich ein Pferd zu halten, gewöhnlich mehr Gelegenheit, Spiele wie *Jirit* zu spielen. Als die *Tekkes* geschlossen wurden, wurden auch die meisten dieser Aktivitäten nicht weiter gepflegt.

Die zweite Phase der *Chille*-Arbeit beginnt mit dem Augenblick, in dem der Shaikh der *Tekke* anfängt, den Suchenden zu testen, entweder indem er ihm offen Fragen stellt, oder indem er ihn auf verschlüsseltere Weise befragt. Wenn es ihm als lohnend erscheint, stellt er zu dem Suchenden auf verschiedenen Ebenen Verbindungen her, wobei er Telepathie und außersinnliche Wahrnehmungen einsetzt. Heute wird viel über den Einsatz solcher Methoden im psychologischen und psychiatrischen Bereich gesprochen. Der Shaikh versucht, eine gemeinsame Ebene zu finden, ohne den Geist des betreffenden Individuums von der Essenz des Geistes zu trennen. Um dies tun zu können, sucht der Shaikh einen Bereich, in dem sein eigener individueller Geist und derjenige des Suchenden einander überschneiden.

Nachdem der Shaikh den Bewerber getestet hat, überträgt er ihm Arbeiten, um seinen Wert zu prüfen und um festzustellen, wie begründet die Hoffnung ist, daß er Fortschritte machen wird. Diese Aufträge werden *Wasifa* genannt. Schließlich greift der Shaikh zu Mitteln, um mehr über den Suchenden zu erfahren und um klarer herauszufinden, ob der Betreffende würdig genug ist. Hält der Shaikh den Suchenden für würdig, so versetzt er sich auf immer subtilere Ebenen des Gewahrseins, um seine Fähigkeit, Wissen zu erlangen, zu erhöhen. Manchmal macht er sich zu diesem Zweck mit den Vorfahren des Suchenden und mit dessen familiärem Hintergrund vertraut. Ein Shaikh wäre nicht überrascht herauszufinden, daß der Suchende aufgrund der Linie seiner Vorfahren höher gestellt ist als er selbst. Sobald der Shaikh sein Bewußtsein auf die Ebene des kosmischen Bewußtseins projiziert hat, befindet er sich auf der Ebene der Allwissenheit.

Alles, was existiert, gehört zur Essenz und steht mit der Essenz in Verbindung. Ich möchte dies ein wenig verdeutlichen. Man stelle sich einen Raum mit einem Loch in der Decke vor. Das Sonnenlicht dringt durch dieses Loch von außen in den Raum und fällt als Lichtfleck auf den Boden. Jedem ist ersichtlich, daß der Lichtfleck auf dem Boden mit dem Sonnenlicht draußen in Verbindung steht. Wenn man sich in den Lichtfleck stellen und nach oben schauen würde, so würde man in die Sonne schauen, ganz gleich, wie klein das Loch ist. Wenn wir dies übertragen, so wird uns klar, daß es nur *einen* Geist gibt. Im Prozeß der Inkarnation des menschlichen Körpers ist das, was menschlicher Geist genannt wird, nur eine Reflexion des einen universellen Geistes. Die Reflexion des allwissenden Geistes wird durch die Aufnahmefähigkeit begrenzt, zu welcher der individualisierte Geist oder das individuelle «Nest» in der Lage ist. Das Gefäß begrenzt die Reflexionsfähigkeit, doch kann es auch erweitert werden, bis dieser individualisierte Teil des Geistes wieder dahin zurückprojiziert werden kann, woher er kommt, so wie ein Wassertropfen schließlich wieder in das Meer zurückkehrt. Wenn diese Verbindung hergestellt worden ist, kehrt der individuelle Geist zum allwissenden Geist zurück. Das ist ein schwieriger Prozeß, doch der Shaikh wird ihn in Angriff nehmen, falls er Erfolgschancen sieht.

Es gibt viele Möglichkeiten, um den Suchenden zu testen und zu verstehen, und der Shaikh wird sich zuerst intellektueller Tests bedienen, die Intelligenztests ähneln können. Später wird er, falls er es für der Mühe wert hält, auf höhere Ebenen überwechseln.

Wenn der Shaikh sich diese Mühe macht und wenn er auf einer anderen Ebene Kontakt zum Suchenden aufnimmt, kann es auch wieder passieren, daß er feststellt, daß der Suchende aufgrund seiner Abstammung hochgestellt ist. Das bedeutet, daß die spirituelle Arbeit, die von vielen Generationen seiner Vorfahren getan worden ist, sich in ihm kristallisiert und ihn nach den Mendelschen Gesetzen in seine hohe Position befördert hat. Dies hat nichts mit der Reinkarnationslehre zu tun, die aus dem Fernen Osten zu uns gekommen ist. Im Sufismus ist ein Mensch das Ergebnis der spirituellen Arbeit seiner Vorfahren. Damit ist nicht unbedingt eine direkte Vererbung von den Eltern auf das Kind gemeint, sondern eine gewisse Akkumulation von Genen, die mehrere Generationen überspringen kann, bevor sie sich in einer Generation erneut bemerkbar macht.

Wenn der Shaikh feststellt, daß der Suchende eine wichtige verborgene Fähigkeit besitzt, wird er ihn ermutigen, indem er ihm ein paar Kunststücke zeigt, die seine Begeisterung für die Arbeit der Transformation aktivieren.

Ist der Shaikh nicht fähig genug, all dies zu tun, wird er mit seinem *Murid* sprechen, so wie eben ein Prediger mit Menschen spricht. Er wird über die Schönheit von Orangen zu ihm sprechen, ohne ihn jemals von einer Orange kosten lassen zu können. Es ist natürlich wesentlich schöner für jemanden, der Orangen nicht kennt, ein Stück zu probieren, als tausend Bücher über Orangen zu lesen oder einen Missionar den Glanz, die Schönheit und das Aroma dieser Frucht preisen zu hören.

Doch das kann möglicherweise alles sein, was dem Shaikh zur Verfügung steht, um seinen *Murid* zu inspirieren. Der heikelste Stolperstein auf dem Wege des Shaikhs ist das Ego des Suchenden. Die Beziehung zwischen einem Shaikh und seinem *Murid* muß von völliger Ergebenheit geprägt sein. Das Wort *Murid* bezeichnet einen Menschen, der sich auf einer Suche *(murat)* befindet. Ein Mensch auf der Suche ist ein *Murid*. Zwischen einem Suchenden und seinem Shaikh gibt es keine Geheimnisse. Ebensowenig findet zwischen ihnen irgend etwas Ungesetzliches oder Verbotenes statt. Nichts sollte als Hindernis zwischen dem Shaikh und dem *Murid* stehen. Wenn diese Beziehung nicht völlig offen ist, erfüllt sie nicht ihren Zweck.

Wie kann ein Mensch sich einem anderen Menschen völlig überantworten? Viele werden diese Frage stellen, und sie ist durchaus berechtigt. Doch Überantwortung ist eine unverzichtbare Voraussetzung, wenn man ein Sufi werden will. Der Suchende hat die Wahl, diese Voraussetzung zu akzeptieren. Wenn er es nicht kann, kann er kein Sufi werden. Es ist ungefähr so, als würde man sagen: «Ich hasse es, naß zu werden, auch wenn es nur die Nasenspitze ist, aber ich möchte gerne schwimmen lernen.» Wenn Sie schwimmen lernen können, ohne naß zu werden, können Sie auch ein Sufi werden, ohne sich einem Shaikh zu überantworten.

Im Geiste vieler Menschen der westlichen Welt ist die Vorstellung von Vertrauen mit dem Wort «Überantwortung» verbunden. Vertrauen bedeutet jedoch für den Suchenden nicht unbedingt, daß er sich überantworten muß. Wenn man sich überantwortet, weil man vertraut, so ist das keine echte Überantwortung. Ein passenderes Wort zur Beschreibung von Überantwortung ist daher «Opfer». Dies deutet darauf hin, daß Sie sich nicht aus Vertrauen überantworten, sondern wegen etwas, das Sie so sehr wünschen, daß es Ihnen gleich ist, ob die Situation Ihres Vertrauens würdig ist oder nicht. Zu dieser Art der Überantwortung kommt es, wenn Sie akzeptieren, was immer Ihnen widerfahren mag. Dem zuliebe, was Sie erreichen wollen, überantworten Sie sich – Sie opfern sich. Ein Beispiel könnte dies verdeutlichen: Eine Mutter sieht, daß ihr Kind in einem brennenden Raum gefangen ist. Sie hat kein Vertrauen darauf, daß das Feuer sie nicht verbrennen wird. Sie hat auch nicht das Vertrauen darauf, daß es ihr gelingen wird, das Kind zu retten. Die Mutter hat nur den Wunsch, ihr Kind zu retten. Sie hat keinerlei Garantien.

Wenn jeder die Wahrheit der Überantwortung begreifen und sie in seinem Unbewußten verankern würde, würden alle Menschen über Nacht Sufis sein, denn in dem Augenblick, in dem dieser Geisteszustand die Führung übernimmt, wird die Transformation zur Kontinuität, und ein Prozeß ist nicht mehr erforderlich. Überantwortung ist eine Sache von Glück.

John G. Bennett schreibt in seinem Buch *Witness* über seine Erfahrung in Coombe Springs, wo er die Bedeutung des Satzes «Dein Wille geschehe» im Gebet des Herrn herausfand. Er hatte es sich zur Gewohnheit gemacht, dieses Gebet täglich zu sprechen, in jedem Augenblick, in dem er nichts anderes zu tun hatte: beim Gehen, beim Fahren, beim Teetrinken. Er schätzte, daß er an einem einzigen Tag tausendmal das Vaterunser zu wiederholen pflegte, und er tat dies jahrelang. Als er eines Tages den Satz «Dein Wille geschehe» sprach, traf ihn dieser Satz wie ein Blitz. Er überlegte, ob er diesen Satz wirklich so meinte. Er dachte: «Wenn es jetzt in diesem Augenblick Gottes Wille wäre, daß ich alles weggeben sollte, was ich an Wert in dieser Gesellschaft zusammengebracht habe, diese Institution, meine Position und meinen Lebensunterhalt, meine Kinder und meine Lieben, wenn all dies in genau diesem Augenblick von mir genommen würde, wäre ich dann wirklich bereit, mich dem Willen Gottes zu überantworten?» Plötzlich sagte er ohne jeden Schatten von Zweifel oder von Zögern: «Ja, Herr, ich bin bereit. Wenn ich meine Freunde, meine Familie, meinen Beruf, meinen Lebensunterhalt, alles verlieren würde – ob durch Entsagung oder durch den Tod, würde ich an nichts festhalten. Wenn es Dein Wille ist, dann laß Deinen Willen geschehen. Wenn Du mir nur nicht Deine Gegenwart entziehst.» Im 51. Psalm Davids heißt es: «Verwirf mich nicht von Deinem Angesicht, und nimm Deinen heiligen Geist nicht von mir.»

Nun, dies war eine spontane Erleuchtung. In der Sprache der Sufis wird dies *Itlak* genannt – Überantwortung oder Hingabe. Es ist Sache des Shaikhs zu entscheiden, ob der *Murid* ihm diese Übergabe entgegenbringt, und bevor er sich nicht sicher ist, daß dies der Fall ist, bleiben dem Suchenden die höheren Stufen der *Chille*-Arbeit verschlossen. Es ist nicht Sache des *Murid*, zu sagen «Ich habe mich überantwortet», denn nur der Shaikh weiß, wann dies tatsächlich eingetreten ist.

Bevor der Shaikh dies entscheidet, kann er den *Murid* prüfen, und diese Prüfung kann entweder sehr subtil oder völlig offensichtlich und extrem hart sein. Es ist ebenfalls allein Sache des Shaikhs zu entscheiden, in welchen Bereichen ein bestimmter *Murid* getestet werden sollte. Jeder hat andere Verlustängste, und der Shaikh wird diese Punkte herausfinden und sich mit ihnen besonders intensiv beschäftigen.

Nehmen wir beispielsweise an, daß ein Ehepaar zu einem Shaikh kommt und um Erlaubnis bittet, an den Unterweisungen teilzunehmen. Zunächst einmal können die beiden Partner nur an den *Sohbets* und Vorträgen teilnehmen. Die *Sohbets* sind in freundschaftlicher Atmosphäre stattfindende Diskussionen, die einem bestimmten Zweck dienen. Wenn das Paar zugelassen wird, werden die beiden initiiert und dürfen weiter an den Vorträgen und *Sohbets* teilnehmen. Während dieser Zeit wird der Shaikh sich mit ihnen vertraut machen, und wenn er sie gut genug kennt, wird er mit der ersten Phase der *Chille*-Arbeit beginnen, falls sie dies wünschen. Stellt der Shaikh jedoch fest, daß der Mann und die Frau zu sehr aneinander haften, daß der Mann etwa nicht frei genug ist, um die Freiheit seiner Frau anzuerkennen, sondern besitzergreifend und eifersüchtig ist, kann es sein, daß er zu dem Mann sagt: «Deine Frau muß mich allein besuchen.» Dies ist ein Test, um festzustellen, ob der Mann aus Mißtrauen zögert. Wenn der Shaikh dieses Zögern bemerkt, wird er wahrscheinlich sagen: «Denk darüber nach.» Damit ist die Unterhaltung beendet, und es wird keinerlei Erklärung gegeben.

Vielleicht kommt der Mann einige Tage oder Wochen später wieder zum Shaikh und sagt, er könne die Aufforderung jetzt verstehen. Wenn dies eintritt, so ist es ein Hinweis darauf, daß der Suchende sich hier und dort erkundigt hat und verschiedene Erklärungen von anderen *Murids* erhalten hat, die sein Vertrauen geweckt haben. Der Shaikh erkennt daran, daß Vertrauen ausschlaggebend für die Entscheidung des *Murid* war und daß die Zeit für den Mann noch nicht reif ist. Er wird deshalb den Mann weiter testen und sagen: «Also gut, wenn du dich entschieden hast, deine Frau heute abend bei mir zu lassen, muß sie die ganze Nacht mit mir unter vier Augen reden.»

Diese Forderung ist wesentlich gravierender als die erste, und vielleicht wird der Suchende daraufhin höflich sagen: «Wir haben heute Besucher, und meine Frau muß ihre Pflichten zu Hause erfüllen.» Der Shaikh weiß, daß der Mann keine Besucher hat, sondern diese Geschichte erfunden hat, weil er weder «ja» noch «nein» sagen kann.

Der Shaikh wird daraufhin zu dem Mann sagen: «Wenn du Besucher hast, so ist dies eine heiligere Pflicht. Geh und schenke ihnen deine Gastfreundschaft, und wann immer es möglich ist, soll deine Frau kommen und eine ganze Nacht mit mir verbringen.» Tatsächlich braucht die Frau natürlich nicht die ganze Nacht mit dem Shaikh zu verbringen, oder sie verbringt sie mit ihm, indem sie mit ihm zusammensitzt und mit ihm redet, doch dies soll nur illustrieren, wie ein solcher Test aussehen könnte.

Nehmen wir an, eine begüterte Witwe kommt zum Shaikh und bittet um Zulassung. Vielleicht hängt sie übermäßig an ihrem Reichtum, und der Shaikh ist der Ansicht, sie sollte in dieser Hinsicht auf die Probe gestellt werden. Vielleicht bittet er sie dann um ihr Geld oder er stellt diesbezüglich Forderungen, obwohl er das Geld eigentlich nicht will. Er prüft die Frau, und solange ein Element des Vertrauens ihr Verhalten beeinflußt, fährt er mit seinem Test fort, weil es ihm nicht um Vertrauen geht. Der Test ist Opfer, Akzeptieren und Überantwortung. Es ist ein Test in bedingungsloser Liebe.

Überantwortung war mein größtes Problem. Ich hatte stets alles durch peinlich genaues Fragen herausgefunden. Wenn man mir als Kind ein Spielzeug gab, das besonders kompliziert war, dann spielte ich nicht einfach damit und hatte meine Freude daran, sondern ich war so neugierig zu erfahren, was darin war und wie es funktionierte, daß ich es öffnete. Damit hatte ich das Spielzeug gewöhnlich zerstört. Ich erinnere mich an eine arabische Tanzpuppe, die, wenn man sie aufzog, tanzte. Natürlich wollte ich unbedingt herausfinden, wie sie funktionierte, und so geschah das Unvermeidliche.

Genau dies geschieht, wenn der Suchende sich nicht überantwortet und statt dessen versucht, alles intellektuell zu begreifen, weil er glaubt, er selbst könne etwas tun. Es gibt nichts, was zu «tun» wäre.

Sobald diese Beziehung zwischen dem Shaikh und dem *Murid* entstanden ist, beginnt die *Chille*-Arbeit.

Das Leben eines *Murid* in einer *Tekke* kann in drei Perioden unterteilt werden. Die erste umfaßt die Zeit von der Initiation des Suchenden bis zum Beginn der *Chille*-Arbeit. Die zweite Periode ist die *Chille* selbst. Danach gibt es noch eine dritte Periode, die die Funktion des Dienens hat. Das bedeutet nicht, daß der *Murid* während der vorangehenden beiden Perioden keinerlei Dienste verrichtet, sondern daß er nach seiner *Chille* besser in der Lage ist zu dienen als ein gewöhnlicher Mensch. Er hat eine größere Fähigkeit zu dienen, und von diesem Zeitpunkt an ist der Rest seines Lebens Dienst.

Der Zweck dieses Prozesses ist, einen Menschen darauf vorzubereiten, seinen Mitmenschen besser dienen zu können, weil er dadurch Gott dient. Niemand kann Gott direkt dienen oder sagen, er widme seinen Dienst Gott. Es steht geschrieben: «Gott braucht keinen Dienst.» Jesus sagte: «Was ihr dem geringsten meiner Brüder tut, das tut ihr mir.» Gott ist du. Gott ist unser Mitmensch. Diesem Teil Gottes kann man dienen, nicht der Essenz. Man braucht nach der Lehre der Sufis nicht Gott dem Vater oder Gott der Essenz zu dienen. Man kann Gott dem Sohn dienen, und das bedeutet, allen Menschen zu dienen. Sie sind die höchsten Zeugen Gottes, und alles, was zur kosmischen Existenz gehört, ist ein Zeugnis Gottes. Alles um uns her – Wasser, Wind, Vögel, Bäume, Felsen, Flöhe, Elefanten – all dies sind Zeugen Gottes. Auch sie sind Söhne Gottes, doch die höchste Manifestation von allen ist der Mensch. Der Mensch ist die einzige Kreatur, die einen Willen hat.

Sonne und Mond verbeugten sich vor Adam, ebenso wie die Engel und alle anderen Kreaturen. Nur die Menschen haben einen Willen, und auch auf anderen Planeten sind alle Wesen mit einem Willen die höchsten Zeugen. Der Mensch ist der König der Zeugen. Alle übrigen Zeugen müssen ihm dienen. Wenn sie sich nicht unterwerfen, um den Menschen zu verehren, wird ihr Name von Luzifer zu Satan abgeändert. Es gibt nur eins, was sich weigert, den Menschen zu verehren, und das ist das Ego des Menschen. In der Sprache der Sufis ist dies der Satan – das Ego.

Sobald ein Mensch in die Phase des Dienstes eingetreten ist, kann er in der *Tekke* oder außerhalb leben, und sobald die *Chille*-Arbeit beendet ist, kann der Derwisch sich in einem anderen Land oder sogar auf einem anderen Kontinent ansiedeln. Er kann zeitweise in die *Tekke* zurückkehren, beispielsweise an den *Sikr*-Abenden, doch das

Leben in der *Tekke* gehört von diesem Zeitpunkt an nicht unbedingt zu seinem Dienst. Was immer er tun mag, die restliche Zeit seines Lebens als Mensch ist Dienen. Die drei Phasen sind nicht immer klar voneinander zu unterscheiden; oft überlappen und vermischen sie sich.

Es ist notwendig, die Arbeit eines Derwischs in drei Perioden zu unterteilen, weil jede Periode einen anderen Schwerpunkt hat. Jedoch ist es nicht zutreffend, daß unmittelbar nach Beendigung der ersten Periode die *Chille*-Arbeit beginnen muß. Manchmal beginnt diese, sobald der *Murid* initiiert wird, oder vielleicht während des Unterrichts beim Shaikh oder während der intellektuellen Arbeit oder gleich zu Anfang. Oder sie beginnt erst am Ende der Zeit als Derwisch. Manchmal ist jemand, der unter *Chille* (Klausur) gestellt wird, sehr langsam, und wenn ein *Murid* mit einer bestimmten Phase der *Chille*-Arbeit befaßt ist, befindet sich ein anderer in einer völlig anderen Phase. Es verhält sich nicht so, daß jeder zunächst eine ganz bestimmte Hürde überwinden muß und dann eine andere, denn jeder Mensch hat andere Gaben und ein anderes Erbe aus früheren Leben. Jeder *Murid* hat andere Begabungen und Schwächen, und aus diesem Grunde gibt es viele Überschneidungen zwischen den einzelnen Perioden.

Wenn der Shaikh meint, daß der *Murid* für eine bestimmte Lehre der *Chille*-Arbeit reif ist, so kann diese Arbeit zu jedem Zeitpunkt des gesamten *Chille*-Prozesses stattfinden. Es handelt sich nicht um eine Entwicklung, die von einfach zu komplex fortschreitet, denn was leicht für den einen ist, ist möglicherweise für den anderen sehr schwierig. Jeder Mensch ist einzigartig.

Wegen der delikaten Natur der Arbeit und wegen der feinen Besonderheiten jedes Derwischs ist ein Shaikh, der die Verantwortung für eine *Tekke* übernommen hat, vierundzwanzig Stunden täglich und sieben Tage wöchentlich «im Dienst». Trotzdem kann ein solcher Shaikh ein Zimmermann oder ein Restaurantbesitzer sein. Ein Sufi-Lehrer führt über jeden seiner Schüler in seinem Herzen Buch. Und auch dann, wenn er nicht bei ihm ist, denkt er an ihn. Die Schüler sind ständig vor seinem inneren Auge gegenwärtig – ihre Probleme und ihre persönliche Entwicklung. Was jeder braucht und was der Shaikh ihnen als nächstes geben wird, hat der Shaikh schon innerlich vor Augen. Ein guter Shaikh braucht außerdem Zeit.

Ein Sufi-Lehrer ist ein Hirte, und kein Hirte melkt seine Herde und überläßt sie dann sich selbst. Er kümmert sich um seine Tiere, sorgt für das Wohl seiner Herde und regt sie dazu an, produktiv zu sein. Er bittet nicht um Gnade oder um Lohn. Vielmehr profitiert durch die Arbeit des Shaikhs jeder vom anderen. Wenn alle ihr Herz und ihren Geist zusammenbringen, kann etwas gedeihen.

Ich habe nun vom Leben in der *Tekke* und auch etwas über die *Chille*-Arbeit erzählt. Jetzt möchte ich etwas darüber sagen, wie der Prozeß des Erlangens von Wissen vonstatten geht, und darüber, wie ein Derwisch zum Wissen geführt wird. In Wahrheit ist dies die gesamte Geschichte des Menschen. Es ist die Geschichte von Abraham, Moses, David, Salomon, Elias, Elijah, Jesus, Mohammed und allen anderen Heiligen. Es ist die Geschichte von Buddha und Zoroaster, und es ist die Geschichte von Ihnen und von mir. Es ist die Geschichte, die beschreibt, wie man zur *Hingabe* gelangt und wie man schließlich zu *nichts* wird. Wenn Sie zur *Hingabe* gelangen, so entsteht ein großes Vakuum in Ihnen, groß genug, um Gott aufzunehmen. Die unsichtbaren Mauern dieses Vakuums, dieser Höhle, sind alles, was zwischen Existenz und Nicht-Existenz steht, und die gesamte Höhle wird von Gott ausgefüllt werden. Wer zur Hingabe gelangt, wird unsterblich.

Als ich zum erstenmal meinen Shaikh Hasan Tahsin Baba traf, hatte ich vor, ihm Fragen über Gott zu stellen. Ich glaubte nicht an Gott und wollte nichts weiter, als ihm Fragen zu stellen, um herauszufinden, ob er mir etwas Überzeugendes dazu sagen konnte. Dies hätte mich dazu bringen können, an Gott zu glauben. Ich habe diese Fragen, von denen ich überquoll, niemals stellen können. Die Gelegenheit ergab sich nie, und es war nie die Zeit dazu vorhanden. Wenn ich ihn über Gott befragt hätte, hätte er mir sicher gesagt, ich sollte nur weiterhin kommen, Gott könne mir nicht in einem einzigen Augenblick offenbart werden. Er hätte zu mir gesagt, daß ich Ihn nur allmählich sehen lernen könnte, in meinem alltäglichen Leben, in meinem Umgang mit meinem Mitmenschen und in meinen alltäglichen Erfahrungen.

Einmal ordnete Hasan Tahsin Baba an, daß ein weibliches Mitglied der *Tekke* eine intime Freundschaft mit mir beginnen sollte. Sie sagte zu mir: «Ich verstehe nicht, warum unser Shaikh dies wollte. Ich habe nicht das Gefühl, daß du das brauchst. Ich sehe das nicht.» Sie war eine Heilige, eine echte Alchimistin. Jeder Teil von ihr war Alchimist: ihr Herz, ihr Geist, jeder Zoll ihrer Haut, die Haare auf ihrem Kopf, ihre Augenlider. Diese Frau konnte einhundert geflügelte Pferde gleichzeitig reiten. Sie brauchte nichts von mir. Sie war Gott.

Später erschien immer dann, wenn ich an die Jungfrau Maria dachte, diese Frau vor meinem inneren Auge. Als ich ihr das erzählte, sagte sie mir, sie würde mir Maria zeigen, dann würde ich selbst merken, daß keinerlei Ähnlichkeit zwischen ihnen bestünde, und ich sollte sie nicht miteinander vergleichen. Als mir die Jungfrau Maria gezeigt wurde, erkannte ich, daß sie dieser Frau tatsächlich nicht ähnelte, doch in meinem Inneren blieb sie immer noch die Madonna.

Zu Beginn der *Chille*-Arbeit war alles, was man uns sagte, der Vorbereitung auf die Arbeit gewidmet. Wir wurden gelehrt, daß wir eine Seele *sind* und daß wir einen Körper *haben* und daß ein Mensch kein Körper *mit* einer Seele ist. Die Seele ist ein Teil des Geistes, der wiederum ein anderer Name für Gott ist. Der Geist ist im physischen menschlichen Körper inkarniert oder in der Form anderer Dinge in jedem Lebewesen oder sogar in scheinbar nicht-lebendigen Dingen, in der gesamten kosmischen Existenz. Die Seele inkarniert im Körper, der dann zu ihrem Aufenthaltsort auf Erden wird. Während sie so die Wüste des Lebens durchquert, wird der Körper zu einem Vehikel für die Seele, und wenn sie ihre Reise in diesem speziellen Fahrzeug beendet hat, wird sie in anderen inkarnieren, je nach den Bedingungen ihrer Reiseroute.

Wir wurden gelehrt, daß die Seele unsterblich und der Körper sterblich sei, und natürlich kann etwas, das sterblich ist, nicht etwas Unsterbliches *besitzen*. Die Idee, daß die Seele in verschiedenen Körpern inkarniert, wurde uns nach und nach vermittelt. Wir lernten, daß es eine Illusion ist, wenn wir denken, daß wir das sind, was wir in unserer physischen Form sehen. Diese physische Form existiert nur für einen Augenblick in der Lebenszeit des Kosmos. Doch weil die Seele diesen Körper als Fahrzeug benutzt, das uns auf Erden zur Verfügung steht, ist dieser Körper nicht nur ein einziger Körper, sondern er setzt sich aus verschiedenen Körpern zusammen, die einander überlagert sind. Die Seele kann diese Körper benutzen, wenn das Fahrzeug dazu angeleitet wird, mit ihr zu kooperieren. Dies ist nur durch Training zu erreichen, und dieses Training bezieht sich auf Kräfte und Fähigkeiten, über die der Körper essentiell und ursprünglich verfügte. Durch Schulung und Zusammenarbeit ist der scheinbar gewöhnliche physische Körper zu unglaublichen Dingen in der Lage.

Das Trainieren des Vehikels der Seele geschieht ähnlich, wie man einen Körper für den Sport trainiert. Um den Körper geschmeidig und reaktionsfähig zu machen, muß man viel an ihm arbeiten. Ebenso verhält es sich mit den Vehikeln der Seele, und der größte Teil der *Chille*-Arbeit besteht aus diesem praktischen Training. Um dies zu beschreiben, könnte ich sagen, daß wir bei der *Chille*-Arbeit in der Kunst des Astralreisens (*Seyran*) unterrichtet wurden. Das war zwar nicht die gesamte Arbeit, aber jedenfalls ein Teil davon. Das Bild vom *Chille*-Training, das ich hier gezeichnet habe, ist unvollständig, aber vielleicht verhilft es trotzdem zu einem gewissen Verständnis. Durch Erfahrung lernt ein Derwisch, daß der Körper nichts als ein Tempel des «Selbst» ist oder dessen, was er als seine essentielle Natur ansieht. Das wahre «Selbst» ist ein anderer Name für Gott. Der Schüler wird über die Essentielle Qualität und über die Persönliche Qualität Gottes belehrt. (Die Sufi-Wörter, die zur Beschreibung dieser Eigenschaften benutzt werden, sind *Safat-i Zhat-iya* und *Safat-i Subut-iya*.)

Wenn ein Derwisch einen gewissen Grad an Kontrolle entwickeln will, der ihn dazu befähigt, seinen physischen Körper auszuschalten und die übrigen, subtileren Körper ins Gewahrsein rücken zu lassen, braucht sein Körper viel Disziplin, Läuterung und Training. Der Shaikh wird mit der Menschenwürde, der Eifersucht und der Besitzgier des *Murid* spielen, mit seiner Geduld und mit seinen frühkindlichen Konditionierungen, bis dieser dies alles zu beherrschen gelernt hat. Der Körper muß auch zu Ausdauer und Mäßigkeit erzogen werden. Es gibt Übungen, die zum Ziel haben, den Körper von Giften zu befreien, und all dies wird getan, um den Weg zum Geist zu öffnen.

Wir wurden gelehrt, daß alles, was in der Existenz geschieht, auf der Aktivierung von Energien beruht. Alles ist ein Spiel der Energie. Es gibt nur eine einzige Energie, die sich in verschiedenen Formen manifestiert. Man kann dies mit den verschiedenen Verwendungsarten der elektrischen Energie vergleichen. Ganz gleich, wie man sie nutzt, die Natur der Elektrizität bleibt die gleiche, doch jede Maschine, die diese Kraft nutzt, erzeugt völlig unterschiedliche Wirkungen. Die Reaktion auf elektrische Energie kann in Form von Hitze, Licht, Klang, Bewegung oder Bildern erfolgen – in all diesen Fällen handelt es sich um die gleiche Energie. Mit der kosmischen Energie verhält es sich nicht anders. Wie ich bereits sagte, gibt es nur eine Energie, und wenn man Myriaden von Geräten erfinden würde, um sie zu manifestieren, würde sie sich in Myriaden verschiedener Formen manifestieren.

Man lehrte uns, daß es im menschlichen Körper Nester von Energie gibt, die die eine Energie spiegeln. In der Lehre der Sufis liegen diese Nester in sechs verschiedenen Bereichen des Körpers. Im Gegensatz zu einigen anderen Lehren werden diese Nester von den Sufis nicht als Energiezentren verstanden. Sie erzeugen keine Energie, sondern sie sind Werkzeuge, die verschiedenartig auf Energie reagieren. Wie sich die Energie manifestiert, hängt vom jeweiligen Nest ab, und das Nest reflektiert die Energie selbst.

Die *Chille*-Arbeit, die ich beschrieben habe, besteht darin, den *Murid* anzuleiten, mit diesen Nestern zu spielen, und es gibt viele Möglichkeiten, dies zu tun. Kurz gesagt: Sie werden durch Erschöpfung aktiviert. Jede Handlung, jede Aktivität wird durch Konzentration bis zum Punkt der Erschöpfung getrieben. Sobald dieser Punkt erreicht und überwunden ist, tritt eine Transformation ein. Durch diese Transformation erringt der Mensch die Kontrolle und Meisterschaft über das, woran gearbeitet wurde.

Alles, was wir haben, gehört zur Essenz. In Wirklichkeit haben wir nichts, sind wir nichts, doch wenn irgend etwas von dem, was wir zu haben glauben, auf die kosmische Ebene projiziert wird, wo alles Eins wird, dann wandeln wir uns von einfachen individuellen menschlichen Wesen zu kosmischen Wesen.

Ein Partikel dieses kosmischen Wesens befindet sich in jedem Menschen, und das ist das Selbst. Es ist ein Partikel des unteilbaren Ganzen Gottes. Darin liegt ein möglicherweise schwer verständliches Paradox: Wenn Gott, das Kosmische Wesen, unteilbar ist, wie können wir dann von einem Partikel von Ihm sprechen?

In allem Leben ist ein Partikel der Essenz. Der einzige Unterschied ist ein quantitativer. Quantität ist hier entscheidend. Wie kann es zur Inkarnation eines unteilbaren Wesens kommen? Wird etwas vom Absoluten Geist abgeschnitten und in den Menschen gelegt, der auf diese Weise zum Tempel Gottes wird? Wenn dies der Fall ist, dann wäre Gott teilbar. Und wenn Gott nicht teilbar ist, wie kann Er sich dann individualisieren? Alle diese Fragen kommen dem Suchenden an diesem Punkt in den Sinn, und er wird mit den scheinbaren Paradoxen ringen. Wenn man jedoch über das Beispiel unserer Lichtquelle, die Sonne, nachdenkt, so wird das Lichtpartikel, das auf den Boden fällt, nachdem es durch ein Loch in der Decke eingetreten ist, nicht von seiner Lichtquelle abgeschnitten, obgleich es eine individualisierte Erscheinung des Sonnenlichts zu sein scheint. Das Sonnenlicht läßt sich nicht teilen, und ebensowenig ist dieses Partikel abgetrennt. Wenn es vom Sonnenschein abgeschnitten wäre, würde es einfach nicht existieren. Deshalb ist seine bloße Existenz der Beweis dafür, daß es ohne jede Unterbrechung mit der Sonne, ohne jedes Hindernis mit der Quelle verbunden ist. Es ist das Licht. Es kann Millionen und Abermillionen von Reflektoren geben, so wie es am Strand Milliarden von Sandkörnern gibt, die verschieden stark den Glanz des Lichts reflektieren. Dies zeigt nur die Vielfalt der Fahrzeuge, die Vielfalt der Einheit, nicht die Vielfalt der Quelle.

Wir wurden gelehrt, diese Wahrheit zu entdecken, indem wir alles bis zur Erschöpfung trieben. Dann wurde das spezifische Element, das in der betreffenden Übung zum Fahrzeug geworden war, wieder in seinen Ursprung projiziert, in die Brust Gottes.

Dies ist ohne Disziplin nicht zu erreichen. Man benötigt Disziplin, um den Geist dazu zu trainieren, jeden Teil des Körpers und seine Energienester zu besuchen und das Licht mit sich zu nehmen, um es in jeden Winkel zu tragen. Es ist möglich, den Geist jeden Teil des Körpers besuchen zu lassen, und ihn vom obersten Punkt des Kopfes zu den Schultern, dem Herzen, den Beinen, den Zehen oder zu jedem beliebigen anderen Ort im Körper, wohin man ihn in der Vorstellung führen will, zu leiten. Wenn man die Kunst der Imagination beherrscht, vermag man in den Träumen alles. Wenn Sie den Geist in den Sauerstoff des Blutes versetzen, werden Sie durch das Blut in tatsächlich jeden Teil Ihres Körpers gelangen. Ihr Geist wird lernen, auf dem Sauerstoff zu reiten wie auf einem Pferd. Der Sauerstoff wird zu einem Medium Ihrer Arbeit.

Bei der *Chille*-Arbeit lehrte man uns die Kunst, auf kontrollierte und wissende Art zu atmen.

Eine gewisse Energiemenge schläft am Ende der Wirbelsäule, und wenn man sie nicht berührt, wird sie dort noch tausend Jahre schlafen. In Wirklichkeit ist dort aber keine Energie! Wie ich bereits sagte, gibt es nur *eine* Energie, doch die Aktivierung dieser Energie manifestiert sich auf diese Art. Um sie zu aktivieren, um sie aufzuwecken, ist Konzentration bis zum Punkt der Erschöpfung erforderlich, und nachdem dieser Zustand erreicht ist, ist es sehr leicht, die Energie zu wecken. Das ist der leichte Teil der Arbeit. Was man später damit tun soll, ist wesentlich schwieriger.

Wir wurden gelehrt, wie man bis zur Erschöpfung daran arbeitet, um diese Energiezentren oder -nester in unseren Körpern zu aktivieren.

Dies war nicht leicht, bis wir herausgefunden hatten, wie man es macht.

Unsere ganze Arbeit diente dazu, uns auf den Dienst an unserem Nächsten im umfassendsten Sinne vorzubereiten. Wenn wir die Fähigkeiten, die wir erlangt hatten, nicht benutzen würden, würden wir «einrosten» und unsere Geschmeidigkeit und Durchlässigkeit verlieren, die zu erlangen wir so hart gekämpft hatten. Ist man einmal ein Derwisch, findet man sein ganzes Leben lang keine Ruhe mehr. Wie ich bereits erwähnte, ist dies nicht unbedingt ein erstrebenswerter Zustand. Dennoch gibt es Menschen, die das wünschen, und es ist ihr Problem. So ging es auch mir!

Wenn Sie zu den Leuten gehören, die Derwisch werden möchten, und wenn Sie sich unter der Obhut eines guten Lehrers befinden sowie in einer geeigneten Umgebung für die Art von Arbeit, die ich hier beschrieben habe, dann gibt es keine Altersgrenze. Hören Sie auf niemanden, der Ihnen sagt, Sie seien zu alt für so etwas. Nur der Shaikh weiß, ob Ihr Alter ein Hindernis ist und ob es zu spät für Sie ist. Sie mögen zwanzig Jahre alt sein, doch es kann sein, daß die Arbeit, die vor Ihnen liegt, einige Leben umfaßt. Oder Sie sind sechzig, und aufgrund Ihres spirituellen Erbes und der Arbeit, die Ihre Vorfahren bereits getan haben, brauchen Sie vielleicht nur fünfundzwanzig Prozent Ihres Lebens aufzuwenden oder vielleicht auch nur ein paar Minuten. Doch nur ein tüchtiger und fähiger Shaikh – falls er es der Mühe wert erachtet, mit Ihnen zu arbeiten – weiß es.

Eine wunderschöne Allegorie über den mystischen Weg der Sufis

Attar
VOGELGESPRÄCHE
Die berühmte persische Sufi-Erzählung über die Pilgerfahrt nach Innen
Ein bibliophiler Leinenband mit schönen Federzeichnungen
180 Seiten
ISBN 3-7157-0107-2

Fariduddin Attar lebte in der ostperischen Stadt Nishapur, wo er auch um 1220 in hohem Alter als Märtyrer der Gottesliebe starb. Der berühmte Sufi Rumi (Mewlana) bezeichnete Attar als seine Seele und sagte von ihm: «Attar hat die sieben Städte der Liebe erforscht, und wir sind erst bei einer einzigen Straße angelangt.»

Mehr als irgendein anderer Mystiker Persiens ist Attar die Stimme der Sehnsucht, des Trennungsschmerzes und der Suche. Ein unendliches Sehnen durchdringt sein Werk. Seine kostbaren Allegorien handeln fast immer von der ständigen Bewegung der Seele zu ihrem göttlichen Ursprung und Ziel.

Seine «Vogelgespräche», auch bekannt als «Konferenz der Vögel», sind eine wunderschöne Hinführung auf den mystischen Pfad der Sufis. Generationen von ihnen haben aus dem Buch ihre Inspirationen geschöpft. Die Vögel repräsentieren die Menschheit. Sie werden vom Wiedehopf, dem Sufi, zusammengerufen, um sich auf die Suche nach ihrem geheimnisvollen König Simurgh im Qaf-Gebirge zu begeben.

Die Vögel werden von Sehnsucht ergriffen, bringen aber wegen der Gefährlichkeit der Reise allerhand Entschuldigungen vor. Mit eindrücklichen Anekdoten über die Weisheit der alten Meister versteht es der Anführer, die noch zögernden Vögel erneut zu motivieren und sie ihre irdischen Bindungen und Ideale vergessen zu lassen. Aus dem schier endlosen Weg zum König gilt es totenstille Wüsten zu durchqueren. Die von Angst, hemmenden Bedenken und Zweifel befangenen Vögel müssen von ihrem Anführer ein weiteres Mal über die wahre Natur ihrer Seele belehrt werden. Er verspricht ihnen, daß sie beim Durchschreiten der sieben Täler von ihrer Schwäche, Furcht und Traurigkeit befreit werden würden.

Attar beschreibt diese sieben Täler als innere Zustände der Sufi-Mystiker: Suche, Liebe, Erkenntnis, Nichtbedürfen, Einheit, Verwirrung, Entwerden. Und endlich nach langer Zeit, als die Sonne der Nähe leuchtete und sich ihnen das Antlitz der Güte zuwandte, erkannten sie im Widerschein ihrer selbst Simurgh, den König – Gott!

Ein Abenteuer der Selbstfindung auf dem Weg der Sufis – dem Pfad der Liebe

Irina Tweedie
DER WEG DURCHS FEUER
Tagebuch einer spirituellen Schulung durch einen Sufi-Meister
Ungekürzte Ausgabe!
Ein prachtvoller Leinenband
1034 Seiten
ISBN 3-7157-0119-6

Dies ist die erste, vollständige Ausgabe von Irina Tweedies kraftvollem Dokument der Selbstfindung. Die frühere Ausgabe unter dem Titel «Wie ein Phönix aus der Asche» (Scherz-Verlag, 1982 und Rowohlt-TB, 1984) enthält *nur ein Viertel* des ursprünglichen Tagebuches!

Irina Tweedie ahnte nicht, daß ihre Indienreise im Jahre 1959 auf mysteriöse Weise zu einem Sufi-Meister führen würde, der sie auf eine andere Reise, jene ins «Herz des Herzens» schicken würde, auf den Sufi-Weg der Verwirklichung. Er bat sie gleich am Anfang, daß sie ein Tagebuch über ihre spirituelle Ausbildung führen solle, in dem alles enthalten sein soll.

Das Tagebuch umfaßt fünf Jahre. Jeder Tag hat seine Geschichte und Erinnerungen an des Meisters Worte und Unterweisungen an sie. Es erzählt von ihren Schmerzen, ihrer Auflehnung, aber auch von ihrer Standhaftigkeit, Selbstaufgabe, Sehnsucht und den Erfahrungen der allumfassenden Liebe.

Das Buch ist so vertraulich, so intim, so kraftvoll berührend, daß alle auf dem spirituellen Weg befindlichen Leser ihre Erfahrungen mit ihr teilen können. Sie werden ihre Tränen weinen, ihre Sehnsucht mit ihr teilen und auch mit ihr zusammen die ersten Schimmer jener Welt des Friedens, der Wahrheit und Weisheit gewahren.

«Ich las ‹Wie ein Phönix aus der Asche› dreimal, ich werde ‹Der Weg des Feuers› für den Rest meines Lebens lesen. Es gehört zu den größten Büchern der ganzen spirituellen Literatur. Es bietet nicht nur eine fesselnde persönliche Geschichte, es ist auch ein erstaunliches Testament des Glaubens und Vertrauens. Der Pfad der Sufis ist selten zuvor so klar gezeigt und die Meister-Schüler-Beziehung in keinem Buch und zu keiner Zeit detaillierter beschrieben worden. Welch überwältigendes Erlebnis lesen noch sein kann! Worte können Gnade ausdrücken ...» *(Joseph Ch. Pearce)*